汉语国际传播基础理论与实践研究丛书

汉语作为外语教学研究

HANYU ZUOWEI WAIYU JIAOXUE YANJIU

主　编　马燕华

作　者
(按音序排列)

步延新　冯建明　贾笑寒　江　南　柯　航　马燕华　李晟宇　李彦春
刘晓春　汝淑媛　盛双霞　孙红娟　王健昆　王丕承　汪　琦　张　会

北京师范大学出版集团
BEIJING NORMAL UNIVERSITY PUBLISHING GROUP
北京师范大学出版社

图书在版编目(CIP)数据

汉语作为外语教学研究 / 马燕华主编. —北京 ：北京师范大学出版社，2014.11

(汉语国际传播基础理论与实践研究丛书)

ISBN 978-7-303-17686-1

Ⅰ.①汉… Ⅱ.①马… Ⅲ.①汉语－对外汉语教学—研究生—教材 Ⅳ.①H195.4

中国版本图书馆 CIP 数据核字(2014)第 168705 号

营销中心电话 010-58802181 58805532
北师大出版社高等教育分社网 http://gaojiao.bnup.com
电子信箱 gaojiao@bnupg.com

出版发行：北京师范大学出版社 http：//www.bnup.com
北京新街口外大街 19 号
邮政编码：100875

印　　刷：大厂回族自治县正兴印务有限公司
经　　销：全国新华书店
开　　本：170 mm×230 mm
印　　张：17.5
字　　数：250 千字
版　　次：2014 年 11 月第 1 版
印　　次：2014 年 11 月第 1 次印刷
定　　价：49.00 元

策划编辑：杨　帆　　责任编辑：杨　帆
装帧设计：吴乾文　　美术编辑：焦　丽
责任校对：李　菡　　责任印制：陈　涛

开展学术研究是推动我们学科发展的利器

（代序）

“汉语国际传播基础理论与实践研究丛书”自2008年筹划，2009年立项，迄今已历时5年有余。碍于作者人数众多，加之我催稿力度不够等原因，致使出版时间一拖再拖。正因为如此，当责任编辑告知丛书付梓在即，嘱我为丛书作序时，我一时竟不知从何说起。

本丛书凡五册，包括《面向第二语言教学的汉语本体研究》《汉语作为外语教学研究》《汉语作为第二语言习得研究》《面向第二语言教学的中华文化与跨文化传播研究》和《第二语言教学研究中的前沿问题》。丛书的内容、体例、审定由编委会统筹，各册则由主编负责组稿。

这套丛书可以看作北京师范大学对外汉语教学研究的一个标志性成果，其得以问世，要感谢几位主编的尽心尽力，感谢全体编著者的辛勤劳动，感谢北京师范大学出版社的大力协助，特别要感谢学校的重视以及“211”经费的支持。

由于特定的历史原因，新中国的对外汉语教学从20世纪50年代开始就植根于高校，这一点与其他国家把母语作为二语教学的主体放在语言学校有很大的不同。高校是教学、科研并重的。一个只专注于教学而不重视研究的院系，在高校就没有学科地位，也鲜有发展空间，甚至没有生存空间，这是对外汉语教学发展几十年来的经验之谈。

汉语作为第二语言教学在国内形成独立的学科，是20世纪80年代初的事，迄今才及“而立之年”，实实在在是个年轻的学科。年轻的好处是充满朝气，但缺乏学术积淀的不足也显而易见。放眼全国高校，对外汉语教学单位大多是学术研究的“弱势群体”。时至今日，没有哪个综合性大学会把对外汉语教学当作自己要重点发展的学科。坦率地说，对外汉语教学也不该是一所综合性大学的“招牌学科”。但我们也应当看到，一所大学要在21世纪跻身世界知名、国内一流的行列，大概无法忽视对外汉语教学这个业已存在的学科，因为在今后相当长一段时间，对外汉语教学还将是国内高校展示国际化办学的重要窗口，是中外大学校际交流的重要纽带。更何况，在当前汉语国际教育的大背景下，这个学科紧密地服务于国家的和平发展战略。我们有足够的理由把我们的学科做大做强，而开展学术研究是推动我们学科发展的利器。如果中国的汉语国际教育研究能够引领世界第二语言教学的学科发展，谁人还敢小觑？

作为一个年轻的学科，我们需要学校的扶持，包括某些政策的倾斜，但毫无疑问，我们更需要的是学界内部的殚精竭虑、自强不息。我不敢高估本套丛书的学术水平，但我敢说，我们已经在努力，而且还会一直努力。

拉拉杂杂，凑成“千字文”，权且算作本丛书的“代序”。

张和生
甲午年小暑

前言

本册是系列丛书中专门研究汉语作为外语教学的学术论著。与系列丛书其他分册相比，它有以下四个特点。

第一，宏观论述与微观研究相结合，形成了关于汉语作为外语教学研究的完整性。

本册分“理论编”与“实践编”两部分。“理论编”的4篇论文分别从课堂教学有效性、教师课堂语言、赵元任关于汉语作为外语教学的理论以及现代教育技术应用等方面，从理论上进行了比较全面的阐释，尤其是赵元任的许多精辟论述，是第一次以汉语形式呈现在读者面前，颇有学术价值。“实践编”的11篇论文均选取课堂教学中的具体问题展开讨论，“小题大做”，例证丰富，分析较为深入。

搞好课堂教学，不仅要有宏观层面上的理论指导，也要关注微观层面上的分析研究，这是本册孜孜以求的目标。

第二，系统梳理论证了汉语作为外语教学的语言单项技能训练的课型特征。

从目前正式颁布的各类汉语作为外语的教学大纲来看，人们对外国学习者的汉语单项技能所达到的等级水平关注较多，一般均按等级分别从听、说、读、写、译五个方面进行较为详细的描述，但是对训练这五项技能的单项课程特征关注较少。本册“实践编”对汉语作为外语教学的精读课、口语课、听力课、泛读课、写作课、翻译课等单项技能训练课均从“课程定位”“课程目标”“授课方式”“教材选择与练习编制”四个方面进行了系统梳理与论述，其中有些论述或许有所不周，但在关于汉语作为外语教学的课程特征论述方面，尚属首次。

第三，各类课程的微观研究内容来自教学实践，体现了不尚空谈、朴实求真的良好学风。

“实践编”11篇论文的研究内容均来自作者的教学实践，语料真实，例证鲜活，言之有物，不尚空谈。这种从实践中发现问题、解决问题的研究范式是值得提倡的。

第四，本册绝大多数论文均为首次发表。

当然，本册也有它的局限性。例如，关于语言单项技能训练课的课程特征论述是基于国内汉语作为外语教学横向课程模式展开的，对于国外汉语教学纵向课程模式来说，如何借鉴其研究成果？国外汉语教学纵向课程模式下，如何在一门课中训练听、说、读、写、译单项技能？这是本册的局限，也为我们的今后研究提出了新的课题。

作为本册主编，感谢各位作者的大力支持，不吝赐稿。

马燕华

2013年夏

目 录

理 论 编

实　践　编

理　论　编

第一章　与对外汉语课堂教学有效性相关的几个问题[①]

教学是教与学的活动，是一项要求长时间工作和准备的富有挑战性的工作，教学既是一项艺术，又是一项技术。它要求教师掌握教学设计的技巧和课堂教学的技巧。关于课堂教学，“教学有法，教无定法”已经成为学界的一大共识。两个“法”有不同内涵，前一个“法”强调的是“理”，是教学之原理和规律，后一个“法”强调的是“术”，是实际课堂教学中的方法和策略。在我们看来，“教学有法，教无定法”说明了有效教学是艺术与技术的和谐统一。

什么是对外汉语教学？对留学生而言，进入课堂到底意味着什么？对汉语教师而言，进入课堂意味着什么？怎样才算是一名成功的汉语教师、一名好教师、一名有效率的教师？如何才能成为一个有效率的教师？在肯尼斯·莫尔（2010）看来，学会教学的过程其核心就是有效教学的概念。而一名有效的汉语教师，其课堂一定是“教学有法”的。

第一节　关于“教学有法”

这里所谓“法”即是理念和原则，是教师进行汉语课堂教学之前所应具备的基本观念，是引导我们进行决策和思考的基础。它是如此的基本，以至于我们在教学中没有树立这样的理念和原则的话，我们的课堂教学行为就成了无源

① 本章作者：盛双霞。

之水，无本之木。新手教师常常希望寻求与课堂教学关系最密切的最实用的教学法，而疏忽了对理念和原则的关注和掌握。因为他们认为原则高高在上，遥不可及，仅仅是理论的表述，不能直接指导他们的课堂教学。而事实上，理念和原则应该是最实用的教学法的基础，它是广泛且一般性的纲领，同时也是相当实用和有效的。它提供给教师"一个强而有效的架构"（教学原理），能够让教师系统全面地审视自身各个层面的教学表现，帮助教师理解教学过程、进行教学设计、发现教学问题的成因以及解决方式，建立、维持和改善教学。它帮助教师不仅理解汉语课堂教学做什么、怎么做，而且知道为什么这么做，可以说，对课堂教学理念的正确把握能够使教师的教学过程更有意义，因而更有效率。

对外汉语课堂教学理念，包含教学观、教师观、学生观、教材观、环境观、课堂观等。为了使对外汉语教学更为有效，教师必须对上述理念有一个全面清晰的认识和理解。

一、教学观

"教学"，"教"是在"学"的基础上发生的。没有学，也就没有教。《鱼就是鱼》（*fish is fish*）一书形象地说明了学生的学习过程不简单，它不是机械接受的过程，而是学生在原有的经验和基础上，通过师生和生生互动重新建立新的意义的过程。教师的教不等同于学生的学。学生的学习是个体依靠自身的原有经验和知识主动积极获取信息的过程，也是主动建构意义的过程。教学必须联系学生的生活实际和原有经验，以促进新的意义的生成。语言教学内容应当与学习者的知识、经验、能力和兴趣相匹配，去适应他们的学习。

语言教学是一种不同于其他教学的独特的、复杂的教学活动。它既是一个复杂的教的过程，同时又是一个复杂的学的过程；既是一个复杂的语言知识的认知过程，又是一个复杂的语言技能习得和运用的过程；既是一个复杂的"输入"过程，又是一个复杂的"输出"过程；既是一个内化的教学过程，又是一个外化的教学过程。语言教学的效果是教师和学生双方共同合作、相互作用的结果，教师的教建立在学生的学的基础之上，且以后者为中心，以后者为课堂教学活动的起点和终点。

对外汉语教学是汉语作为第二语言的教学。汉语作为第二语言教学首先是一种语言教学，而且是第二语言教学。因此，既不同于汉语作为母语的教学，也不同于英语等作为第二语言的教学。简言之，它既受语言教学普遍规律的制约，也受汉语这门特殊语言的制约。语言教学的性质从根本上决定了汉语教学是一种技能教学，而不是语言学等知识的学习。由于学习对象的不同，有别于针对中国学生的母语教学；由于环境的不同，有别于国外的汉语作为外语的汉语教学；由于学习对象的不同，需要区分成人汉语教学与儿童汉语教学。我们这里重点讨论的对外汉语教学，限制在针对外国成年学生在中国本土进行的汉语课堂教学。

二、对外汉语教学的本质和目的

对外汉语教学的本质和目的，一言以蔽之，即“培养学生学习汉语的能力”。语言是交际的工具，汉语是学生用来了解中国和中国文化历史、跟中国人交流的工具。汉语课堂教学教给学生汉语这门新的交际工具，教学生用汉语跟他人交流以及交流的方式方法，教他们掌握和发展用汉语交际的技能，培养学生汉语综合运用能力。

第一，教汉语而不是教知识。有效的汉语课堂需要把词汇、语法等汉语知识转化为汉语技能。语言只有在运用中才能显现语义之外的文化含义和表情达意的功能。只有在使用中才能真正掌握，所谓“在用中学”。课堂教学是实现知识到技能转化的场所，课堂教学应该提供学生接触汉语和运用汉语的机会。但同时，我们应认识到，语言作为完整的符号系统，有其自身的学习规律。汉语的教学应该遵循汉语的学习规律。而语言素材的积累和记忆是语言学习不可跨越的基础。因此，对外汉语教学离不开机械学习和记忆词汇语法的过程，但是这只是汉语学习的第一步。

第二，教汉语不是教教案。汉语课堂教学不是完成教案的过程。教师的主要工作就是把教材中的文字转化为语言，把教学内容转化为教学活动。

第三，教汉语不是教文化。语言与文化密不可分。首先，语言是文化不可分割的一部分，反映了文化；其次，文化依托语言而存在。因此，学生在学习语言的同时，也了解了与自己本国文化不同的文化，以及思维方式，还加深了对本国语言与文化的认识，并且通过了解和学习他国语言学会求同存异，达到理解和尊重自己和他人。

由于语言学习的长期性和综合性，有效的汉语教学，不仅仅是教会了学生多少汉语词汇、多少语言点以及使学生掌握了多少个汉语句式或表达，更关键的是通过课堂的汉语学习，帮助学生找到了适宜他们个人的独特的学习汉语的方法，并且可以迁移到更长远的课下的学习。有效的汉语课堂教学，在关注学生汉语交际能力的获得之外，更需要关注的是培养积极主动的汉语学习者，具体体现在以下三方面的汉语课堂教学目标：培养学生对汉语以及对中国的兴趣；使学生养成独立学习汉语的习惯；帮助学生找到学习汉语的方式方法。

三、学生观

有效汉语教学是以学习者为中心的语言教学。学生是教师进行教学设计和教学实施以及教学评估的中心，也是重心，学生是运用汉语的交际者，教学中的难点和重点必须从学生出发。

第一，认识到学生的差异性。学习是每个学生独特的个人经历。对同样的教学内容、同一个教师、同一种教学方法、同样的学习环境，不同学生会有不同的反应。

课堂教学面临的一大困境就是如何解决针对全体和针对个人的矛盾。学生在学习类型、学习能力、学习文化、学习动机和学习兴趣等各方面都存在差异性，可是课堂教学却需要教师能够教导或者引导所有的学生，使他们在学习中得到各自的发展。而对外汉语课堂，跟其他课堂相比，因为学生来自于不同国家，甚至一个班里会有十多个国家的学生，更是学生差异性的集中体现。这要求汉语教师必须关注到学生的差异性。

第二，认识到学生的不同学习风格。教师要变换和运用多种学习方法，注重课堂教学的多样性。

学生通过不同的学习类型进行语言学习活动，每个人都有自身的学习途径。汉语教师的一大任务就是教会学生让他们以自己的方式学习。有效的教学方式是让所有的学生都有学习的机会。认识到所有的学生都是天生的学习者，而教师必须提供给适合他们个人的学习方式。

研究表明，学习类型可分为视觉倾向型、听觉倾向型、动觉倾向型、总体把握型和分析倾向型。属于听觉类型的学生，他们通过听就能很好地学习；属于视觉类型的学生，他们通过看或者阅读就能很好地学习；而那些动觉型的学生，他们更擅长通过实际操作来进行学习。有些学生学得快；有些学生学得慢。同样在进行信息处理和操作上，学生也具有明显差异。有的学生会马上进入并尝试去做；有的学生则需要内化、分析、反思、总结等，在深思熟虑之后再做出反应。欧美学生在教师提问后的反应多属于立刻行动者，而亚洲学生则多属于后者，他们还善于从他人的学习中来进行学习，也就是说，亚洲学生在别的同学发言出错的时候，比较关注，而欧美学生更习惯于从自己的学习中来进行学习。日韩等国学生由于受其长期的学习方式的影响，长于听老师讲解，从他人的错误中进行学习，从学习他人中进行学习，善于进行内省、借鉴学习，所以可以适当多讲一些。而西方学生则更善于在参与和活动中来学习。

再如提问方式的选择。西方学生相对活跃，发言积极，可以较多采用针对全班提问方式，既节约时间，同时又关注了全体。而东方学生为主的班级就不大适用全班提问方式，常常造成冷场或者老师自问自答的局面，更适用个别提问方式。

因此在汉语课堂中，教师需要设计多种程度多种层面的学习方式，包括听说读写，以适应不同学习方式的学生，保证每个学生至少可以从一种教学方式中得益。

第三，学生的学习是不可替代的。将时间还给学生，他们学习汉语的过程是不断犯错不断改正又不断犯新错的过程。控制教师说话表达的欲望，关注不同层次的学生，尤其是学习能力较差的学生，给他们提供足够的支持，包括精神上的支持。有效的汉语课堂教学需要关注学生的全员参与以及参与的程度、广度和效度。

第四，让学生享受成功的喜悦。学习是费时费力的一项事情。汉语课堂教学的有效性，建立在学生积极主动的课堂参与上。而营造和谐民主的课堂学习氛围，以及让学生享受到学习的成功喜悦，是提高学生参与性的有效措施。每个学生在努力学习后都希望见到成效，教师需要针对不同的学生设计不同难度的学习活动，在课堂中争取让每个学生有学习见效的成功感受。

第五，教师在教学中要努力避免以下两大误区：对学生的理解能力估计过低；对学生的语言能力估计过高。

对学生的理解能力估计过低。表现为机械性操练过多，或者教学活动和安排缺乏多样性和层次性。讲解过多，如生词和语言点的教学，教师因为担心学生不理解，总是一再解释，从而占用宝贵的课堂时间，影响课堂的有效性。譬如学习“首先……其次……然后……最后……”，不少教师或用学生的母语或试图用汉语解释“首先”这些词是什么意思。从他们的教学行为来分析，他们首先想到的就是如何让学生理解这些词语，而事实上，教师应认识到这些表示事情先后顺序的表达式并非汉语所独有，是所有人类语言中都共有的一种方式，因此教师需要做的不是考察他们的理解，而是提供给他们用汉语的句式操练的机会即可。如展开师生问答：起床后你做什么？晚上你做什么？……在师生交流中考察他们是否理解，并达到在交际中学习的目的。

对学生的语言能力估计过高。表现为给学生进行语言操练的时间太少，把学生的理解力等同于学生的语言运用能力。譬如在进行综合性的语言运用活动前未能提供给学生足够的练习机会或练习时间，最后导致活动无法顺利地展开进行。如有的教师在领读两遍课文后立即要求学生进行角色扮演的活动。教师要认识到，从汉语的输入到输出必须经历一个反复操练的过程，而这过程又因学生的学习能力、先前积累等呈现出显著的个别差异。也就是说，从“内化”到“外显”需要教师设计不同层次不同方式的学习活动来逐步达成。

四、教师观

对外汉语教师扮演着很多角色。以前说到教师角色，我们习惯引用韩愈的话：“师者，所以传道授业解惑也。”我们又习惯说：“作为教师，要给学生一杯水，首先自己必须有一桶水。”这些传统意义上的教师观是从知识的传授上来定义教师的角色的。作为“水桶”的教师和作为“水杯”的学生无疑是被视作知识的容器，而从“水桶”里倒水到“水杯”里又强调了知识的单项传输。而这显然不是汉语教师的主要角色。对外汉语教学的本质和特点告诉我们，对外汉语课堂不只是学习语言知识的课堂，更是用汉语双向交流交际的课堂。对外汉语教师已远远超出了学科知识专家的角色，他更是教学专家，是课堂教学的决策者、组织者、管理者，是学生学习的顾问、同伴，也是学生错误的诊断者、评估者，是学生学习的支持者和帮助者等。总而言之，汉语教师集多重角色于一身。

第一，教师作为决策者。要实现有效教学，教师必须是有效的决策者。而要实施有效的决策，必须要有有效的计划。教学计划的重要工作就是采取各种方法降低汉语学习内容的难度。其一，把学习内容和学生的生活实际联系起来。其二，努力创设以问题为核心的学习情境，要尽可能多地提供给学生接触汉语和使用汉语的机会，且要力求汉语输入情境化，帮助学生在具体情境中理解汉语。其三，教师采用递进的方式进行汉语的输入和练习。层层铺垫，环环相扣，小步子地进行教学，最终完成教学目标，给学生享受成功的快乐。

第二，教师作为支持者。教师要注重培养、激发与维持学生的汉语学习动机，要安排和建构汉语学习的环境，包括教室等硬环境和学习氛围等软环境。教师需要构建适合学生学习的空间，同时也要营造适合汉语学习的班级氛围。教师需要预测学生学习汉语将碰到的典型困难，首先需要有一套潜在的帮助学生克服困难的策略。要培养学生的学习兴趣和自信心。有效率的教师不但要知道什么时候给学生提供支持，更要知道什么时候撤出支持。

第三，教师作为反馈者。教师要对学生的汉语交流进行即时的反馈。要允许学生出错，要考虑改错的方式。主要采用鼓励的方式引导学生参与到课堂的汉语学习中。

第四，教师作为观察者。教师要有良好的课堂管理能力。要培养学生对于汉语的敏感性，同时要培养自己对学生语言的敏感性。具备对学生学习状态以及程度的敏感性，这得益于教师敏锐的观察能力。话题和活动是否是学生真正感兴趣的？学生的参与方式是单一的还是多样的？学生是否都在参与？他们参与的程度、广度、效度如何？学生的情绪如何？我的教学是否面向全体？要做到适时适度，要求教师密切关注学生的课堂反应，具有随机应变的教学机智，要善于从学生的神情以及应答中迅速判断出他们是否主动参与，是否理解，是否真正内化，并进而调整下一步的教学行为。

第五，教师作为参与者。教师作为汉语课堂教学的设计者和决策者，首先要为学生用汉语进行的语言活动进行示范演示，同时也要不时参与到学生的语言实践活动中去。

第六，认识教师自身的教学类型。为了让教学更有效率，教师必须了解自己的教学类型，这指的是教师基于对汉语教学个人化的理解和自身的学习类型、个性特征等共同形成的不同的教学风格。教师对语言学习的认识决定了他的语言教学观。汉语教师的教学方法、教学行为取决于他的语言观和语言学习观。例如，如果你觉得汉语的学习就是一种多次重复以后形成的习惯，那么，你就会更倾向于赞成行为学习理论，在你的汉语课堂教学中会更倾向于听说法，比较重视机械的操练和多次的重复。反之，如果你认为语言的获得更多是依赖于学生的自主建构，你就会倾向于赞成人本主义学习理论，比较重视任务型教学法的运用。前者更注重教师的强化作用，后者更注重学生解决问题的能力。

有人认为，教学是一个实践性很强的工作，只要教师不断实践，教学就会变得有效。此话对亦不对。实践可以促进教学的效率不假，但若只有实践而不加以反思，其提高的效率有限且是无意识的。我们更强调反思型教师，只有时常反思自己的教学是否有效的教师，才会进行真正有效的教学。

五、教材观

教材，以前我们习惯称之为“课本”。而课本，意味着是教师和学生“上课的根本”，由此可见教材的地位之高。在这种“教材中心论”的影响下，教学成了教课本，教学内容等同于教材内容，课堂教学安排等同于教材的编排顺序。我们应明确，课本或者说教科书仅是教材中重要的一部分，但不是全部。教科书提供的教学内容也仅是教学内容的“之一”而非“唯一”。

作为汉语教师，需要解决的首要问题就是“我要教什么?”而最常见的回答是“我按照课本来教”。曾询问一名新手教师：“你为什么要设计这个活动?要达到什么目标?”他的回答如出一辙：“没什么具体目的，书上有这个练习。”而事实上，“没有教材能完全适合某种特定的语言环境，如果需要，教师应自己找到一种适当的方法使用和改编教材。教师不必幻想找到一种能满足其各种需要的完美教材，而应努力使所用教材的内容与自己的教学目标达到最佳配合”。Cunning Worth（1995）认为教材可以对缺乏自信心和教学经验的教师提供一种支持。因此我们认为汉语教师可以也必须对教材进行针对性的处理。

传统的教材观把教材视为教学的出发点和全部，处处以教材为中心，教师的任务是想方设法让学生理解教材，吃透教材。而活化教材则不把教材看作学生必须接受的对象和内容，而仅仅是实现课程目标的一种案例或范例。这就意味着同一个目标可以采用不同的范例，教材只是诸多选择之一，是精选的、准确的，但并不是唯一的，也不是每个学生必须选择的。

我们应视教材为学生学习活动的众多材料中的一种，教材呈现的语言知识和内容只是辅助性的，以帮助学生更好更快更有效地建立他自己的汉语体系，帮助他获得语言技能和交际技能，而不能仅仅停留在对教材本身所传达的文字信息和语言形式上，要关注教材既定形式后面更为本质的东西。汉语是一种意义重于形式的语言，这就更需要我们汉语教师具有开放性的教材处理观，需要教师在课堂上对教材内容做创造性的加工处理，尽可能地发挥教材的功能和价值，赋予固定静止的教材以丰富多样、自然真实的活力。这样，教师把教材演绎得更具开放性、动态性、真实性和交际性，课堂效果才能达到最优化，同时还培养了学生的汉语自学能力和学习策略。

简言之，与其说教材是教学内容，不如说是一种教学媒介或者说教学资源。他们不是学生学习的目的或者终点，而是被教师用来促进学生的语言学习的。教材最大的优点是提供了课堂教学的同一主题或者说话题，并且有一套关于教学重点难点、教学活动等组织课程的建议，这些都有助于教师安排教学。因此教材可以降低学习难度，帮助学生理解，鼓励学生参与并且保持对学习内容的兴趣，从而加强学习。

在课堂教学中，教材通过教师才能对学生发挥作用，也就是说，教材的有效性取决于教师。而“对教材最大的使用错误就在于让教材来规定教什么”，尤其是语言教学。汉语教师在教学中应该避免的问题之一是教师赋予教材过大的作用，从而降低了教师的主动性和能动性，也就影响了教学内容的针对性和适宜性。教师对教材的处理是决定课堂教学有效性的因素之一。

六、课堂观

课堂教学是学生汉语学习中的重要环节，但绝不是全部。在终身教育的大背景下，汉语的学习更是一个长久的过程。在课堂学习中，教师提供多种方式对学生的汉语学习进行指导和管理，而学生也正是在课堂学习中慢慢寻求到适合自身的学习汉语的方法并可以迁移到课下的独立的学习。

课堂时间明显是十分有限的，有效的汉语课堂教学意味着学生在课堂里进行高效的学习活动，真正参与、投入到汉语的学习过程中。

第一，营造支持性的课堂学习环境。课堂气氛、师生关系、生生关系决定了课堂是否是支持性的，也是学生能否有效学习的关键因素。因此，教师进入课堂首先得确保自己的态度是支持学生学习的，这包括教师的情绪、语言、行为等。学生的学习直接受教师的影响，我们很难想象一个无精打采的教师的课堂是有效的。在与学生的所有接触中，教师应表现出对汉语教学工作的兴趣与热忱，对学生学习汉语的关注以及作为教师的专业风范。教师如果希望学生全身心投入到课堂的汉语学习中，首先自己要全身心地投入到汉语的教学中。只有在教师享受到进行汉语课堂教学的乐趣时，学生才能享受课堂学习的乐趣。教师的汉语教学风格各异，但是支持性的汉语学习课堂中展现在学生面前的一定是热情自信的、关注学生的、享受着教学并能让学生感受到学习的愉悦性的教师形象。

第二，对外汉语课堂是多元文化的课堂。面对不同国籍、不同背景、不同学习风格、不同学习能力的学生，教师需要一视同仁，不带任何偏见，尽量避免刻板印象，尽量减少对学生的区别对待。

第三，认识并了解作为汉语教师的自己对汉语课堂的认识。关于汉语课堂，我们最常听到的一个隐喻是戏剧舞台，其中教师是导演，学生是演员。若你持同样观点，那么你比较关注课堂中学生的参与程度，同时你也比较重视教师的权威性。若你认为汉语课堂类似于举行一次会谈，则你更重视课堂中的师生交流和生生交流。若你认为汉语课堂近于去商场购物或者去饭馆吃饭，则你较多关注的是提供给学生足够多的可供选择的学习方式或者学习材料。若你认为汉语课堂好比病人去咨询医生，这意味着你对学生的错误非常敏感，你对学生的错误容忍度较低。……类似的课堂隐喻还有不少，无所谓对错，只是帮助你了解自身的语言课堂观，帮助你发现自己作为汉语教师的长处以及不足，进而改善你的汉语教学。

总的来说，有效的对外汉语课堂具有如下特点：课堂教学活动多样化、课堂互动模式多层次、教师角色的转变、教学手段灵活多变、评价手段丰富、课堂气氛宽松民主。以上我们讨论了汉语课堂教学的理念以及基本原则，我们一直强调，理念与原则可以是相当实用的。它们赋予教师理解、分析和反思整个教学过程以及教学过程中出现的问题的一个框架，汉语课堂教学有效与否，首先在于教师对汉语教学的认识和理解。只有基于原则，教师才能成为一个有效的计划者，而有效的教学计划是构成有效课堂教学的前提和条件。

第二节 关于教学设计

有效教学的关键是计划，计划是教学取得成功的关键。只有有效的教学设计，才能实施有效的课堂教学。要成为一个有效的或者成功的汉语教师，需要知道如何进行汉语课堂教学设计。从本质上来说，教学设计是一个长期的连续的分析过程。汉语教学包括三大阶段：教学设计、教学实施、教学评估。其中，教学设计是准备教学阶段，是对教学进行全面系统地分析的阶段。

一、现状分析

现状分析是有效教学的基础，包括四方面的现状分析：学生现状的分析、学生学习需求的分析、教师现状的分析以及教学环境现状的分析。其中最重要的是学生现状的分析。

具体分析对外汉语教学对象，教师要了解学生的汉语水平、汉字背景、学习外语经验、长期还是短期、先前学习过的知识以及他们的国别、年龄、身份、文化程度、学习动机、学习风格等方面。要关注学习的重点、难点、偏误、容易混淆和忽略的地方以及学生的最近发展区等，这是教学的针对性。其次要调动学生的主体性参与到教学活动中，因此要关注学生的个体差异、实际情况等。此外，还需要考虑学生已在中国学习生活的年限，要考虑他们是新生还是老生。长期的对外汉语教学经验告诉我们，与已经在中国学过一段时间的老生相比，刚来中国的留学生普遍更具学习动力和求学欲望，在学习态度和学习积极性方面也更胜一筹。

二、教学目标的定位

明确教学目标是优化课堂教学效果的首要条件，教师只有在对教学目标充分理解、分析、解释的基础上才能够很好地设计教学活动的各个环节，才能够不断改进自身的教学实践，才能让计划更有效，才能提高学生的学习效率。教学目标的定位需考虑以下几方面内容：

第一，有利于合理有效地规划课程和课时；

第二，有利于设计有效的教学步骤和教学活动；

第三，有利于帮助学生在已有的知识和经验上学习新的知识，发展新技能；

第四，有利于与学生交流教学目标；

第五，有利于监控和评价教学效果；

第六，有利于更好地利用资源。

对外汉语教学目标的设定有以下四个层次：水平目标（知识）、能力目标（技能）、文化目标（目的语国家和本国）、情感目标。

三、教学内容的确定

教学内容主要包括两方面：本课或者本节课所要学习的具体内容；区分重点与难点。很多教师对重点与难点的把握不够精准是课堂教学低效甚至无效的一大原因，这主要是受教师自身学习外语的过程的影响，多从语法知识的角度来选择、确定教学重点和难点，容易失之偏颇、片面。再加上对学生先前汉语知识、认知能力了解不够，因而失去了内容的针对性和有效性。而有效教师会根据学生最需要教师提供的帮助和支持来精心设计和组织汉语课堂的教学内容。毋庸置疑，课堂教学若能将大多数的时间用在设计和组织良好且有针对性的重要教学材料上，教师可以更为有效地利用课堂时间，亦能提高课堂教学的效能。

要确定课堂的教学内容，教师需要从以下几方面来进行考虑：教材提供了什么特定主题或者话题？关于该主题学生需掌握什么知识，需要达到什么交际能力？阻碍学生开展交际的是什么？教材中的哪些部分体现了这些障碍？教师该如何改进教材以帮助并促进学生的汉语学习？简单地说，在教学内容的设计上，教师需要做的一般步骤如下：

第一，确定教材提供的特定主题；

第二，根据主题或者话题确定语言功能；

第三，确定句型等表达式；

第四，确定词语；

第五，确定文化因素：与本主题相关的影响学生用汉语交际的文化因素。

第一步是根据教材建立一个单元目标，即总目标，学生用汉语交际的特定主题。本课的学习内容都将围绕着该主题展开并进行。第二至四步属于教学中的语言因素，涉及学生汉语表达的准确性和流利性问题。第五步的文化因素多涉及学生汉语表达的得体性问题。在学习内容的确定上，我们强调要结合学生的汉语水平以及学习能力等来确定教学的具体内容，更要明确学生学习的重点和难点并进而对教材内容进行有针对性的处理。

四、教学活动的设计

教学活动是课堂的基本组织形式，是教师进行教学计划的重中之重。在对外汉语教学中，教学活动提供了学习者用汉语交流的平台。设计教学活动，要处理好语言教学方方面面的关系：语言要素与语言技能；文化与语言的关系；不同国别的学生；针对全体与针对个人；讲和练的关系；知识教学和技能操练等。具体说来，活动设计和实施要遵循以下几个原则。

第一，活动要有明确的目标指向。是为了解决学生的语言学习难点还是为了吸引学生的注意力？通过活动，学生可以得到什么？教师了解了什么？也就是说，教师要明确通过活动学生达到了什么目的，教师又达到了什么目的。

比如以下的一个课堂场景：

初级汉语课堂，学习主题：买东西。

教师设计的活动分两个环节：

(1) 学生和邻桌两人一组，用所学词语、语言点、句型等进行买东西的角色扮演活动。

(2) 请两位同学在全班同学面前展示该活动。

我们在课堂观察中发现，在学生进行第一环节的时候，有的教师在进行下一个学习环节的板书。也有的教师在讲台前翻阅讲义等。而第二个环节，为数不少的教师由于目的性不够明确，选择进行课堂展示的学生就非常随意，当教师选择相邻的且坐在教室边缘位置的两个学生时，由于两人声音很小，教师需要凑近他们才能听清楚。而此时其他学生由于听不清展示学生的话语便游离于该教学活动之外。

我们认为，这样的教学活动就很难谈得上有效性。究其原因，在于教师的活动目的性不够明确。如果说第一个环节是提供给所有学生用汉语表达的机会，于教师则是进行个别教学的机会。而第二个环节于学生是给他们享受用汉语表达的成功的机会，于教师则是考察学生是否达到实现了教学要求，了解之前的教学是否有效的一个途径。因此，在第一环节学生进行自主操练的时候，教师应该关注每一组学生的学习情况，尤其要关注学习能力相对较差的学生，以便及时发现他们的问题并给他们提供个别指导。而第二个展示环节，教师如果希望了解是否所有的学生都达到了教学目的，他就可以选择高、中、低不同程度的学生。如果考虑活动的全员参与，他就可以选择座位相距较远的，比如教室里坐在对角线的两个学生进行课堂展示，由于空间的关系他们势必大声交流，而此时不仅是他们两人在教师的关注下，而且全班学生都置于教师的关注之下。

第二，活动要面向全体，强调活动的全员参与。我们认为，针对全体学生的教学活动不一定是高效率的活动，但高效的教学活动一定是给所有人都提供了学习机会。分组学习方式可以较好地解决这个问题，促进课堂语言学习的顺利进行。课堂教学要解决的一大矛盾是针对全体和面向个人之间的矛盾，面向全体需要有教师的示范，而进行分组学习可以提供个别练习的机会，教师可以给予有针对性的指导。

第三，活动要指向语言，不应为活动而活动。其一，强调活动指向语言且必须指向学生的语言学习。下面是初级水平汉语课堂中，在生词的教学活动中两种不同的处理方式：

场景一：

教师：跟我读——喝。

学生：喝。

教师：喝是什么？

学生：drink。

教师：好，下一个——啤酒。

学生：啤酒。

教师：啤酒是什么？

学生：Beer。

教师：饮料。

学生：饮料。

教师：饮料是什么？

学生：（有的沉默，有的）drink，coke。

……

场景二：

教师：跟我读——喝。

学生：喝。

教师：drink 是什么？

学生：喝。

教师：好，下一个——啤酒。

学生：啤酒。

教师：Beer 是什么？

学生：啤酒。

教师：饮料。

学生：饮料。

教师：什么是饮料？

学生：水、牛奶、啤酒、coke。

……

场景一中，教师不是帮助学生进行目的语的操练，而是强迫学生用母语来回答。或者说该教学活动操练的是教师的汉语，学生的母语。而场景二，教师有明确的语言意识和学生意识因而更具教学的有效性。

其二，教学活动是为了促进学生的汉语学习，虽然课堂中存在单纯为了激发学生的学习兴趣或者导入教学而与语言学习似乎缺乏直接相关的活动，绝大多数活动应该而且必须是为学生的语言学习服务的。

第四，教学活动要联系学生的生活实际。在进行教学活动设计时，如果考虑学生的兴趣爱好以及他们熟悉的事例，可以有效促进学生的参与性与参与的程度。譬如课堂提问这个最基本也是最常用的汉语课堂师生互动形式。将以教师为中心的教学转变为以学生为中心的教学，有效的方式之一即课堂提问。如学习“治安”“典型”两个生词，教师的问题是：“北京的治安怎么样？”“中国的治安和你们国家相比哪个更好？”“北京最典型的传统建筑形式是什么？”同样的三个问题在不同的班级效果很不一样，老生班因为已经在北京生活了一段时间，对这些问题有了切身体会因而师生交流很顺利，而这些问题对于新生班就无效了，对他们而言，以下的提问设计可能更为有效：“你们国家/城市的治安怎么样？”“你们国家农村和城市的治安哪个更好？”“（展示北京四合院的图片）这是你们那儿的典型建筑吗？”

第五，教学活动要多样化，要有综合性的活动。

以语言内容来设计活动，如语音、词汇、句型、语言点、篇章等；以语言技能来设计活动，如听、说、读、写以及综合语言交际能力等；以互动类型来设计，如教师与全班、教师与个别学生、学生与学生（结对活动与小组活动）等；以教学环节来设计活动，如准备教学阶段、新语言呈现阶段、操练阶段、实际应用阶段等；不同思维能力的活动，如理解性的活动、记忆性的活动、创造性的活动等。同时我们还要注意到，同一个目的的实现需要依赖不同层次不同类型的活动的进行，而同一个活动又可以指向不同的目的。

第六，教学活动要讲究效率。教学活动必须考虑效率，活动的效率建立在时间效率、学生参与的数量、程度等的基础上。课堂语言教学活动不是通过取悦学生来提高学生的学习兴趣和参与度，而是帮助学生形成有效的学习方法、学习态度等。

计划一旦制定，下一步教师需要考虑的是如何实施课堂教学，如何使自己的汉语课堂教学变得更为有效。

第三节　关于汉语课堂教学实施

我们知道课堂中有两种基本的教学类型：以教师为中心和以学习者为中心。目前大家在认识上都强调要以学习者为中心，但实际上，汉语课堂教学比较常见的依然是以教师为中心。我们认为，以教师为中心和以学习者为中心的教学并无绝对的优劣之分，两者都可以实现有效的课堂教学，达到有效的学习。关键在于教师进行教学时有无明确的教学目的，是否选择了最适合学习者的教学类型。也许教师选择的教学类型不一定适合每一个学生，但我们认为需要适合整个班级。

现行汉语课堂教学中比较典型的教学流程是“复习→新课的学习→作业”，其中“新课的学习”又呈现以下典型模式：“单词→语言点→课文→练习”。这种教学模式的具体做法是：

复习阶段：教师通过提问、听写、背诵等方式来检查学生对所学知识的掌握程度。

新课的学习阶段：讲练生词，扫清学习障碍；分析语法等语言点的结构并进行练习；讲解课文，包括课文理解和表达；评讲练习，包括教材上的练习和教师补充的练习，这是检查反馈环节。

最后是布置作业和总结环节。

应该说，这种教学流程主要是以教师为中心展开的，重点是语言知识的理解、操练和掌握。要提高教学有效性，教师在课堂操作时需要更关注汉语知识的建构，也就是更强调学生的汉语交际活动，增加学生实际运用汉语的学习活动，特别是可以增加一个综合运用汉语的活动以考察和评估学生学习的效度。

同时，作为讲究效率的汉语教师，还应该思考这种教学流程是否是唯一还是之一？

有效的课堂教学实施，要求教师自始至终具有汉语课堂教学意识。汉语课堂教学意识，主要包括学生意识、语言意识、交际意识、跨文化意识、活动意识、目的意识、纠错意识、时间意识以及课堂生成意识等。我们在前文已经讨论过学生意识、语言意识、交际意识、活动意识以及文化意识，在这里我们重点分析课堂生成意识、纠错意识、时间意识和反思意识。

第一，生成意识。课堂教学不是一成不变的，课堂教学要注意教学预设与教学生成的关系。

场景一：中级汉语水平学生进行“不至于”的学习。

教师提问学生：你刚来中国时，你能听懂汉语吗？

学生：刚来中国时，我什么都听不懂。

教师：什么都听不懂吗？你会说“你好”吗？请用“不至于”。

学生：我什么都听不懂，不至于“你好”也知道。

教师：下一个词语……

在该场景中，教师预设的学生情况是汉语虽不太好，但能听懂“你好”，而学生的实际情况是连“你好”都不会。但教师没有对此进行追问，也就不了解学生真正要表达的意思，也就谈不上学习的有效性。而比较有效的做法是教师调整教学方式，从学生的错误出发进行针对性地教学，对学生进行追问，从而了解学生的真正意图，并进行有效的学习：

教师：你会说“你好”吗？

学生：不会。

教师：那真是什么都听不懂了。这可以用我们以前学过的“甚至于”来说。

学生：我什么都听不懂，甚至于“你好”也不知道。

教师：“甚至于”强调“举例说明前面说的达到的程度”，而“不至于”强调“虽然……但举例说明没有达到的程度”。比如，你刚来中国时，汉语不好，但是你会说“你好”，这时我们可以说——

学生：我虽然汉语不好，但是不至于“你好”也不知道。

所谓课堂生成意识，也就是要求教师有处理课堂突发事件的能力，能够从学生的课堂表现中及时发现问题并调整自己的教学进而解决问题。

第二，纠错意识。关于语言课堂的纠错行为，不同的纠错时机、纠错方式、纠错场合以及纠错行为等，教师有不同认识。但具体到对外汉语课堂教学，由于学生生活在目的语环境中，不管他们愿意不愿意，在课外无时无刻不进行着汉语的操练。而只有在汉语课堂上才有机会明确听到教师告诉他哪个发音或者哪种表达有问题，这也是汉语教师作为课堂反馈者和课堂评估者应该起到的作用。在学期结束后对汉语教师的评估中，很大一部分学生认为“汉语教师在课堂上纠错不够”，这反映了学生对汉语教师纠错行为的期待。因此我们认为，对外汉语教师不但要有纠错意识、纠错行为，同时也应培养自己对学生错误的敏感度。

第三，时间意识。要提高汉语课堂教学的有效性，教师需有效利用课堂时间。课堂秩序保证效率，学生注意力则保证效果。教师要努力吸引学生的注意力，较高水平的注意力保证了较高水平的回忆率。而学生对于活动开头和结尾的记忆要比中间的记忆更清楚。对于一件事情，成人真正的注意力周期大约为15分钟，而15岁以下的青少年的注意力周期如果以分钟来计算的话，其数值仅相当于他们的年龄数。这给对外汉语教学的启示是：一节45分钟的课，我们至少将它切分为三大环节以保证学生的较高注意力。而要提高对课堂教学时间的有效利用，一种行之有效的方法是将课堂活动程序化，一个课堂活动一旦程序化就能节省时间。这与前文我们讨论的课堂活动的多样性似乎有些矛盾，事实上，有效的汉语课堂教学体现为活动方式的丰富性和稳定性之间的平衡。

第四，反思意识。有效教学需要教师具备反思意识。教学反思是教师专业成长和提高自身教学效果的有效手段之一，是教师学会如何教学和如何分析评价课堂教学的有效途径。教师的反思能够有意识地将教学理念和教学实践相结合，对自身的教学过程、教学方法、教学行为进行批判性地分析研究，从而有利于将有益的经验理论化并迁移运用到今后的教学中。通过不断实践和不断反思，教师的教学经验越来越丰富，课堂的有效性就会越来越提高。教师是否具备反思能力，是否在整个教学过程中进行反思，是区分教师是“艺人”还是“匠人”的分水岭。

对外汉语教师可以从以下几方面进行教学反思：

(1) 教学目标实现了吗？如果没有，为什么？

(2) 教学重点难点是否把握准确？

(3) 课堂的实施与教学设计有什么不同？为什么？

(4) 教学策略是否得当？教学反馈是否适宜？

(5) 我是怎样从一个阶段转移到另一个阶段的？怎样给全班介绍的？

(6) 我按照课时安排去做了吗？如果没有，为什么？

(7) 学生们在课堂上活跃吗？参与的广度、深度、效度如何？

(8) 教师自己感觉如何？是否兴奋？是否享受上课的乐趣？

(9) 学生们是否达到了要求？我是怎样知道的？

(10) 存在什么问题？如果存在，为什么？

(11) 下次应该做哪些改进？为什么？

(12) 今天的课比以前有哪些进步？

需要强调的是，教学反思不限于课堂教学中，它应该贯穿于教师的整个教学过程。因此，教师要进行教学前反思、教学中反思和教学后反思。不同阶段的反思有不同的重点，但它们都与课堂教学的有效性密切相关。

第二章　对外汉语教师课堂讲授语和提问语考察分析①

第一节　引　言

对外汉语教师课堂教学语言是对外汉语教师在教学过程中，根据学生的特点和教学内容的需要，以传授知识、培养交际能力为目的而使用的一种精心选择和组织的语言。在对外汉语教学中，教师的教学语言既是课堂教学的讲授语言，又是学生要学习掌握的目的语，因此对外汉语教师的课堂教学语言承担着目的语输入的重要任务。按照教学环节，本文将课堂教学语言分为：导入语、讲授语、过渡语、提问语、小结语。本文以 Krashen 的输入假设和 Long 的互动假设为理论指导，以收集到的语料为基础，具体考察了北京师范大学汉语文化学院 101 精读课中五位教师的讲授语和提问语。在语料收集上首先通过 MP3 录音收集语音语料，之后采用人工输入的方式将语音语料转写为相应的文字，并对文字语料进行了分类统计。统计结果见表 2-1。

表 2-1　语料统计表　　单位：条

教师	讲授语	提问语		总计
		发问语	反馈语	
教师 1	46	260	544	850
教师 2	79	210	336	625

---

① 本章作者：刘晓春。

续表

教师	讲授语	提问语		总计
		发问语	反馈语	
教师 3	47	317	440	804
教师 4	59	253	675	987
教师 5	60	101	349	510
总计	291	1141	2344	3776
		3485		

第二节　讲授语的考察分析

讲授语指教师较系统、完整地阐释教材内容的教学用语（语料统计见表 2-1）。

一、讲授语的可理解性考察分析

Krashen 的输入假说认为学习者只有在理解了他们听到的或看到的目标语言时，语言习得才会发生。因此，Krashen 强调二语习得依赖于学习者得到的可理解输入。在对外汉语教学中，教学语言的可理解性主要指教师要考虑学生的汉语水平，即“不讲学生听不懂的话，但又要使学生从教师的课堂用语中学到新的东西”（吕必松，1989）。

（一）利用已学过的词汇

如例 [1]：

[1] T：最少最少的叫至少。

Long 在一些细节上考察输入是如何被理解的时候，提到了三种输入途径。第一种是“利用学习者已学过的结构和词汇，但它不能促进发展，因为没有提供新的语言材料”。因此，Long 认为这种输入途径不是“可理解输入”的主要途径。通过对论文中讲授语语料的考察，“已学过的词汇”虽不能为学习者提供新的语言材料，但是在初级汉语精读课中，它作为可理解输入的“阶梯”，在学习者和“新的语言材料”之间建立联系，从而促进了学习者对新语言材料的理解和吸收，因此是作为可理解输入的主要途径而存在的。

（二）利用英语词汇

统计结果见表 2-2。

表 2-2　讲授语中英语使用情况统计表

教师	解释汉语词汇	公式化输入	引入语法术语	讲解语言点	英汉互译对比	总计
教师 1	0	0	0	0	0	0
教师 2	10	1	2	1	0	14
教师 3	3	2	2	0	1	8
教师 4	1	1	0	0	2	4
教师 5	1	2	2	0	1	6
总计	15	6	6	1	4	32

如例［2］至例［5］：

［2］T：好，它后面还可以是一个机会，机会是 opportunity。

［3］T：建议，可以是A 建议 B 做什么事情。

［4］T：对，verb phrase。比如说写完。写是一个动词。Vp 写完是一个 verb phrase。吃饭“吃好”是一个verb phrase。

［5］T：鞭炮。鞭炮。我上次听一个同学说“鞭炮是 firework” firework 不是鞭炮，鞭炮是firecracker。

五位教师共有 29 条语料使用了英语，约占总讲授语语料的 10%。在初级汉语精读课中，教师讲授时因学生汉语水平的限制，迫于课堂交际的压力而有针对性地使用英语。从使用结果来看较为成功，既节约了课堂教学时间，又获得了可理解输入。但也可以看出，不同教师使用英语的情况差别较大。值得关注的是没有使用英语的教师 1 和使用了 14 处英语的教师 2，她们讲授的是同一篇课文。由此可以看出，在对外汉语教学中很多地方英语是可以避免使用的。从这一点也可以看出，有时英语的使用与否随意性较大，可能与教师自身喜好、英语水平等有关系。

（三）控制句子长度

句子的长度是影响讲授语可理解性的重要因素。五位教师讲授语的分句的平均长度为 7.0 个字，句子短，停顿多，利于学生理解。讲授语字、句的统计见表 2-3。

表 2-3　讲授语字、句统计表

教师	总字数（字）	分句总数（句）	分句平均长度（字/句）
教师 1	3799	506	7.5
教师 2	3423	423	8.1
教师 3	2062	341	6.0
教师 4	3700	544	6.8
教师 5	5855	872	6.7
总计	18839	2686	7.0

（四）利用已学过的句子结构

“已学过的结构”主要指已学过的句子结构。讲授语是一种单向表述语，以陈述句为主，还有一小部分设问句和询问句。其中设问句和询问句多是为引起学生注意而进行强调。

（五）创设认知情景

Long 指出可理解输入的第二条途径是：利用“此时此地”定向，使学习者能够利用言内和言外的环境以及常识去理解他还没有学过的语言。在语料中，这一途径体现为教师常常创设与日常生活贴近的认知情景。例如：

［6］T：第三个“他的电话总是在占线”。“占线”是什么意思？是说你打电话的时候，他也在打电话。我给他打电话，我们两个人都不能说话。

（六）“无效用词”

语料中出现了学生不一定能听懂的词汇，孙德金（2003）将它们称为“无效用语”。这样的语料一共有 34 条，共 43 处。如例［7］中的“突出”：

［7］T：嗯，很好，北京风沙很大，尤其是在春天。我们说夏天、冬天有风沙吗？也有，但是我们说春天是最大，所以他说呢“尤其”。

“尤其”呢，是说它跟别的比较，它是最，最突出，对不对？

（七）“无效语句”

孙德金（2003）将教师使用的学生尚未习得的句子结构称为“无效语句”。在语料中，也出现了这种“无效语句”，但是数量很少。如例［8］中的“把”字句：

［8］T：让服务员过来。已经点了菜了，请把饭菜——端上来。好，端上来。

二、讲授语的科学性考察分析

（一）科学的讲授语

教师的讲授语一定要具有科学性，要用语准确，正确传达教学信息。例如：

［9］T：自从什么时候。（板书）这里是现在，从过去的，从过去的一个时间到现在是“自从”。比如说自从来到北京，自从来到北京，这里是来到北京，自从来到北京我一直在北师大学习。

（二）非科学性的讲授语

影响讲授语科学性的因素及统计结果见表 2-4。

表 2-4　影响讲授语科学性因素统计表　　单位：条

教师	解说不符合客观实际	语法错误造成表达失误	逻辑不严密造成表达失误	前后叙述矛盾造成表达失误	总计
教师 1	0	0	0	0	0
教师 2	4	1	0	0	5
教师 3	2	1	0	0	3
教师 4	1	2	1	0	4
教师 5	2	3	1	1	7
总计	9	7	2	1	19

如例［10］至例［13］：

［10］T：云南是一个省，它的省会是哪儿？哎，昆明，然后它有很多有名

的旅游的地方，是大理、丽江、西双版纳。西双版纳是云南的吗？好像不是云南的。好，大理和丽江一定是云南的。

[11] T：那个闹钟的声音也是铃声。闹钟的声音也是铃声。非常大的一个钟，叫钟声。

[12] T：好，看下一个，团圆，团圆可以说跟谁团圆，和谁团圆。在中国过春节的时候，可以说全家人团圆了。

（本例中，教师讲授“团圆”时说可以说“和谁团圆，跟谁团圆”，致使学生在后面的回答中说出“我跟同事团圆”的错误句子。）

[13] T：一般在中国在一个家里面如果生了三个孩子，是个女孩，我们一般说他家生了一个千金。他家生了一个千金。千金小姐，千金小姐，这个指的是女孩。

三、讲授语的规范性考察分析

（一）规范的讲授语

“教师口语的示范楷模作用，决定了教师口语必须力求规范。”（《教师口语》，1996）这在对外汉语教学中尤为突出。例如：

[14] T：“合不上嘴”呢，一般是高兴得合不上嘴。他很高兴，高兴得合不上嘴。

（二）非规范性的讲授语

“教学用语规范表现在遣词造句方面要符合普通话的规则和现代汉语的习惯。”（《教师口语》，1996）因此，讲授语语句在词法和句法上的错误会影响其规范性，统计结果见表 2-5。

表 2-5　影响讲授语规范性因素统计表　　单位：处

教师	词法错误					句法错误			总计
	词语多余	词语缺失	词语误用	代词转换错误	固定结构残缺	成分残缺	成分多余	语序不当	
教师 1	1	3	2	1	2	8	1	2	20

续表

教师	词法错误					句法错误			总计
	词语多余	词语缺失	词语误用	代词转换错误	固定结构残缺	成分残缺	成分多余	语序不当	
教师 2	8	0	4	0	0	8	0	2	22
教师 3	1	6	2	1	0	25	0	0	35
教师 4	4	8	4	0	0	17	3	0	36
教师 5	3	5	5	3	0	19	2	0	37
总计	17	22	17	5	2	77	6	4	150
	63					87			

1. 词法错误

例如：

［15］T：那么这个“优美”除了说它的风景以外，还可以说他的歌声。唱歌的时候，他的歌声很优美。

［16］T：嗯，很好，北京风沙很大，尤其是在春天。我们说夏天、冬天有风沙吗？也有，但是我们说春天（的）是最大（的），所以他说呢“尤其”。“尤其”呢是说它跟别的比较，它是最，最突出，对不对？

［17］T：所以首先我们是明白它整个事情。他，首先是他去五道口，对不对？然后呢我们强调的是它的某一方面。

［18］T：如果你喝了很多酒，你回来想吐，他给你拿东西啊，我来给你捶捶背，他来照顾你。一个意思是我来管你，就是我帮助你啊，我照顾你啊。

2. 句法错误

例如：

［19］T：这个“老”不是老师(的“老”)，也不是老人(的“老”)。这个“老”后边要用动词，老做什么，意思是常常，（板书）常常。而且(这个“老”的) 后边是这个，常常是对你来说不太好的或者

不满意的，不满意的事情。比如说我的孩子，我的孩子老看电视。(这句话的) 意思是我对他看电视不喜欢。

[20] T：好，再往下看十二个，我们刚才看到了十一个，这个词很经常用，看不惯。

讲授语语句中，句法错误多于词法错误。其中句子成分残缺占了句法错误的绝大部分。但是承前省略主语、谓语或者主谓语以及对前面语句的少量部分重复不属于这种情况。例如：

[21] T：“淹”是什么？(淹是) 动词啊。死呢？淹了以后，结果死了。(承前省略主语、谓语)

3. 五种非规范性语句

在教学中“必须避免冗长、啰嗦”，“避免口头禅”(《教师口语》，1996)。因此，教学语言中过多的重复、自我更正语、自我弃置语、插入语以及感叹语也会影响讲授语的规范性。这五类语句的统计结果见表 2-6。

表 2-6　讲授语中五种非规范性语句统计表　　单位：处

教师	重复语句		自我更正语	自我弃置语	插入语	感叹语句					总计
	完整重复	部分重复				好	对	嗯	啊	哎	
教师 1	38	17	1	4	0	34	7	19	2	0	122
教师 2	9	7	2	2	1	3	0	2	1	9	36
教师 3	18	9	0	0	0	9	1	1	7	0	45
教师 4	42	28	2	3	4	23	1	4	1	0	108
教师 5	27	19	3	13	0	6	2	0	54	0	124
总计	134	80	8	22	5	75	11	26	65	9	435
	214					186					

(1) 重复语句

例如：

[22] T：好，我们看一下“什么加开”。“开”也是一个补语，动词加“开”。“开”也是一个补语，动词加“开”。电视我可以用“打开”。

[23] T：你说汉语，汉语很——，啊，这道题，这道题很难，连我都不会。那如果你，如果你的水平不高的话，这个“都”，这个不能说明它难，一定是一个人，“连老师”，我们说老师应该知道的多一点，连老师都不会，那它肯定是难的，肯定。

（2）自我更正语

例如：

[24] T：这个居住啊，意思是住的时间比较长。他居住在北京六年了。他在北京居住了六年了。

（3）自我弃置语

讲授语是以讲析为主的语句，“讲析语句要完整，不能说半截子话”（《教师口语》，1996），如例 [23] 中的“你说汉语，汉语很——”。

（4）插入语

插入语多是与讲授内容无关的语言，影响前后内容连贯，是教师应该尽量避免的。

（5）感叹语句

主要为含有“好”“对”“嗯”“啊”“哎”五个词的语句。“好”“对”是形容词，但是在讲授语语料中它们的作用不是评价，而且它们常常与感叹词“嗯”“啊”“哎”一起使用，作为一个话题结束的标志或者对自己话语的肯定，因此将它们归为感叹语句。例如：

[25] T：你们来说一说，啊，大家讨论一下，讨论一个问题，大家商量商量。议论不是。啊。

[26] T：我们说×××，是上个周末去天安门的。嗯，好。这个我们就不写了。它还可以强调目的。对。它还可以强调目的。

4. 使用英语

英语词汇与汉语词汇的混用是讲授语不规范的表现形式之一。英语使用情况可参见表 2-2。

四、讲授语的启发性考察分析

教师讲授时“要重在点拨。不是把知识硬塞给学生，而是用话语创设一种认知情景，引导学生自己去解决知识的难点”（《教师口语》，1996）。在初级汉语精读课上，教师为了让学生最大程度地获得可理解输入，常常利用“已学过的结构和词汇”围绕着学生的日常生活进行认知情景创设，启发学生在创设的认知情景中将日常生活与“新的语言材料”相联系，从而获得真正的可理解输入。教师经常运用“你（们)”“我（们)”“他/她（们)”等人称代词将学生带入到创设的认知情景中去，从而使得教师讲授语中代词的出现频率颇高。例如：

[27] T：“由于”就是“因为”的意思。就是“因为”的意思。“由于”什么什么。比如说你今天迟到了。路上堵车，你今天迟到了。我问你：“你为什么迟到了?”你可以说：“由于路上堵车，所以我迟到了。”

五、讲授语的实用性考察分析

对外汉语教学的主要目标是学生汉语交际能力的培养和发展。在课堂教学中，这一目标的主要承担者是教师的教学语言。作为教学语言重要组成部分的讲授语也承担着这种重任。教师讲授语的重点是让学生在理解的基础上运用语言点进行交际。在语料中，教师会向学生输入“公式化”的语句，学生习得后可以在不同的生活情景中运用。另外，教师的讲授语中有很多“我们看，我们(可以）说，经常是”等这样的提示语，它们后面常常是教师总结的带有规律性的语句，这些语句常常是一些“公式化”的语句，学生在习得后也可以在具体情景中用这些语句进行交际。例如：

[28] T：还可以说对什么什么有信心。对什么有信心。对什么没有信心。

另外，教师常常利用学生“已学过的结构和词汇”围绕日常生活情景进行创设，进行情景创设的语句也应该具有实用性，学生在习得这些语句后可以在真实的日常生活中运用，进行交际。本文未对学生的日常生活用语进行跟踪调查，因此对于讲授语实用性的提出，只是一种理论上的假设。

第三节　问语的考察分析

提问语包括教师的问语和答语及教师对学生问答语的评价。为叙述简便，本文将提问语中的问语命名为发问语，将答语及教师对学生问答语的评价命名为反馈语。语料统计见表2-1。

一、发问语的考察分析

具体分类统计见表2-7。

表2-7　发问语类型统计表

单位：条

<table>
<tr><th rowspan="3">教师</th><th colspan="4">问句形式的发问语</th><th colspan="2">非问句形式的发问语</th><th rowspan="3">问句形式发问语＋半截子话</th><th rowspan="3">总计</th></tr>
<tr><th colspan="3">单式发问语</th><th rowspan="2">复式发问语</th><th rowspan="2">半截子话</th><th rowspan="2">情景叙述语</th></tr>
<tr><th>独立式发问语</th><th>铺垫式发问语</th><th>解释式发问语</th></tr>
<tr><td>教师1</td><td>122</td><td>44</td><td>1</td><td>11</td><td>48</td><td>7</td><td>27</td><td>260</td></tr>
<tr><td>教师2</td><td>127</td><td>45</td><td>4</td><td>20</td><td>7</td><td>1</td><td>2</td><td>206</td></tr>
<tr><td>教师3</td><td>149</td><td>80</td><td>5</td><td>36</td><td>23</td><td>10</td><td>13</td><td>316</td></tr>
<tr><td>教师4</td><td>108</td><td>57</td><td>2</td><td>25</td><td>20</td><td>17</td><td>20</td><td>249</td></tr>
<tr><td>教师5</td><td>32</td><td>27</td><td>8</td><td>15</td><td>10</td><td>6</td><td>3</td><td>101</td></tr>
<tr><td rowspan="3">总计</td><td>538</td><td>253</td><td>20</td><td rowspan="2">107</td><td>108</td><td>41</td><td rowspan="3">65</td><td rowspan="3">1132</td></tr>
<tr><td colspan="3">811</td><td colspan="2" rowspan="2">149</td></tr>
<tr><td colspan="4">918</td></tr>
</table>

（一）发问语的可理解性考察分析

发问语是一种双向交流语，教师发问的目的在于启发引导学生开口，使师生在互动中形成一种双向交际。在这种双向交际中，只有教师的发问语是可理解的，才有可能保证交际的成功。如果学生听不懂教师的发问语，就会造成交际的中断，严重时甚至阻碍课堂教学的顺利进行。

1. 可理解性的发问语

（1）利用已学过的词汇

为给学生提供可理解输入，保证课堂交际的成功，教师发问时要非常注重词汇的选择，尽量用学生已经学习和新学习的词汇，因此语料中超出学生现有汉语水平的词汇很少。

（2）利用英语词汇

发问语中使用英语词汇的语料一共有 8 条，共 8 处。其中 4 条指代专有名词，2 条提问汉语词汇，2 条解释汉语词汇。例如：

[29] T：你是怎么和朋友联系的？打电话？发 e-mail？还是上网？还是发短信？

[30] T：那么熟悉的反义词是什么？它的 opposite 是什么？

[31] T：阴历是 calendar，那个阴历的时候我们不说一号到十号，我们说什么？

（3）控制句子长度

教师的发问语一次输入给学生的话语量较少，因此语段较短，有时只是一个简单的句子。语料统计见表 2-8。

表 2-8　发问语语料字、句统计表

教师	总字数（字）	分句总数（句）	分句平均长度（字/句）
教师 1	6131	855	7.2
教师 2	3309	411	8.1
教师 3	5196	828	6.3
教师 4	5843	902	6.5
教师 5	2696	375	7.2
总　计	23175	3371	6.9

（4）利用已学过的句子结构

可参见表 2-7。

①问句形式的发问语

在问句形式的发问语中，单式发问语中以简短的独立式发问语最多。独立式发问语中使用最多的是特指问，其次是是非问和正反问，还有少量的选择问。例如：

[32] T：利用五一放假的机会你想去哪儿呢？×××。

[33] T：那你自己动手做饭吗？×××。

[34] T：你是不是在校外租的房子呢？你是不是在校外租的房子？×××。

[35] T：那么，如果你要去青岛的话，你会坐火车还是坐汽车？

其次，教师常使用铺垫式发问语，这时教师会尽量通过创设认知情景将语言点贴近学生的生活。例如：

[36] T：如果说节假日，我们要出去旅行，你首先要预定什么呢？在节假日，要出去旅行，首先要预定什么呢？

针对较难的问题，教师常用复式发问语，分成几步发问，逐步引导学生。例如：

[37] T：你和你的同屋，你和你的同屋有区别吗？最大的区别是什么？

[38] T：再比如说现在我的身体不太好，所以跑步怎么样？跑得动跑不动？

②非问句形式的发问语

例如：

[39] T：今天的作业太多了，我——　（操练“光顾着……，还没/忘了……”）

[40] T：如果我不锻炼身体真的因为我很懒，可是我说我太忙，我没有时间。（为“理由”一词进行情景创设）

2. 影响发问语可理解性的因素

影响发问语可理解性的语料一共有34条，34处。其中词汇因素23条，句长因素1条，答域因素10条。

（1）词汇因素

学生不理解的词汇，既有他们刚刚学习但一时还没理解的词汇，也有他们还没学习的词汇。例如：

［41］T：爸爸妈妈照顾你吗？

S3：照顾？

T：比如说他给你做饭吗？给你洗衣服吗？你有什么事情他都管。

S3：照顾得不周到。

［42］T：啊，医生和律师，在韩国也是医生和律师。他比白领挣得多吗？他比白领挣得多吗？

S34：白领什么意思？

（2）句长因素

句子过长会影响学生对教师发问语的重点信息或问题焦点的理解和把握，从而影响学生对句子的整体理解（句长统计可参见表2-8）。例如：

［43］T：好，来中国的时候你乘坐的航班，来中国的时候你乘坐的航班几点到达中国的？我们说到达，来中国的时候你乘坐的航班几点到达中国的？×××。

S4：几？

T：嗯，来中国的时候你乘坐的航班几点到达中国的？

S4：

T：我几点呢？

S4：十点。

（3）答域因素

在发问语语料中还发现了这样的问题：教师的发问语是可理解的，但是师生交际仍旧不成功。这主要与发问语的答域有关，即教师发问语的答域过难超出学生现有的汉语水平或者答域过于宽泛让学生找不到回答的焦点，如下面两例。因此为保证课堂交际成功，教师发问时不仅要考虑语言输入的可理解性，还要考虑学生在听懂问题后输出的难易度，对自己的发问语答域进行适当地限制。

［44］T：动作很笨是什么意思？

Ss：

T：什么样的人动作很笨？

Ss：胖，喝醉的人。

T：可以。胖的人动作很笨。还有什么人动作很笨？

Ss：

T：肚子里有孩子的人动作也很笨，对不对？

[45] T：中国人过新年的时候要——，中国人过新年的时候要——，×××。

S70：要什么？

T：中国人过春节的时候要什么？

S70：要——

T：贴什么？

S70：贴——

T：贴春联。贴春联。中国人过春节的时候要贴春联。

(二) 发问语的科学性考察分析

1. 科学的发问语

发问语的科学性主要体现为用词准确，能正确传达发问内容，如例 [32] 至例 [35]。

2. 非科学性的发问语

影响发问语科学性的因素为词法错误和句法错误，一共有 6 条，共 6 处。词法错误有词语多余、词语缺失、词语误用。句法错误主要是成分残缺。例如：

[46] T：那么 12 月份的时候是什么样的节日？

[47] T：你不喜欢去医院，但是前几天你的脚坏了。

[48] T：那我们的手机响了，那个手机(的声音) 是什么？手机(的声音) 是钟声吗？手机(的声音) 是什么？

(三) 发问语的规范性考察分析

1. 规范的发问语

教师应让学生学会如何发问，向学生示范正确的发问语句，这种示范功能要求教师的发问语具有规范性，如例［32］至例［35］。

2. 非规范性的发问语

词法错误和句法错误是影响发问语规范性的主要因素。统计结果见表 2-9。

表 2-9　影响发问语规范性因素统计表　　单位：处

教师	词法错误					句法错误			总计
	词语多余	词语缺失	词语误用	代词转换错误	固定结构残缺	成分残缺	成分多余	语序不当	
教师 1	30	1	0	1	5	4	0	0	41
教师 2	70	0	0	0	0	2	0	0	72
教师 3	21	0	1	1	0	8	0	0	31
教师 4	33	3	2	0	0	1	0	0	39
教师 5	4	1	3	0	0	8	0	0	16
总计	158	5	6	2	5	23	0	0	199
	176					23			

（1）词法错误

例如：

［49］T：新年十二点，钟声一响，当当当，大家都要说互相问候，要说什么？

［50］T：你爸爸妈妈(的) 照顾怎么样？

［51］T：我的妹妹跟×××高低差不多。那怎么说？

［52］T：明天有考试，明天有考试，我想要睡觉，可是我还没有复习，你睡得着吗？明天有考试，我——

［53］T：来中国的时候，你坐的飞机是从哪儿起飞(的) 呢？

（2）句法错误

例如：

［54］T：嗯，还有儿童(的节日) 叫——，小孩的节我们叫——，是 6 月 1 号。

在发问语中教师常常连续问几个问题，后面的语句承前省略主语，这种情况不属于成分残缺。例如：

［55］T：他和山田两个人关系怎么样？（他们俩）谈得来谈不来？

（3）五种非规范性语句

发问语中五种非规范性语句见表 2-10。

表 2-10　发问语中五种非规范性语句统计表　　单位：处

<table>
<tr><th rowspan="2">教师</th><th colspan="2">重复语句</th><th rowspan="2">自我更正语</th><th rowspan="2">自我弃置语</th><th rowspan="2">插入语</th><th colspan="5">感叹语句</th><th rowspan="2">总计</th></tr>
<tr><th>完整重复</th><th>部分重复</th><th>好</th><th>对</th><th>嗯</th><th>啊</th><th>哎</th></tr>
<tr><td>教师 1</td><td>69</td><td>12</td><td>0</td><td>5</td><td>1</td><td>61</td><td>0</td><td>42</td><td>4</td><td>0</td><td>194</td></tr>
<tr><td>教师 2</td><td>9</td><td>5</td><td>2</td><td>7</td><td>0</td><td>9</td><td>1</td><td>4</td><td>0</td><td>5</td><td>42</td></tr>
<tr><td>教师 3</td><td>32</td><td>12</td><td>1</td><td>1</td><td>4</td><td>41</td><td>1</td><td>8</td><td>13</td><td>0</td><td>113</td></tr>
<tr><td>教师 4</td><td>238</td><td>18</td><td>4</td><td>4</td><td>1</td><td>29</td><td>0</td><td>2</td><td>9</td><td>0</td><td>305</td></tr>
<tr><td>教师 5</td><td>13</td><td>9</td><td>0</td><td>7</td><td>4</td><td>0</td><td>0</td><td>3</td><td>15</td><td>1</td><td>52</td></tr>
<tr><td rowspan="2">总计</td><td>361</td><td>56</td><td rowspan="2">7</td><td rowspan="2">24</td><td rowspan="2">10</td><td>140</td><td>2</td><td>59</td><td>41</td><td>6</td><td rowspan="2">706</td></tr>
<tr><td colspan="2">417</td><td colspan="5">248</td></tr>
</table>

教师的发问语在语句的重复上有大量的完整重复，大多是教师为了强调而进行的有意识的重复。部分重复的现象相对较少。但也存在重复过多的现象，使得教师语言效率不高，如例［56］。“好”“哎”“啊”“嗯”等感叹语句有很多，其中的“好”字句和“嗯”字句是过渡语句，起承上启下的作用；“啊”字句和“哎”字句属于口头禅；也存在自我弃置语、自我更正语、插入语，但是它们的数量相对前两者较少。

［56］T：啊，什么时候你很感动？什么事让你很感动？什么事让你感动？好，（板书）什么事让什么人感动。什么事让你感动？什么事让你感动？×××，试一下。

（4）半截子话

从形式上看半截子话是不规范的，但在发问语中它是启发学生思考、引导学生开口的一种独特方式。例如：

［57］T：这里有一盘菜，可是我已经吃了很多东西，这个时候我——

（5）“填空式”发问

“填空式”发问是教师为了让学生说出一个词或者短语而进行的发问，多是教师进行课后填空练习或者针对课文内容和生词提问时使用的。例如：

［58］T：睡觉睡醒了你会——，睡觉睡醒了，你会什么眼睛？

（6）使用英语

例如：

［59］T：那么world map是什么？

（四）发问语的启发性考察分析

在发问语语料中，教师发问语的启发性表现在各种问语的运用上。统计结果可参见表2-7。

1. 问句形式的发问语

（1）单式发问语

①独立式发问语

在独立式发问语中，问句形式多是特指问、是非问、正反问，还有少量的选择问和附加问。是非问、正反问、选择问以及附加问的启发性很低，几乎不能引起学生的思考。在语料中教师使用最多的是能引起学生思考调动学生积极性的特指问。例如：

［60］T：你对什么事情最重视？你对什么事情最重视？

②铺垫式发问语

铺垫式发问语使问句的指向更加明确，从而凸显问题的焦点所在。例如：

［61］T：大家都在学习，非常安静，非常安静，有一个人走过来大声说话，这时你会说什么？×××。

这种发问语句能很好地启发学生运用新语言点进行交际，但有时候教师的很多话引出的只是学生几个字的回答，语言效率不高。

③解释式发问语

［62］T：你吃不吃苦的菜？像药。（板书“药”）

（2）复式发问语

复式发问语可对学生进行多角度的启发引导。其中的辅助问句或是在中心问句前铺垫解释，或是在后注释说明，或者是中心问句的同义句。如例［37］、［38］、［63］。

［63］T：那么他为什么会发胖？原因是什么？为什么？×××。

2. 非问句形式的发问语

如例［39］和例［40］。

3. 问句形式发问语＋半截子话

这种形式更大程度上是在启发的基础上进一步引导学生开口回答，鼓励学生参与到课堂交际活动中来。例如：

［64］T：门很窄，你进得来进不来？怎么回答？我——

（五）发问语的实用性考察分析

发问语作为师生交际语言和其他交际用语一样应该具有实用性。这种特性不仅体现在课堂活动中，更应该体现在学生的课外日常生活中，让学生学会用不同的句子形式发问。因未考察学生日常生活用语，所以该特性在本文只是理论层面上的假设。

二、反馈语的考察分析

反馈语作为师生互动对话时的一种应答语言，是非设计性、非计划性的。在与学生的互动交际过程中，教师使用什么样的反馈语要视学生的回答情况而定，因此反馈语具有鲜明的口语化特点：有大量的零句，其中最多的是形容词零句。这些零句依靠语境本身提供的大量信息，在语法结构不完整的情况下，达到了传递信息的目的，保证了交际的成功。但是反馈语在本质上还是一种教学语言，其自身还要具有教学语言的基本特点。

（一）反馈语的可理解性考察分析

Long（1996）认为第二语言习得是学习者与其他讲话人——特别是语言水平比自己高的人——互动的结果，这种互动中最重要的是“意义协商”。当交际中的学习者和能力更强的说话者意识到他们的对话者（interlocutor）有理解上的困难时，他们有可能调整语言输出、会话结构、信息内容或全部。Long在一些细节上考察输入是如何被理解时指出，“通过调节会话的互动结构”是“理解输入的主要来源”之一。反馈语是师生之间意义协商的主要承担者和推动者，要实现意义协商的成功，教师的反馈语应该是可理解的。

按照使用情况的不同，教师的反馈语可分为三类：第一类是师生交际成功后的教师反馈语；第二类是师生交际不成功后的教师反馈语；第三类是针对学生发问语的教师反馈语。

1. 师生交际成功后的反馈语

师生交际成功后的反馈语通常由肯定学生回答的形容词零句加上重复学生回答的语句或者对学生的回答进行解释扩展的语句构成，它是可理解的。例如：

[65] T：对，很好。这个时候你应该说“我不能睡着”。

2. 师生交际不成功后的反馈语

师生交际不成功后的反馈语是具有意义协商性的语句，其意义协商性体现为教师对会话结构的互动调整。这种语句或者是重复先前的发问语，或者是通过各种方式进行部分提示，或者是重新组织语句，或者是重新解释讲解，以此来保证输入的可理解性，获得交际成功。例如：

[66] T：李明的妹妹想起一件什么事来？×××。

S13：

T：李明的妹妹想起一件什么事来？

S13：李明的妹妹突然想起一件事来，我们光顾着吃饭了，还没看电视呢。

[67] T：嗯，好，你每天是怎么来上课的？×××。

S21：什么？

T：你每天是怎么来上课的？是骑自行车呢？还是走路呢？

S21：是走路来上课的。

[68] T：到家的时候已经是什么时候了？到家的时候已经是什么时候了？

S86：老师再说。

T：下车的时候已经是什么时候了？他们下车的时候已经是什么时候了？

S86：下车的时候已经是除夕的时候了。

[69] T：关于讲价你有什么经验呢？关于讲价你有什么经验呢？×××。

S35：关于讲价——

T：你的经验是什么呢？经验是你会讲价了以后呢，你告诉别人怎么样才能买到又便宜又好的东西。有什么经验？讲价的经验。

S35：经验是，啊，我说她漂亮。

3. 针对学生发问语的反馈语

针对学生发问语的反馈语通俗易懂，可以及时解除学生的疑惑。例如：

[70] S14：“从来不”和“从不”一样？

T：一样。对。“从来不”你也可以说“从不”，“从来没”你也可以说“从没”。对，也可以。

4. 利用英语词汇

统计结果见表 2-11。

表 2-11 反馈语中英语使用情况统计表 单位：处

教师	解释汉语词汇	引入专有名词	英汉互译对比	讲解语言点	总计
教师 1	1	0	0	0	1
教师 2	11	0	3	1	15
教师 3	2	4	1	0	7
教师 4	0	4	0	0	4
教师 5	8	3	3	0	14
总计	22	11	7	1	41

例如：

[71] T：我问你老板和总经理。老板就是 boss。总经理是那个 manager。

[72] T：真的，真的书包，LV 的。

[73] T：×××的句子是“尽管离得很远”，（板书）A离B很远，就是这个旅游的地方离他的地方很远，可是他还是去了很多次。

5. 控制句子长度

反馈语的分句平均长度小于讲授语和发问语的分句平均长度，反映出其零句多利于学生理解的特点。统计结果见表2-12。

表2-12 反馈语语料字、句统计表

教师	字数（字）	分句数（句）	分句平均长度（字/句）
教师1	11092	1980	5.6
教师2	6213	977	6.3
教师3	5387	1124	4.8
教师4	11174	2191	5.1
教师5	12505	2088	6.0
总计	46371	8360	5.5

6. “无效用词”

反馈语中的“无效用词”一共有10条，11处。例如：

[74] T：我偏吃。大夫说你少吃辣椒，医生说你应该少吃辣椒，如果吃很多辣椒，脸上会起疙瘩。我偏吃，我就不听他的话。

7. “无效语句”

反馈语中的“无效语句”为“把”字句，一共有2条，2处。例如：

[75] T：放鞭炮也是为了什么？为了把年赶跑。把年赶跑。

（二）反馈语的科学性考察分析

1. 科学的反馈语

反馈语的科学性体现在教师的概念准确，判断科学，解说符合客观事物，用语准确。例如：

[76] T：你为什么学习讲价？以前你不会讲价，你为什么学习讲价？自从。好，自从什么时间，什么事情。你为什么学习讲价？×××。

S28：啊？我不明白这个词。

T：这个词的意思就是从这个时间开始，从这个时间开始到现在。

S28：我不知道你的——

T：好，那么我的问题是你现在学会讲价了，对不对？你以前不会讲价，以前啊，以前不会，现在会。好，那么你从什么时候，从什么时候开始学习讲价？自从——

S28：自从来北京以后。

T：好。

S28：我会讲价。

T：好，说完。我自从来北京以后——

S28：我自从来北京以后学会讲价。

2. 非科学性的反馈语

统计结果见表 2-13。

表 2-13　影响反馈语科学性因素统计表　　单位：处

教师	解说不符合客观实际	语法错误造成表达失误	语言不严密造成表达失误	前后叙述矛盾造成表达失误	总计
教师 1	2	2	0	0	4
教师 2	1	1	1	0	3
教师 3	1	0	0	1	2
教师 4	3	0	2	0	5
教师 5	2	0	0	0	2
总计	9	3	3	1	16

例如：

[77] T：不要用“很”，尤其就是很的意思。汉语尤其难。尤其是汉语。

[78] T：啊，你看，我们说他下个周末去天安门。他去了吗？我们说“是什么什么的”一定是(说)什么呢？一定是(说)完成，是(说)过去的事情。已经完成。对。是过去的事情。

[79] T：好，否定句里我们不带“了”。

[80] T：看得了？不合适，不能说“看得了”。什么时候我们可以说“看得了吗?”今天我的眼镜没有戴，所以我看不了。

（三）反馈语的规范性考察分析

1. 规范的反馈语

例如：

［81］T：对，很好。我毫无主意。

2. 非规范性的反馈语

统计结果详见表 2-14。

表 2-4　影响反馈语规范性因素统计表　　单位：处

教师	词法错误					句法错误			总计
	词语多余	词语缺失	词语误用	代词转换错误	固定结构残缺	成分残缺	成分多余	语序不当	
教师 1	2	2	2	0	1	14	0	2	23
教师 2	1	1	4	0	0	9	1	2	18
教师 3	0	2	1	0	0	5	0	0	8
教师 4	2	4	4	0	1	21	2	3	37
教师 5	3	5	7	2	0	9	1	0	27
总计	8	14	18	2	2	58	4	7	113
	44					69			

（1）词法错误

例如：

［82］T：好，过去中国人的生活很不好，现在中国人的生活怎么了？

［83］T："跪到地上"，"跪到地上"做什么？赔礼道歉，对吧？而李明跪到地上赔礼道歉，可是小丽还是不能原谅他。有意思但是很对。

［84］T：北京城市的自然保护得不太好，北京郊区的还可以。

［85］T：除了年龄以外，我(怎么) 知道我和你不是一代人呢？

［86］T：那就很一样。

［87］T：哎，过春节是中国的一个节日。在韩国有中秋节，在中国中秋节也很重要。中秋节也是中国很重要的一个节日。

［88］T：你花多少钱他都给你。那你的父母他是管他，照顾他。

（2）句法错误

[89] T："坐到"（的后面）是地方，坐到北京，坐到上海。

[90] T：我准备不完考试。为什么？今天星期一，考试星期四，所以准备不完了。

[91] T：啊，你是住在哪里？哪一个公寓？

（3）五种非规范性语句

反馈语中存在大量的感叹语句。其中"好"字句和"对"字句的作用有两种：一种是作为形容词零句对学生的回答进行肯定反馈；另一种是作为过渡语句起承上启下的作用。以"啊""嗯"为代表的感叹语句过多，完整重复、部分重复较多，也存在少量的自我弃置语、自我更正语和插入语。例如：

[92] T：好，那么新鲜，好，非常好。那如果是植物园的空气，北师大的空气更新鲜的话，我们要说植物园的空气没有北师大新鲜。

[93] T：对，我要去烫发。烫什么？烫发有两种，可能烫完以后头发比原来更直，很直，像她俩。哎，我发现一个问题，我发现韩国，特别是你们韩国很少烫卷发。×××，你们好像很喜欢直头发。

（4）使用英语

反馈语中英语的使用数量较多，参见表2-11。有时一条语料中包含几处英语。例如：

[94] T：我们喜欢上汉语课，读写课尤其喜欢。尤其喜欢OK了。不要"是"。喜欢上汉语课，读写课尤其喜欢。"喜欢"是一个心理的verb，叫作心理动词。说北京有很多的事情你很讨厌。讨厌是dislike。

（四）反馈语的启发性考察分析

反馈语的启发性要求教师"不仅说出答案，还要说出寻求答案的思路和方法，可以提供多种类似的答案，让学生比较筛选。还要留有余地，让学生进一步思考"（《教师口语》，1996）。在反馈语语料中，这种启发性主要体现在学生回答后，教师通过陈述句、半截子话、各种问句、各种零句、祈使句、英语等不同的句子形式进行启发。例如：

[95] T：关于讲价你有什么经验呢？关于讲价你有什么经验呢？×××。

S35：关于讲价——

T：你的经验是什么呢？经验是你会讲价了以后呢，你告诉别人怎么样才能买到又便宜又好的东西。有什么经验？讲价的经验。

S35：经验是——啊，我说她漂亮。

[96] T：（板书）×××。

S61：跟家人告别。

T：也可以说告别——

S61：告别家人。

T：跟家人告别和告别家人是一样的。

[97] T：我说对不起，请你原谅，他说没关系，没关系，他——

Ss：他接受我的——

T：什么谦？他接受我的什么？

Ss：道歉。

T：对，他接受我的道歉。

[98] T：小丽到李明的父母家之后看到李明的父母要怎么样？

Ss：

T：要——，她看到李明的父母，到李明的家看到李明的父母要怎么样？

Ss：

T：你好！

Ss：要问候。

[99] T：你来中国以后有没有订过旅馆？×××。

S15：啊，我——再说一遍。

T：你有没有订过旅馆？

S15：旅馆？

T：Hotel。

S15：啊，hotel。我来中国的时候我没订过旅馆。

（五）反馈语的实用性考察分析

从理论上讲，反馈语也应具有实用性，应让学生学会在日常生活中如何应答、评价。这也需要对学生的日常生活用语进行调查才能予以验证。

第四节　小　结

表 2-15　讲授语和发问语中利于学习者汉语习得的因素类型统计表　单位：条

因素类型＼教师	教师 1	教师 2	教师 3	教师 4	教师 5	平均/总计
已学过的词汇						
句子长度短小（字/句）	6.2	7.1	5.5	5.6	6.3	6.1
已学过的句子结构						
创设的认知情景						
概念准确						
判断科学						
解说符合客观实际						
遣词造句符合普通话的规则和现代汉语的习惯						
独立式发问语	122	127	149	108	32	538
铺垫式发问语	44	45	80	57	27	253
解释式发问语	1	4	5	2	8	20
复式发问语	11	20	36	25	15	107
半截子话	48	7	23	20	10	108
情景叙述语	7	1	10	17	6	41
问句形式的发问语＋半截子话	27	2	13	20	3	65
“公式化”输入	7	11	12	12	10	52
使用英语	2	31	16	12	20	81

注：表 2-15 中的统计单位按照各个因素的实际情况选取，因此不一致；由于实际统计中的某些不可操作性，表中有一些因素项的统计没有具体数据，但不代表这些因素项的空缺。

表 2-16　讲授语和发问语中不利于学习者汉语习得的错误类型统计表　单位：处

错误类型＼教师	教师 1	教师 2	教师 3	教师 4	教师 5	总计
无效用词	9	5	2	19	19	54
无效语句	2	1	0	5	1	9
解说不符合客观实际	2	5	3	4	4	18
语法错误造成表达失误	2	4	2	4	4	16
语言不严密造成表达失误	0	1	0	3	1	5
前后叙述矛盾造成表达失误	0	0	1	0	1	2
词法错误	53	88	36	65	41	283
句法错误	31	24	38	47	39	179
部分重复	60	23	47	62	50	242
自我更正语	1	5	1	6	4	17
自我弃置语	10	11	1	12	26	60
插入语	1	1	4	5	6	17
含“嗯”“啊”“哎”的感叹语句	245	98	108	221	263	935
超出学生现有汉语水平的词语	7	6	4	4	2	23
答域因素	3	1	1	1	4	10
超长的句子	1	0	0	0	0	1
“填空式”发问	0	4	0	4	0	8
总计	427	277	248	462	465	1879

本章考察了五位教师的讲授语和发问语。五位教师中，其中一位是教学经验丰富的教师，即各表中的教师 3，另外四位教师是教学经验不丰富，正在学习的研究生。这两类教师的讲授语和发问语在利于学习者汉语习得的因素类型上并无明显的差异，但是在使用质量上有所不同。比如，有经验教师的语句平均长度最短，语句的可理解性更强；有经验教师的发问语句最多，其发问语更具有启发性，而且与学生的互动交际更加频繁。这两类教师的讲授语和发问语在不利于学习者汉语习得的错误类型方面差异极小，但是在数量方面差异较

大，有经验教师的错误总数最少。缺乏教学经验的教师之间在错误总数上也差别较大。有经验教师的讲授语和提问语中没有“无效语句”，自我更正语和自我弃置语极少。可以看出：有经验教师的语言输入质量更高，缺乏教学经验的新教师在控制语言方面还比较欠缺。比如，有的新教师出现了以下情况：因语言不严密造成的表达失误；因句子过长影响了学生的理解；“填空式”发问语。有的新教师的“无效用词”、自我更正语、自我弃置语、插入语、感叹语句数量过多，从而影响了其语言输入的质量和效率。

在理论上教师的讲授语和提问语应该具有实用性，但是这一点需要对学生的日常生活用语进行调查分析后才能予以验证。本文没有进行这方面的调查，因此无法证明，这也是本文的一大不足之处。

因本文语料规模较小且语料来源的局限以及个人能力、水平的有限，本研究中的分析及结论不可避免地存在局限性。

附注：

1. 文中教师讲授的课文均出自北京师范大学汉语文化学院《汉语精读课本》(一年级上册，汝淑媛编著，中国社会科学出版社，2006)。

2. 按照教师讲授或提问时的自然环节对讲授语和提问语进行语段划分，并以语段为单位，以一段语段作为一条语料，对每位教师的讲授语和提问语语料进行统计分析。

3. 语料中的学生姓名及课文中出现的人名都记为×××，“T”代表教师，“Ss”代表学生的集体回答，“S1……SN”代表单个学生回答，这是按照学生回答的次数进行的统计记录，并不代表学生个人。如有的学生由于回答了不同的次数而被记为S1、S12或者S30，因此是同一个人，只是回答的轮次不同而已。教师板书由“（板书)”标出。

4. 文中例句中词语缺失部分的缺失词语都已用“(　)”补充标出，句中其他有误且要分析的地方也用下划线标出。

【本章参考文献】

［1］白朝霞．对外汉语教学初级阶段课堂语言的特点和组织原则．德州学院院报，2005（1）．

［2］国家教育委员会师范教育司组编．教师口语（试用本）．北京：北京师范大学出版社，1996．

［3］黄伯荣，廖序东主编．《现代汉语》（增订二版）．北京：高等教育出版社，1997．

［4］黄梅仙．大学英语主题教学模式的理论与实践．http://www.zgdljy.cn/upload/gaojian/2008-01-29/03240799.doc．

［5］姜丽萍主编．教师汉语课堂用语教程．北京：北京语言大学出版社，2006．

［6］蒋同林，崔达送．教师语言纲要．北京：华语教学出版社，2001．

［7］李宝贵．语言文字规范与对外汉语教学．云南师范大学学报，2004（6）．

［8］李春红．对外汉语初级综合课的教师语言．四川职业技术学院学报，2004（2）．

［9］李裕德．教学语言的语法特点．语言文字应用，1995（2）．

［10］刘珣．对外汉语教育学引论．北京：北京语言文化大学出版社，2000．

［11］吕必松．关于对外汉语教师业务素质的几个问题．世界汉语教学，1989（1）．

［12］马欣华．课堂提问．世界汉语教学，1988（1）．

［13］彭利贞．试论对外汉语教学语言．北京大学学报（哲学社会科学版），1999（6）．

［14］孙德金．对外汉语教学语言研究刍议．语言文字应用，2003（3）．

［15］沈贵鹏，戴斌荣，宋素珍．初中课堂口头言语互动研究．教育理论与实践，1994（1）．

［16］盛炎．语言教学原理．重庆：重庆出版社，2006．

[17] 宋其蕤，冯显灿. 教学语言学. 广州：广东教育出版社，1999.

[18] 王祖嫘. 对外汉语课堂教学语言中词语和句子的使用情况探究. [硕士论文]. 北京：北京语言大学，2003.

[19] 许苇. 对外汉语初级阶段教师课堂提问研究. [硕士论文]. 广州：暨南大学，2007.

[20] 张和生主编. 对外汉语教师素质与教师培训研究. 北京：商务印书馆，2006.

[21] 张欢. 对外汉语课堂教师纠正性反馈研究. [硕士论文]. 北京：北京语言大学，2006.

[22] 曾玉. 对外汉语教师课堂提问的初步考察. [硕士论文]. 北京：北京语言大学，2006.

[23] 周小兵，李海鸥主编. 对外汉语教学入门. 广州：中山大学出版社，2004.

[24] Jiangnz. 汉语口语词语和口语句子的特点初探. http://jiangnz.spaces.live.com/blog/cns！4f97a684b862dd10！132.entry.

[25] Rod Ellis. Understanding Second Language Acquisition. 上海：上海外语教育出版社，1995.

第三章　对外汉语教学与现代教育技术新观念[①]

在信息社会中，充分利用现代科技手段提高对外汉语教学的效率显得尤为重要。早在十多年前，时任国家对外汉语教学领导小组组长、教育部部长陈至立在第二次全国对外汉语教学工作会议上的讲话《提高认识，抓住机遇，增强紧迫感，大力发展对外汉语教学事业》（1999 年 12 月 10 日）中就多次强调现代化教学手段在对外汉语教学上的重要性，强调“要重视用现代化信息手段进行对外汉语教学”，“把对外汉语教学纳入利用现代化信息手段进行教学的轨道”。

十多年来，汉语国际推广事业发展迅速，当下正按照正确的方向蓬勃发展，来中国学习者日增。据教育部最新统计数据，2010 年，全年在华学习人数达到 26 万余人，在北京就读的就有 5 万人以上。我国争取到 2020 年全国外国留学生数量达到 50 万，使我国成为亚洲最大的国际学生流动目的地国家。美国奥巴马政府正在积极推动“十万强计划”（100000 Strong Initiative），预计在未来四年内招收 10 万名美国学生到中国留学，将目前派往中国的留学生人数加倍，以加深美中交流。

留学生数量的大幅增加促进了对外汉语教学规模的蓬勃发展，同时也对当前的汉语教材、汉语教学手段与教学模式提出了优化改进的要求。汉语推广形势发展之迅速使得对外汉语教学以及海外汉语教学均出现师资、教材、教学资源等方面的缺口。在信息技术深入社会各个领域的社会环境下，在对外汉语教学领域也应该将新技术与成功的传统教学手段教学模式相结合，不断开创汉语

---

① 本章作者：张会。

教学的新局面。现在，在多媒体教材的开发和汉语教学网站的建设上，已经取得了很大的成绩，但是在课堂教学方面国内仍有很大的发展空间，多媒体等现代教育手段的合理应用将大大提高汉语教学的效率。

第一节　国内对外汉语教学课堂的基本现状与形成原因

目前，针对第二语言教学的发展状况，国内汉语教学几乎全部采用小班教学，每班 15～20 人。因为在语言技能课上，师生的互动非常重要，无论是分课型（精读、会话、听力等）教学还是综合课教学，无论是任务型教学还是听说法教学，都需要老师带动学生进行语法与词汇的操练，通过操练使学生掌握正确得体的语句。这种小班教学的特点决定了老师在课堂上的重要作用，老师与学生的互动是即时的、灵活的，要达到很好的教学效果对老师的要求非常高，一个优秀的对外汉语教师应该能够熟练控制课堂节奏，把握老师与每个学生的关系，为学习者不断创造一个个情境以帮助其理解并掌握教学内容。这种教师主导学生参与互动的教学模式因其交际的即时性和灵活性等多种优势而沿用了几十年，仍然在对外汉语教学课堂上发挥着重要作用。

随着计算机科学技术的发展，教育技术也不断进步，并且多媒体教学理念也已经深入众多学科领域并发挥了重要作用，促进了传统教学手段的发展，而在汉语教学领域虽然也逐渐渗透到汉语课堂上，但尚未掀起同样的浪潮，课堂教学的多媒体化率并不高。尽管我们的教室里均安装有多媒体教学设备，硬件设备配套齐全，发展迅速，但是利用率并不高，或者利用不够充分。目前，通过观察分析可知，现在的课堂上使用 PPT 和不使用 PPT 的老师的比例基本相当，可见，使用 PPT 和不使用 PPT 与教学评估结果无必然联系。

出现这种状况，从宏观的角度分析，主要因为师资软实力的提升需要一定的时间，传统教材的电子化也需要一定的时间。从微观角度分析，第一，年龄稍长的教师使用 PPT 的比例较低，因为其从教时间较长，教学经验丰富，完全可以凭借多年的积累产生良好的教学效果，故对其他外部条件的依赖自然较低。相反，兼职教师或实习研究生使用PPT的比例较高，因为年轻教师的计算机操作比较熟练，往往偏向于用PPT教学。一是可重复利用，减少备课量；二是可以利用大量的网络资源，弥补自身知识储备的不足；三是减少了板书的时间；四是增强教学趣味性，一定程度上避免了单纯文字教学容易造成的疲劳感。对兼职教师来说，往往多年来一直选择自己熟悉的准备充分的课程，以降低备课负担，所以可以大大利用PPT的可重复利用功能；实习生选择PPT教学则是为了短时间内达到较好的教学效果而不惜投入大量的人力，以灵活多样的教学形式弥补教学经验的短缺。

第二，70%的人因计算机使用不熟练而放弃使用PPT等软件或多媒体教材，与传统的备课方式相比，制作PPT的过程更耗费时间，反倒是增加了不便；当问到如果有现成的教学用PPT或多媒体教材是否愿意使用的时候，有80%的人愿意尝试。这说明制作教学用PPT对老师的个人影响之大，其实大家并非排斥现代教育技术，而是因为它在短时间内增加了教师的备课量，增加了授课的难度。

第三，在对外汉语教学领域，多媒体课件的可重复利用率相对较低，即使教师花费大量的时间精力制作出一个教学课件，这些付出也不会一劳永逸，因为一方面为了全面提高教师的教学能力，各教学单位都会避免一个老师多年教授一门课的现象；另一方面，对外汉语教学课堂灵活多变，要求老师面对不同的学习者要采用不同的教学手段教学方法来适应教学对象的变化。以北京师范大学为例，教学时间以学期为单位，每个学期的学生都在流动，即便是同一个年级，每一批学生的国别组成、汉语学习背景、汉语水平都不相同。倘若一个多媒体课件不能满足教学对象的灵活性，那么用同一个课件来反复授课，势必脱离实际，多媒体课件的优势也自然被埋没了。相反，倘若每次授课都要花费大量的时间精力去制作PPT，而且与传统教学方法相比，不一定效果更好，也不一定更受欢迎的时候，教师的积极性自然就大大降低了。因为对一个有经验的对外汉语教师来说，完全可以因人制宜地随时调整教学策略和教学方法，使教学效果最大化，而不需要一个可能限制教师发挥、束缚教师手脚的课件，PPT 的重复利用的优势被削减。所以，新技术很难应用于课堂并与课堂教学整合为一体。

除了上述原因以外，还有一个因素影响教师对教学课件的使用，就是课上应用 PPT 等课件，使得原本简单的教师与学生的实时互动，无端增加了一个中间环节，成为教师—学生—设备三者之间的关系。做好课堂操控，需要老师具备一定的技术应用能力，需要老师具有灵活处理师、生、机三者关系的能力，也需要对课堂上多媒体技术应用的比例进行规划，不可全依赖技术，也不可与传统课堂无差别。所以，是否在教学过程当中使用 PPT 及其他多媒体技术，取决于教师的个人综合能力，既有教学能力，又有教育技术应用能力。

那么，正在使用的 PPT 授课的应用效果如何呢？通过观察，我们发现几乎所有的对外汉语教师在课堂上使用的 PPT 都是以文字为主，辅以部分图片，偶尔增加一两个音频或视频，基本上是传统板书的翻版，仅仅节省了书写板书的时间。对此，学生反应平平甚至不欢迎，不是学习者对信息量大的教学课件不感兴趣，而是因为教师没有充分发挥多媒体技术视听说练的综合优势，主要原因就是 PPT 制作水平不够，不实用也谈不上美观，自然难以达到应有的效果。

多媒体教学的设计与实施应该是立体的，而非平面的，所谓立体的，就是将每个教学点的相关信息通过思维导图式的模式联系在一起，给学习者一个综合的认识，这样将有利于信息接收方从视听说等多个角度接收并加工信息，有助于理解和记忆。

在个人根据现有教材制作 PPT 受到以上因素的限制，市场上又暂时缺乏适合本地学生特点的、灵活适应对外汉语课堂的多媒体教程或者与教材配套的多媒体课件，缺乏学生可以主动学习乃至自我学习的课件的情况下，现代教育技术的传播与应用就遇到了瓶颈。

之所以遇到这些情况，是因为：第一，缺乏相应的技术培训与制作理念指导，仅仅是自学获得的相关知识不足以制作出高质量的课件；第二，多媒体课件的制作需要集中众人的智慧与力量。也就是说，既要有相关的技术培训，还要有足够的人力。

面对以汉语为第二语言的学习者数量日增的时代趋势，面对对外汉语教学事业的迅速发展，要跟上时代的脚步，要取得好的教学效果，对外汉语教学的教学模式、教学方法与教学手段必须考虑如何在原有成绩的基础上不断进步。北京师范大学汉语文化学院作为首批对外汉语教学基地，多年来不断探索对外汉语教学模式的创新。早在2008年，汉语文化学院就开始了教学新模式的探索，针对师资紧缺的实际情况，发挥自身作为对外汉语教学基地及师资培训基地的优势，始创1＋x的教学模式，即由一名专职对外汉语教师带领数名兼职教师或实习研究生，采取集体备课、教学观摩和教学指导相结合的方法，共同完成一个年级的某一课型的教学任务。经过一年的试点，取得了很好的效果，现已在初中级阶段普遍推行此种模式，因为这一水平阶段的学生人数较多，较易形成规模。

作为102年级听力课的专职教师，在发挥集体智慧的同时，我们试着将集体备课的成果转化为PPT的形式共享。北京师范大学汉语文化学院的创新1＋x教学模式，首先体现了一个团队的力量，可以集中多位教师的智慧与力量，完成教师个人无法完成的任务，正好解决了教学课件制作遇到的个人力量不足的难题，课件的制作与设计、完善都可以通过课前集体备课、课中教学观摩、课后集体反思等几个环节，经过众人的充分讨论，集中众人教案的精华，不断完善，使之趋于实用，最重要的是可以利用多媒体课件的优势——可重复利用率高。

比如，在集体备课的过程中，我们将教学内容分为呈现型与隐现型，所谓呈现型就是将此类教学内容通过PPT呈现给学生，供学生读懂用。所谓隐现型，就是部分教学内容仅由教师掌握，供学生听懂和反馈用。这样做的目的是避免将所有内容全部呈现在PPT上，使听力课真正侧重听的能力的训练，使学习者真正听懂而不是看懂，特别是对汉字圈国家的人来说，往往因为依赖熟悉的字形而忽视了对听觉的训练和提高。其他课型也可以应用同样的原则，比如精读课的语法操练，可以在PPT上呈现半句话，另外半句话需要学生回答，但要防止学生的回答失控，我们可以给出一两个关键词，提示一下思路。也可以只呈现半句话，让学生顺着这半句话的思路去考虑完成句子。还可以用对话的形式提问，让学生用这个语法点回答出得体的句子。这是语法操练的三个难度，都可以用PPT来实现合适的教学节奏。在这个基础上，教师还可以预测学生将要出现的语法偏误，并将这类句子作为呈现型内容写入PPT，可用于预防偏误的产生，也可以用作典型例句分析错误的原因。

通过上面的分析，我们基本了解当前汉语教学课堂多媒体技术应用的实际情况。在这种情况下，要发展并应用现代教育技术，要制作出适用于汉语教学课堂的教学课件，显然仅凭教师的个人力量是难以获得突破的。多媒体教材的开发要靠大型的团队和大量的资金的支持，我们作为汉语教学的从业者，在正常的教学工作之余，应该如何在多媒体技术应用方面有所发展呢?

第二节　移动学习应用于对外汉语教学的可能性与必要性

随着科学技术的发展，一种新的移动媒体技术面世并获得迅速发展，移动终端的功能也日益完备，人们对移动终端的依赖也从简单的通话、娱乐扩展到了学习，随之而来的是一种新的学习形式的出现，即移动学习理念的形成。

纵观国际的移动学习研究可知，移动技术及智能终端技术提供了开展移动学习的物质基础，移动设备本身的体积小、便携性以及随时随地可用性的特点，也使其有广阔的教学应用前景。移动学习研究与应用取得了蓬勃发展，在向各种应用领域渗透的同时，变更着传统的教学理念和教学模式。

将移动学习理念引入对外汉语教学领域并开展移动学习的实践，将促进汉语教学模式的变革。移动学习技术作为新型的教学理念、教学方式也有必要引入对外汉语教学当中，使汉语学习不但发生在课内，而且还要延续到课外。可以设想，现代教育新技术应用的前景在移动学习、多媒体课件制作的方向也应该是针对汉语教学领域的移动学习资源，这样才有持久性。移动学习的兴起恰好与汉语教学需求的扩大同步，对外汉语教学的发展需要新型的教学手段和新的学习支撑环境，移动学习适应了这一需求。

移动学习（mobile learning，简称 m-learning）起源于 1994 年美国卡内基·梅隆大学（CMU）所做的相关研究，这项研究工作使得 CMU 在校园环境中能够自由享受到无线通信技术支持下移动学习所带来的便利性，项目的成功及其引领性作用推动了人们对移动技术教育应用的关注，开启了全世界范围内移动学习研究与应用的进程。

自 2000 年以来，人们对移动学习的研究走过了理论探讨、案例实践、融入教育主流发展等不同阶段，已经在世界上的一些地区产生了深刻的影响。在北美，人们开始关注移动学习大规模教学应用的研究，建构地区级移动学习研究开展的理论框架，大规模的普适学习应用已成为美国学校教育信息化建设的方向。《2008 年美国数字化校园报告》指出，大规模的移动设备应用、学生移动学习的推进和发展都是校园数字化环境发展的重要趋势。在欧洲，在一系列项目研究成果基础上，移动学习的研究表明，移动学习具有对传统教学实践巨大变革的潜能，其追求的价值目标在于移动性、普适性、便携性所带来的人类学习活动的新型特性，包括融合校内校外的学习，推进以学习者为中心的个性化学习，融合正式学习与非正式学习于一体化的无缝学习环境中的学习，创建开放、灵活、便捷的学习环境中的学习。这些研究成果已经反映在实践应用上，在北美，高校中有许多使用移动终端来进行学习的实践，如斯坦福大学学习实验室（SLL）开发出了适用于外语学习的移动学习模块；杜克大学早在 2004 年已经与苹果公司合作开展以 iPad 为教学辅助工具的移动学习项目；威克·弗里斯特大学的 Mobile U 使用 Pocket PCs 或其他的技术来改进学生的学术和社会生活。欧洲比较典型的移动学习研究适合于 smart phone 的课件即移动学习课程。亚洲有日本东京农工大学以 iPad 为移动终端，开展了移动设备对外语学习的长时记忆的促进的研究。中国针对融合移动学习至大学校园中的研究也逐步开展，诺基亚公司于 2007 年 5 月在中国推出了“行学一族”，其提供的服务主要包括英语学习和生活技能学习等。

目前移动学习的硬件条件已经具备，过去基于 GPRS 网络 WAP 技术的移动学习系统主要以短信互动形式实现移动学习和支持服务，而第三代移动通信技术（3G）的迅速发展，3G 能够在全球范围内更好地实现无线漫游，并处理图像、音乐、视频流等多种媒体形式。校园内使用智能终端的留学生用户日益增多。无论是用户数量还是设备等级均已经达到一定的水平，当务之急是建设可供移动学习系统使用的学习资源。因此，国内对外汉语教学中急需匹配汉语课堂教学以及学生自主学习和情境学习所需的移动学习资源。作为对外汉语教学单位，不能仅仅把移动设备作为学生自发使用的工具，还应注重在教师有组织的情况下，从基于学习对象的资源设计制作的角度在对外汉语教学中开展移动学习。李志强在加州中文教师协会 2011 年春季学术研讨会上的报告指出，iPhone 和 iPad 的普及，将推动汉语学习的进程。

现在的汉语教学课堂，未能充分发挥多媒体技术的作用促进教学手段的发展，而移动学习是从学习者主动学习的需求出发进行设计，根据学习者的需要提供学习内容，有别于传统的教师提供学习内容让学习者被动学习的做法，可以充分发挥学生的积极主动性。移动学习弥补了面授的不足。

课堂内容的瞬时性不利于课外的复习，而永久性课堂视频，使得课下回顾由不可能变为可能。课堂学习是每个学习者学习语言技能的最主要途径。在课堂上，教师综合各种相关信息提供具体而生动的语境讲解操练使学习者理解并掌握教学内容。课堂教学具有瞬时性特点，每一个教学情境都是转瞬即逝的，学习者为了帮助记忆，他们会将重要的部分在书本上记录下来，但这种记录只记录了部分信息，是脱离具体语言环境的。一旦离开课堂，或者经过一段时间以后，教师原本设计的丰富的信息也许就会仅存所记录的那几笔了。所以，课堂内容的瞬时性特点使得学习者课下对教学内容的回顾成为不可能。有些学习者正是意识到了这一点，所以在课堂上采用了录音的办法，全程记录教师的教学过程，以供课后乃至将来复习之需。可是这种办法在记录有效信息的同时也记录了大量的冗余信息，作为一般的学习者来说，课下回顾起来，很难从中分辨并挑选出有效信息，往往是花费了大量的时间却难以达到预期的效果。

针对上述问题，作为从事对外汉语教学的单位来说，完全可以从学习者的需求出发，为学习者创造更多的学习机会、更便利的学习条件、更科学的学习内容。目前，微格教学法广泛应用，通过微格教学法可以将课堂分析成一个个组块。基于这种理论，我们可以全程拍摄一个个真实的汉语课堂，应用技术手段从视频中切分出一个个具体的小情境，将课堂教学中的一些冗余信息过滤掉，经过优化整理出一个真实课堂的精华版，或者以某个语言点、某个教学任务为核心的多个课堂组块。这些内容可以提供给学生用于课外学习，学习者不但可以通过再现课堂情境加深对教学内容的理解与记忆，而且省却了自己分辨教学重点难点等有效教学信息的时间与精力。所以说，这些工作亟待开展，变课下回顾由不可能为可能。

学生课堂外自主学习的需求日益迫切，但缺乏相应的学习内容以满足其需要。在传统课堂环境下，留学生学习中国语言文化知识以课堂学习为主，来华留学生在接受我们现阶段课堂教学并肯定其有效性的同时，更有课余时间自主学习的愿望。他们往往带有强烈的学习动机与学习动力，希望在有限时间里最大限度掌握汉语，所以他们不但在课堂上积极接受知识，还要在课外实践所学知识，比如到社会上通过买东西谈价钱或者是跟中国人交流等方法进行语言实践以巩固语言知识，还会在社会上遇到语言文化问题，比如在参观名胜古迹等旅游胜地时需要了解相关的文化知识。也就是说，学习者在课外除了需要复习课堂所学知识外，还需要在生活中实践所学知识、掌握日常生活交际以及有关中国传统文化的知识。学习者会遇到各种各样的课堂上无法呈现的情景，而这些生活情景，在书本上或者仅仅是呈现生活情境的一个缩影，与真实情境尚有距离，比如购物、旅游等情境，或者是根本接触不到，比如婚丧嫁娶等。这些生活情境对学习者理解中国语言与文化都是至关重要的。可是现在的传统教学方式或者多媒体教学方式，都是针对课堂教学的，学生的学习被局限于固定的时间和地点。适合课外自主学习的教学手段或教学资源，除了网络远程教学外，尚未出现新的模式。网络教学虽然延伸了课堂，但是面对的往往是非专职学生，学校里的学生较少使用。所以对于校内学生来说，下了课就没有了规范有序学习的机会，即便能到社会上与人交流，学习随机遇到的语句，但无法形成系统。所以，如何满足学生课外自主学习的需要，更是急需研究的一个领域。

可是在现在的状况下，课堂内的教学模式突破不大，课堂外也缺少可以利用的与课堂内容匹配的学习资源或其他文化内容资源以供课下随时随地使用，当学习者遇到上述问题时，很难找到一个有效的解决途径，他们迫切要求有一个可以随时随地请教的“老师”，就像查词典一样，每当遇到问题都可以通过有线或者无线网络来查询或者咨询。倘若可以提供大量的生活情境或者历史文化知识的文本介绍与视频资源，使学习者可以时时刻刻通过无线网络获取所需资源并感知相关情境，那么他们对中国语言文化的学习必然是高效的。

有线网络往往受时间地点的限制，而基于无线网络的移动学习具有超时空性，这恰好适应了学习者的上述需求，使他们无论何时何地都能得到帮助与指导，获得所需资源。目前，这种适合课外自主学习的资源及学习方式均有待开发，有必要将移动学习的理念引入对外汉语教学领域，并展开移动学习资源的设计及应用研究。

第三节 移动学习变更传统的教学理念和教学模式

要将移动技术和智能终端有效地、深入地应用在教育教学中，关键是建设适于教学的移动学习资源并设计创建适应移动学习环境的教学资源设计模式。那么，需要建设哪些资源以供移动学习使用呢？移动学习的实现方式有以下几种：基于短消息的移动学习形式，基于连接、浏览的移动学习形式，离线移动学习形式，基于校园无线网络的移动学习形式。针对不同的实现方式，可以分别设计不同的资源内容及实现模式。

移动学习研究工作的出发点是一线教学实践中学生们的学习需要和教师们的教学需要，同时，结合学生学习汉语的文化环境，研究和设计融合课堂内外的移动学习课程体系。具体来说，可以从以下四个方面入手：

第一，对师生的移动学习的态度和期望进行调查，以了解其对汉语学习者学习行为模式以及对对外汉语教学中移动学习的观点，进而形成对外汉语教学中课程与资源体系建设的具体目标。调查可以采用问卷和访谈两种形式，调查对象为对外汉语一线教师和来华汉语学习者。对学生的调查以问卷为主，同时辅以个案研究，从学生移动学习设备的持有和使用情况、对移动学习活动的态度、学生对移动学习材料的需求和期望等方面着手。对于教师的调查可采取以访谈为主、问卷调查为辅的形式，从教师对移动学习的态度及移动设备的了解情况、移动学习与对外汉语课堂教学结合起来的可行性、教师对移动学习资源的要求、教学需求等方面着手调查，大规模收集学生和教师对移动学习的态度及对设备使用的看法。对调查结果进行定性和定量的分析研究，形成初始需求，客观分析、探讨国外汉语学习者在汉语学习中存在的问题、需求及其产生的原因，并结合我国移动学习发展现状与国内对外汉语教育教学的实际情况，研究适应移动学习环境下的、满足对外汉语教学的移动学习资源体系框架，促进对外汉语教学的发展和学生学习的有效性，寻找对外汉语教学中移动学习资源需求及其形态。

第二，进行对外汉语教学的移动学习资源设计体系研究。通过调研深入了解对外汉语教学的发展以及国内外的移动学习研究现状，在对现有对外汉语教学实践分析的基础上，开展两类移动教学资源的设计与制作。设计简洁、易用的对外汉语移动学习课程和资源，并结合教学实践进行教学应用，并在这一教学实践中将对外汉语的学习融合到课堂内外之中，从而创建适应移动学习环境下的新的对外汉语移动学习课程和资源体系。这些课程应该具有对象化、多媒体、数字化等特征，其设计符合移动学习的教学原理需要和通常的教学原理，从而能支持有效的教学。

一类是现有对外汉语教学实践分析与学习资源移动化设计，利用移动学习技术进行有效的教学支持，选择对外汉语教学中使用的较受欢迎的教材进行现有课程内容基础上的教学资源设计与开发，形成相应的移动学习支持资源体系，并同教学活动相结合，改进教学，开展教学实验。比如跟踪录制汉语教学课堂，制作与教材匹配的适合学习者移动学习的课堂情景资源，学生可以在课下根据需要随时随地观看课堂视频。

另一类是课程体系设计，包括情境化学习课程设计与移动学习资源体系设计。针对移动学习的特点，充分利用移动学习中情境化、非正式等学习特征的支持，设计和制作情境化学习课程和资源体系；制作适合学习者融入中国社会环境使用的移动学习资源。依据历史文化、生活、旅游、新闻等不同主题内容集成中国传统文化的精髓，可以录制或者从已有视频中选取精华部分，加上配套的练习题目等，既可以供学习者观看学习，也可以作为语言练习的补充、作为旅游目的地选取以及中华文化的了解的一个参照。比如可以通过校园版固定节目，即通过移动设备发送针对留学生的学、吃、玩、住等相关的学习资源，或有关中国历史文化等的知识，促进他们学习汉语的同时加深对中国文化的了解，从而使学生在生活中不断学习新知识。

第三，基于这些不同形态的资源，开展融合移动学习理念的教学实践活动，开展此类资源教学应用与有效性验证。结合现有的研究条件和前期调研结果，选取部分留学生作为样本进行实验，验证前期的移动学习资源设计和制作的有效性。然后，根据教学实验过程中教师和学习者的反馈以及实际的教学效果，对上述资源体系进行完善和补充，对对外汉语移动学习资源模式进行提炼，提出对外汉语教学资源体系及教学资源设计模式。

综上所述，目前移动学习在对外汉语教学领域的研究还是空白，将移动学习理念应用于汉语国际推广，必将引起对外汉语教学领域教学模式和教学手段的变革，将创建融合课堂内外于一体的汉语学习环境。利用移动学习技术，结合对外汉语教学中的实际需求和未来发展的需要，可以为对外汉语教学领域移动学习的开展建立起有效的资源体系，在对外汉语教学中构建移动学习支撑环境。利用移动学习技术可以改进对外汉语教学模式，为学习者提供灵活多样的学习方式和先进的学习手段，创建学习者有效学习环境。

移动学习的移动性、情境性和便携性等特点可以提供给学生课外随时随地自学的机会，以辅助课堂汉语学习，从而改进传统的对外汉语教学模式；同时在学生真实生活中遇到语言问题时，可以通过移动设备随时随地获取帮助，因此，移动学习可以为学习者提供更加灵活多样的学习方式，创建有效学习的环境。目前移动学习的开展已经具有移动技术和终端等硬件设备条件，但是相应的移动学习教学资源却相当缺乏。教学资源是对外汉语教学领域推进移动学习手段开展的基础，目前无论是在现有对外汉语教学课程的资源向移动学习支持方面拓展，还是在适应移动学习特点而设计新的课程体系方面都处于初始阶段，这方面的研究是丰富对外汉语教学手段与教学模式的关键。

【本章参考文献】

[1] 黄荣怀，Jyri Salomaa 编著. 移动学习——理论·现状·趋势. 北京：科学出版社，2008.

[2] 李玉顺，马丁. 移动学习的现状与趋势. 中国信息技术教育，2008 (3).

[3] 杨锐. 浅谈 3G 技术在移动学习（M-Learning）中的应用. 科技信息，2009 (24).

[4] 许诣博，钟绍春. 基于 WAP 的移动学习系统. 吉林大学学报（信息科学版），2009 (3).

[5] 宋少婷，王朋娇. 基于智能手机的移动学习在高校教育中的应用研究. 中国教育信息化（高教职教），2009 (12).

第四章　赵元任汉语作为外语语音教学思想研究①

第一节　赵元任生平简介

赵元任（1892—1982），号宣重，又号重远（后均弃置不用），祖籍江苏常州，举世公认的语言学大师，被誉为“汉语语言学之父”。1910 年，他以第二名的优异成绩考取第二批清华学校庚子赔款官费生，赴美进康奈尔大学主修数学，并同时选修物理学、哲学、音乐和语言学课程；1914 年获学士学位，留校攻读哲学；1915 年转哈佛大学研究生院，主修哲学，辅修心理学和科学史课程，并选修多门语言学和音乐课程；1918 年获哈佛大学哲学博士学位。

1920—1921 年，赵元任回国在清华学校任教，开设心理学和物理学课程（与梅贻琦合开），其间与杨步伟女士结婚；1922—1923 年，在哈佛大学教授中国语言学课程；1925—1929 年，在清华国学研究院任教，开设语言学、哲学、音乐等方面的课程，与梁启超、王国维、陈寅恪一起被称为清华“四大导师”；1929—1938 年，任中央研究院历史语言研究所研究员兼语言组主任。

1938 年，赵元任再次赴美；1938—1963 年，先后执教于夏威夷大学、耶鲁大学、哈佛大学、密歇根大学、加州大学伯克利分校，教授语言学和汉语方面的课程。

---

① 本章作者：江南。本文是博士学位论文的一部分，感谢导师北京师范大学汉语文化学院马燕华教授的悉心指导，在此谨致谢忱。

1982 年 2 月 24 日，赵元任——这位伟大的人文主义学者，病逝于美国麻省剑桥黄山医院，享年 90 岁。

赵元任以其卓越的语言天赋、广博的学识和孜孜不倦的学术追求，在语言理论研究、汉语本体研究、汉语作为外语教学研究与实践、社会语言学研究、汉语方言研究等方面都取得了极高的成就。1946 年，在美国普林斯顿大学建校 200 周年纪念会上，赵元任被授予名誉博士学位。获此学位的还有联合国第一任秘书长特里格夫·赖伊、丹麦原子物理学家波尔等。荣誉学位颂语称：

Yuen Ren Chao, Doctor of Letters: A founder of the Science Society of China and distinguished contributor to the work of the Chinese National Academy; scholar and historian of his country's many dialects, by his researches he has eased the path of Westerners who seek to learn, in the Chinese language, the thoughts and ideals of the Chinese people. (赵元任，文学博士：中国科学社创始人之一，并对中国科学院做出突出的贡献；他是自己国家多种方言的学者和历史家，他的研究成果帮助西方人能更好地了解中国语言，中国人民的思想和理想。)①

这崇高的评价是对赵元任在包括语言研究和汉语作为外语教学在内的人文社会科学领域取得的成就在世界学术界地位的最佳诠释。

第二节　汉语作为外语教学的开拓者和奠基人

赵元任一生涉猎广泛，研究广博，著作颇丰，涉及语言学、语言教学、文学、哲学、音乐、物理学、数学、天文学等多个领域。其中影响最大、成就最高的当属他在语言学和语言教学方面的造诣，二者相辅相成、相得益彰。赵元任的前半生（即 1892 年出世至 1938 年去美）对他来说非常重要，“他对中国

① 英文、中文均转引自赵新那、黄培云编：《赵元任年谱》，290 页，北京，商务印书馆，1998。

语言学研究的机构、方法和设想，都是这个时期奠定基础的”①。他在语言学方面有极大影响的著作大多完成或奠定于这一时期。赵元任的后半生（即1938年去美至1982年辞世）则主要贡献给了语言教学的实践与研究，尤其是汉语作为第二语言的教学。第二次世界大战结束后，“他在前半生实践的基础上，归纳自己的语言观点和教学经验，也做了许多极有深度的著述”②。

赵元任在美一直致力于汉语作为外语教学，他以汉语语言本体研究的成果和自身的语言学习经验为基础，运用并改良当时盛行的教学法，从教学实践出发，为语言教学另辟了一条成功的蹊径，得到中外语言教学界的认可与尊敬。

赵元任所进行的汉语作为外语教学是现代汉语作为外语教学的开端。他在汉语作为外语教学史上有着极其重要的历史地位，他关于汉语作为外语教学的理论思想，他创建的汉语作为外语教学模式，至今仍发挥着不可替代的作用。“在汉语作为外语教学的历史上，他的成就是‘前无古人’的”③。赵金铭先生将国内现行汉语作为外语教学法之主流称为“汉语综合教学法”，认为“这种教学法生发于汉语自身，在教学中成型，既有汉语教学特色，也符合世界第二语言教学法发展趋势”，并指出这种教学法“肇始于上世纪20年代，由赵元任首创，经众多教师、学者的教学探讨，为90年来对外汉语教学法一脉相承”④。可见赵元任汉语作为外语教学的思想是我国现代对外汉语教学的源头。

赵元任在美进行的汉语作为外语教学实践，是汉语在海外系统性、科学化教学的开始，他长期投身于具体的教学实践中，建立的教学理论原则和具体教学方法承袭至今。普林斯顿大学的周质平教授认为：“研究汉语教学在美国的发展，赵元任是不可忽略的关键人物。他是中国现代史上最具影响力的语言学家，由于他自己也实际从事对外汉语教学，编写汉语课本。因此，他所提出的

① 陈原：《前言》，见《赵元任全集》，北京，商务印书馆，2002。

② 同上书，Ⅻ页。

③ 盛炎：《赵元任先生对汉语教学的贡献》，载《语言教学与研究》，1987（3）。

④ 赵金铭：《对外汉语教学法回视与再认识》，载《世界汉语教学》，2010（2）。

理论不但增进了我们对汉语结构的了解，同时对汉语教学起了实际指导的作用。”① 现在，明德大学、普林斯顿大学、哈佛大学、哥伦比亚大学等著名学府仍然沿袭赵元任汉语作为外语教学的传统。“普大过去五十年来，在初级中文教学上，无论是教材还是方法，都采用赵元任模式，并大力推广。”② 赵元任的教学思想影响了几代人的汉语教学，“正如 Timothy Light 所说：‘我们绝不能忘记：赵元任是我们今天一直使用着的教学模式的创始人’（Let us not forget that Y. R. Chao was the pioneer in what is now the accepted mode of teaching Chinese.）”③。

在赵元任的教学模式中，被提到首要地位的教学内容是语音教学。在多篇著述中，赵元任都重点强调了语音教学在外语教学中的地位。他认为，语音是语言的本身，是最难的部分，也是最重要的部分。“学习一种语言要抓住那个语言的要素，这是很重要的。任何一种语言的要素都不会太多，只有几十个音……”④，“用‘听读法’和‘朗读法’。先语音，后语法，再词汇是赵氏习得的顺序”⑤。由于对语音的重视，语音教学成为赵元任汉语作为外语教学中最成功处之一，这从 1944 年由赵元任主持的哈佛大学 ASTP 中文班的教学成果便可见一斑：“在半年中所有的学生们虽然有好的有次的，但都能说很好的中国话。”⑥

然而，由于赵元任常年身居海外，并且他后半生的大部分论著用英语写

① 周质平：《赵元任与中文教学》，见安然、崔淑慧主编：《文化的对话：汉语文化与跨文化传播》，150 页，北京，北京大学出版社，2010。

② 同上书，159 页。

③ 冯胜利：《海外汉语教学与研究的新课题》，载《云南师范大学学报（对外汉语教学与研究版）》，2008（1）。Timothy Light（中文名：黎天睦），美国著名语言学家和汉语教学专家，康奈尔大学汉语语言学博士，西密歇根大学教授，北京语言大学名誉教授，能讲标准的汉语普通话。

④ 赵元任：《赵元任语言学论文集》，523 页，北京，商务印书馆，2002。

⑤ 冯胜利：《海外汉语教学与研究的新课题》，载《云南师范大学学报（对外汉语教学与研究版）》，2008（1）。

⑥ 杨步伟：《杂记赵家》，341 页，北京，中国文联出版社，1999。

成，出于历史的原因和语言的限制，虽然赵氏教学模式在北美承袭至今，但国内对他教学思想的研究却不多，对他教学模式中最精华的语音教学的研究就更鲜见于世。如今，汉语作为第二语言教学已在中国乃至世界蓬勃发展，在学界不断追随国外新理论、新方法的时候，我们应当铭记：半个多世纪以前，我们中国人自己就有一位成功的语言教学家，一位伟大的汉语语言教学的开拓者和奠基人——赵元任。学习、研究并发展他的思想，对汉语第二语言教学一定会有极大的理论意义和现实意义。我们以此为出发点，以赵元任汉语作为外语教学中最重要的语音教学思想为主要研究对象，以期对现今的对外汉语语音教学有所帮助。

第三节　赵元任汉语作为外语语音教学思想的形成背景

任何思想都不是无源之水。赵元任汉语作为外语语音教学思想的形成与当时的学术背景和他自身的研究、学习经历是分不开的。下面我们就从赵元任生活时代的语言学理论、语言教学理论以及他的研究成果和他的个人经历几个方面，来剖析他的教学思想的形成。

一、结构主义语言学理论的影响

赵元任在美国生活的前期，是美国结构主义语言学产生并蓬勃发展的时代。他对语言学兴趣浓厚，在美学习时就选修了多门语言学的课程。后在美任教时于 1939 年 3—6 月间，“阅读、研究结构语言学家 Leonard Bloomfield 教授的专著 *Language*(《语言论》)，读后与 Bloomfield 教授通信，讨论问题”[①]。赵元任说：“Bloomfield 教授在学术上对他影响很大。”[②] 赵元任还是耶鲁语言学

---

① 赵新那、黄培云编：《赵元任年谱》，240 页，北京，商务印书馆，2001。

② 同上。

俱乐部[①]的活跃成员，并在此结识了布龙菲尔德（Leonard Bloomfield）、斯特蒂文特（E. H. Sturtevant）、萨丕尔（Edward Spair）等结构主义语言学派的多位代表人物，因此结构语义语言学对赵元任的语言思想产生了极大的影响。

在这样的语言学背景的影响下，赵元任在很多著作和论文中都运用了结构主义的分析方法。他最重要的著作之一 *A Grammar of Spoken Chinese*（《中国话的文法》），以直接成分分析法作为研究语法的主要方法，显然受了结构主义语言学的影响。众所周知，美国结构主义语言学以调查当地印第安土著语言为发端，那些土语大多数都没有文字形式，语音是结构主义研究的一大重点，他们最大的贡献之一便是音位、音素理论。赵元任在语言研究中，对语音也赋予了极大的关注。20 世纪 30 年代，赵元任在长期的汉语方言调查和深入的音位学理论研究的基础上，写出了论文 *The Non-uniqueness of Phonemic Solutions of Phonetic Systems*（《音位标音法的多能性》）。文章阐明从语音材料归纳音位系统时可以有多种选择，答案不是唯一的。此文立论通达，用例恰切，成为音位学和结构主义语言学的经典文献，问世半个多世纪以来，一直为各国语言学者广泛引用。赵元任是公认的结构主义大家，在教学中也体现了他结构主义的思想。例如，在语音教学中，他十分重视对音位的区分，强调：

The reason for insisting that different sounds be heard and pronounced differently is that sounds form the stuff of words and carry distinctions of meaning.（不同的音在听、说时一定要有分别，因为语音构成了词语的内容并区别意义。）[②]

这显然也是结构主义的思想。

---

① 耶鲁语言学俱乐部以耶鲁大学为中心，描写语言学为代表，主要代表人物是布龙菲尔德、海里斯等。

② 中文为笔者所译。英文原文载于 Yuen Ren Chao：*Cantonese Primer*. Cambridge：Harvard University Press，1947：58.

二、第二语言教学理论的影响

19世纪末20世纪初，由于时代对外语教学的新要求，旧的第二语言教学法“语法翻译法”已经远远不能满足这种要求，导致了“直接法”的产生。“直接法”仿照幼儿学语，强调学习“活的语言”而不是书本上“死的语言”，十分注重口语的学习。口语学习自然离不开语音，“直接法”的先驱 V. W. Vietor 甚至认为“音为语言之本，……外语教学首先应重视的是语音教学”①。

赵元任受“直接法”的影响远在他开始汉语教学之前。早在1917年他在哈佛大学时就结识了“直接法”的代表人物之一理查兹（Ivor A. Richards），并来往密切。后在著汉语《通字方案》时，受到理查兹和奥格登（C. K. Ogden）创造的“基本英语”的影响，而奥格登也是著名的“直接法”代表人物之一。在教学中，赵元任的教学方法与“直接法”的原则亦有相似之处。他十分重视语音的教学，在他编写的著名的汉语教材 *Cantonese Primer*（《粤语入门》）中，他把语音的学习叫作“foundation work”（基础工作），并指出“no time spent on it is too long and no energy given to it too strenuous（在其上花费再多的时间也不为多，花费再大的精力也不为过）”②。在教学中，他主张让学生大声诵读，即使是不求甚解，也使学生多接触了汉语，对学习语音有很大帮助，这便是受到“直接法”的影响。

但是如果把赵元任的教学法看作“直接法”的照搬，是极为不恰当的。在实际教学中，他的教学方法虽然体现了“直接法”的某些思想，但更重要的是他并不拘泥于“直接法”的教条理论，而是结合教学实践不断改良教学方法。例如，传统的“直接法”严格排斥母语，然而赵元任却指出在汉语教学的初级阶段，应当用学生本国语言来解释怎样发音，使学生能够正确掌握发音部位和方法，

---

① 转引自章兼中主编：《国外外语教学法主要流派》，37页，上海，华东师范大学出版社，1983。

② 中文为笔者所译。英文原文载于 Yuen Ren Chao：*Cantonese Primer*. Cambridge：Harvard University Press，1947：59.

发出准确的音。这些在教学实践中得出的真知灼见，指导着后人的汉语教学。

到了20世纪50年代，对比分析理论在美国兴起。对比分析的方法在欧洲有着悠久历史，它曾经是历史比较语言学的主要方法。它的发展与外语教学的实际需要密切相关，对赵元任的汉语作为外语教学也产生了一定的影响。从他的思想中，我们可以看出对比分析理论的痕迹。在语音教学中，赵元任认为外国人学习汉语语音的难点是其母语中没有的汉语语音，与学习者母语中相同的语音是不用新学的，这就是对比母语与目的语的语音系统而得出的结论，教学重点应该落实在母语语音与目的语语音的差异之上，因为这些是学生容易出现错误的地方。

……世界上任何外国语，他的整个儿的音位的总数，我就没有听见过到一百的。……所以就是几十个。那么在这几十个当中，已经有许多跟学者的自己语言里头相同的，他就不用新学了。……所以剩下来啊，粗略说起来只有一半儿难的音要学，所以我在教外国人学中国语言的时候儿啊，我总说：中国语言的音一共 a few dozen，当中一半儿英文里头已经有了，所以啊，你们只需在 one half of a few dozen 上特别注意就行了。①

对比分析的理论基础是美国结构主义语言学和行为主义心理学，它们也同样影响了赵元任语言教学思想，所以赵元任在汉语作为外语教学的理论和实践中体现出对比分析理论的某些原则可以说是必然的现象。

三、赵元任汉语作为外语语音研究成果的影响

语音研究的成果被认为是赵元任取得的语言学方面最大成就之一。他从接触语言学伊始，便对语音的研究产生了极大的兴趣。早在他刚到美国求学的第二年（1912年），当时他还在康奈尔大学主修数学之时，所选的关于语言学的课程就是语音学。日后，他从未间断过对语音的研究，并对汉语语音给予了极大的关注，著有专门研究汉语语音的多篇论文与多本专著，如《北平语调的研

---

① 赵元任：《语言问题》，见《赵元任全集》1卷，126页，北京，商务印书馆，2002。

究》《南京音系》《国语语调》《汉语的字调跟语调》以及《广西瑶歌记音》《上古音讨论集》等，并与罗常培、李方桂合译了著名汉学家高本汉的《中国音韵学研究》。他创造性地对汉语的字调和语调作以区分，归纳出北京话连读变调的规则，对“三声变调”、儿化、轻声都做出了精辟的阐述，尤其是他创制的“五度标音法”，半个多世纪以来更是无人能出其右者，一直沿用至今。“最近在美国学者对世界上几百种语言作过统计，得出的结果是，人类所有的语言其调位的等级没有超过五度的。这更足以说明‘赵氏调符’是放之四海而皆能应用的。”① 这些规律的发现无疑有助于赵元任的汉语语音教学的实践，使其讲解发音规律时更加科学化，令看不见摸不着的语音可以用横线、折线的可视形式展现于学生眼前，这对于汉语这种有声调的语言的语音学习十分有利。

语言本体研究是语言教学的根本，只有深刻了解了一门语言的语音规律，才能教好这门语言的语音。正是赵元任在汉语语音方面透彻的研究和精辟的见解，为他的汉语语音教学打下了坚实的基础，提供了理论上的依据。

四、赵元任个人经历的影响

赵元任不仅是语言研究和教学的大师，更是一位近代罕见的语言天才。他对语音有着生来的天赋，“他那审音辨音的能力远远超过常人”②。他除了精通英语、德语、法语外，还掌握了日语、俄语、西班牙文、古希腊文、拉丁文、梵文等多种外语，并且会说33种汉语方言，遍及中国八大方言中的每一大类。除了掌握多门外语和方言，把它们模仿得十分逼真以外，赵元任的语言天赋还表现在他能在很短的时间内学会一种方言，并能分辨其中的特点。一种语言或方言与其他语言或方言最大、最明显的区别就是语音，赵元任能在短时间内精确地学会一种外语或方言的语音必然有独到的诀窍，这对他日后的语音教学必

① 吴宗济：《赵元任先生在汉语声调研究上的贡献》，载《清华大学学报（哲学社会科学版）》，1996（3）。

② 季羡林：《总序》，见《赵元任全集》1卷，Ⅰ页，北京，商务印书馆，2002。

然有积极的影响。

赵元任在音乐方面的天赋，使他对语音有了异于旁人的更深刻的认识。对音乐的喜爱和学习，赋予了他一双能精确分别极细微的发音区别的耳朵，使他对语音更加敏感。他在语音方面的研究成果，有些就是受到音乐的启发。著名的“五度标记法”开始时就是用乐器来确定音高，然后再整理成五度的调值的。

另外，赵元任还是博通文理的全才。他在物理、数学方面的造诣使他在语音研究中更具有一种客观的、量化的思想，如在《北平语调的研究》中，他对轻声字在阴、阳、上、去各音后的读法便做出了公式化的归纳。赵元任在美国的时候一直关注语音实验及最新设备，经常参观国外语言实验室，并不断将西方新的设备技术引入中国语言学研究。1944—1947年，赵元任在贝尔电话公司研究室兼任声学语言学顾问时，将语图仪运用于语音学研究，通过该设备来记录动态语音的全貌。同时，他还是语言教学仪器的倡导者，编写《国语留声片课本》，亲自灌制“国语留声机片”，认为“目见不如耳闻，耳闻不如口读”①，提倡用教学设备辅助学生的学习。

赵元任不同于常人的语言天赋和经历使他在教授汉语语音时能够从自身学习的经验出发，归纳总结语音学习的规律和有效的途径。同时，他在音乐、理工科方面的才能对他的语音研究和语音教学也起到极大的辅助作用。

第四节　赵元任汉语作为外语语音教学思想的主要内容

赵元任的汉语作为外语语音教学思想与时代的语言学和语言教学理论，以及他本人的研究成果和生活经历紧密相连。它以结构主义的语音学理论为基础，借鉴了当时通行的第二语言教学理论，结合教学实践中的具体情况和个人经验，形成了独到而有效的语音教学思想，主要内容归纳如下。

---

① 赵新那、黄培云编：《赵元任年谱》，117页，北京，商务印书馆，2001。

一、语音领先，为词句学习奠定基础

语音、词汇、语法三者在教学中的关系，一直是外语教学方法中最基本的问题。三者孰先孰后甚至可以决定该教学法的基本类别。传统的外语教学法“语法翻译法”和它的反叛“直接法”一个主要的区别，就是前者以语法教学为第一位，而后者重视口语，以语音教学为先。

赵元任在教学中一直主张学习“活的语言”，先学外国口语，非常重视语音在语言中的地位和学生对汉语语音的学习。关于语音学习的重要性，他有过精辟的论述：

学习外国语的内容分成发音、语法跟词汇三个主要的部分，学习的次序当然是也应该照这三样按步进行。发音的部分最难，也最要紧，因为语言的本身、语言的质地就是发音，发音不对，文法就不对，词汇就不对。①

在教学中，他一直贯彻“语音领先，为词句学习奠定基础”的原则。在他所编写的著名汉语教科书 *Cantonese Primer*（《粤语入门》）一书中，他把语音的学习叫作“基础工作”（foundation work），并在正式课文前专门辟出相当大的篇幅进行语音的教学和练习。他要求只有学生学好这一部分的内容，练好发音，才可以进行词汇和语法的学习，而先学好语音对于后来词汇和语法的学习会起到事半功倍的效果。他甚至认为：

a student who works twice as hard for the first two weeks will cut down the number of years of study to one half, while, if the foundation is sufficiently bad, as it often is, he may never learn the language. （如果一个学生在前两周的学习中双倍努力，那他未来学习所需的年数会减少一半；而如果他的基础打得太差，他常常会根本学不到这种语言。）②

---

① 赵元任：《语言问题》，见《赵元任全集》1卷，126页，北京，商务印书馆，2002。

② 中文为笔者所译。Yuen Ren Chao：*Cantonese Primer*. Cambridge：Harvard University Press，1947：59.

这充分说明了，先学习语音，并且先学好语音在赵元任的教学模式中具有多么重要的地位。

二、讲解先行，练习随后强化正确发音

教授语音时，教师总要处理一个无法避免的问题，那就是怎样处理讲解发音部位、发音方法和进行实际的发音练习之间的关系。讲解过多，学生就得不到充分的练习；练习而不讲解，学生便缺乏理论的指导。那么，讲解和练习孰先孰后？怎样讲解？怎样练习？对于这些语音教学中的基本问题，赵元任在他的教学模式中都做出了完美的回答，制定了行之有效的方法。

首先，赵元任认为："开头教，应当用学生本国语言来解释一切，暂时不练习，讲给学生听怎么是怎么回事儿。"① 因为语言是一套习惯，学习外国语就是养成一套特别的习惯。在最初的学习中，学生必须养成正确的发音习惯，否则以后很难纠正，很费时间，而改掉坏习惯最有效的方法就是用学生本国语言来解释。与其这样，还不如开始时就用学生本国语言把发音的方法讲给他听，使他对每个音有一定的理性认识，以指导他以后的语音学习。所以，"讲解是一件重要的事，不应当用直接的方法"②。他的这一观点弥补了"直接法"在语言教学的初级阶段无法理论地教授学生发音方法的尴尬。其次，赵元任认为讲解的内容要逐渐减少，"讲解方面，头一两个星期可以多几个钟点，以后可以少一点儿，当然大部分时间应当用外语来练习了"③。在语言教学中，赵元任严格区分了语言学习和语言学学习，强调语言学习是一种技能训练，而不是单纯的知识学习。虽然讲解语音学知识在学习语音伊始比较重要，但是它毕竟不是语言本身的学习，所以自然要慢慢减少，而以练习为主要内容。最后，赵元任十分重视练习对语音的强化作用。他在 *Cantonese Primer*（《粤语入门》）一书中编写了大量的

---

① 赵元任：《外国语教学的方式》，见《赵元任语言学论文集》，523 页，北京，商务印书馆，2002。

② 同上书，524 页。

③ 同上书，523 页。

语音练习，并且分门别类，每个练习都有重点训练的项目，并且他强调：

All the exercises in pronouncing, memorizing, and writing for dictation should be done. They should be repeated until nearly perfect.（所有关于发音、记忆和听写的练习都必须完成。这些练习应该不断重复，直到学生几近完美地掌握它们。）①

三、逐级深入，注重语音对比练习

赵元任认为语音的学习是一个很费劲、很难的工作，那么在他教授语音时自然不会要求学生一蹴而就，而是逐级深入，主要的教学步骤有以下四项：先听后说、分项教学、对比练习、听写强化。

第一，先听后说。虽然口语教学在赵元任的教学体系中占有十分重要的地位，但是他并不要求学生在学习语音伊始就进行“说”的练习。在 *Cantonese Primer*（《粤语入门》）“foundation work（基础工作）”部分中他指出，开始学习这部分的内容时，一定要先多听教师或留声机片的发音，然后再尝试复现语音。

第二，分项教学。在实际教学中，赵元任使用的是将声母、韵母、声调等分项教学的办法。*Cantonese Primer*（《粤语入门》）教学内容具体的编排是：先教授高声调声母，再教授低声调声母，其次教授元音，然后教授韵尾，最后教授声调，并在每一教学项目旁都附上详细的列表，且要求学生“牢记”。

第三，对比练习。“注重对比”是赵元任语音教学的一个重要原则，这个原则贯彻于他的教学理念和教学实践当中。他认为，一门外语的语音中，最难掌握的是本国语言中没有的音，也是应该重点练习的音，这就是对比两种语言并结合教学经验得出的结论。在 *Cantonese Primer*（《粤语入门》）一书 14 页的语音课程中，与“对比”有关的练习就占了 10 页左右。这些练习的编排十分细致，有的练习针对一个语音特点进行对比练习，并在成对举出具体音节后给出例词，如是否送气（pin：phin，pinkou ‘who’，phinsam ‘biased’）、长短元

① 中文为笔者所译。英文原载于 Yuen Ren Chao：*Cantonese Primer*. Cambridge：Harvard University Press，1947：67.

音（kaap：kap，kaap-maai ‘clip together’，seqkap ‘quick-tempered’）以及高低音调（tsin：dsin，iat-tsin ‘one thousand’，iat-dsin ‘one mace’）之间的对比。有的练习是将不同声调两两前后搭配组成词语，如将 a、ax、ah、aap、ap、ha、hax、hah、hap 这 9 个发不同声调的音节相互前后排列组成词语，强调不同声调之间的对比和相互连读时的差异。这些练习明显体现了赵元任在语音研究和教学中的“对比”思想。

第四，听写强化。*Cantonese Primer*（《粤语入门》）语音部分的最后内容是听写练习，用以强化学生对语音的听辨和记忆。赵元任的听写练习也与众不同，有着特别的要求。虽然在教材中赵元任列出的练习内容是单个的声母、韵母和声调，但是他要求在实际练习时发音人要说出实际的词语，而学生只记录下声母或者韵母或者声调。这样的要求既保证了学生听到发音的准确性，又兼顾了自然性，使学生能掌握实际语言中的发音而不是一个个孤立的音。他还强调听写练习一定要反复多练，并要求“只有当学生达到很高的熟练度才可以尝试书写整个音节”①，说明他很重视听写练习的强化作用和效果。

四、不拘一格，灵活多样的教学方法

一般认为，语言学习是十分枯燥的，尤其是语言训练的时候，对于一个语言项目反复不断的练习过程常常会使学生产生厌倦感。然而，赵元任的语言教学是不拘一格，丰富多彩的。教授语音，除了课堂教学的模式外，他还强调学生要在课外自修，并用录音来辅助。另外，他编写的汉语教科书摒弃了传统语言教科书严肃的书面语带来的沉闷，取而代之的是口语化的行文以及很多生动活泼、幽默风趣的例子。例如，在《国语留声片课本》第七课中为说明“五字五声”，他举了“荤油炒菜吃”“偷尝两块肉”这样的例子，妙趣横生，定能加深学生的记忆。为了说明区分音位的重要性，他举了这样一个生动的例子来说明这个问题的重要性：“Rice grows near the river”意思为“稻子长在河附近”，

① Yuen Ren Chao：*Cantonese Primer*. Cambridge：Harvard University Press，1947：80.

如果把/ r /读成/ l /，那就会变成“Lice glows near the liver”，即“虱子在肝脏附近发光”。这样的用例比单纯强调音位的重要性要生动得多，也会给学生留下深刻的印象。

这样有趣的教学和赵元任幽默的天性是分不开的，更是他对语言超常的驾驭能力的体现，在教学中也收到了事半功倍的效果。

五、区分音位，语音教学的终极目标

外语语音教学要达到什么样的目标？当然是学生发音准确、听音准确。那么，何谓“准确”呢？不同的教师的标准也不同。所以，这样的说法过于模糊，没有一个量化的标准。赵元任在他的教学模式中，为外语语音教学提供了一个可操作的、客观的标准，那就是学生在听说的时候能清晰地区分不同的音位。

他指出，在教学中教师不必要求学生具有同以目的语为母语的人一样完美的语音面貌，在语音的学习中学生要获得的能力是：

acquiring the ability to recognize by ear and reproduce intelligibly all the distinctive phonetic elements，or phonemes... It is not necessary to aim at a perfect accent.（获得能够听辨所学语言的所有有特色的语音要素，或称音位的能力；以及可理解地再现这些音位的能力。完美的发音并不是必需的目标。）①

其中“有特色的语音要素”就是音位。他还指出，“基础工作”中唯一的原则就是：

Sounds which are different should not be heard and pronounced alike.（不同的语音不应该被听成或说成相似的音。）②

可见分辨音位在他的教学系统中的重要地位。

当然这个目标也不是一蹴而就的，在 *Mandarin Primer*（《国语入门》）中

---

① 中文为笔者所译。英文原载于 Yuen Ren Chao：*Mandarin Primer*. Cambridge：Harvard University Press，1947：72.

② 同上。

赵元任明确给出了循序渐进，逐级深入的阶段性目标，共分为以下五步：

(1) ability to reproduce in writing (without pronouncing) the basic sound-tables, (2) ability to write down any initial, final, or tones from dictation, (3) ability to pronounce any initial, final, or tone from the romanization without confusing any two elements, (4) ability to romanize any syllable from dictation, (5) ability to pronounce any syllable from the romanization without confusing any two syllables. [(1) 能够在书写时（不发音）再现基本语音表；(2) 能够在听写中写下任何声母、韵母或声调；(3) 能够从罗马字母认读任何声母、韵母或声调，不混淆任何两个元素；(4) 能够在听写中用罗马字母写下任何音节；(5) 能够从罗马字母认读任何音节，不混淆任何两个音节。]①

这样分步骤、清晰客观的标准，使得汉语语音教学不再模糊化，不再以教师的主观感受来判断学生的学习效果。

至于为什么要以能够在听和说中区分音位作为语音教学的最终目标，赵元任是这样阐述的：他认为，语音构成了词语的内容并区别意义，词汇和句子是黏着于语音之上，并且意义也是依附于语音上的。所以以区分音位为语音教学的目标，是他的结构主义思想在语言教学中的贯彻。当然，以成熟的语言学理论和语言本体研究的成果为基础而设定的语音教学目标，也是十分科学、合理的，对现实教学有着极大的指导意义。

第五节　赵元任汉语作为外语语音教学实践

语音教学是赵元任汉语作为外语教学中最为重视的项目，也是他教学中最为成功的内容之一。他把语音学习称为“基础工作”（foundation work），放在汉语词汇和语法之前单独进行。在实际教学中他使用了许多科学方法，至今仍

---

① 中文为笔者所译。英文原载于 Yuen Ren Chao：*Mandarin Primer*. Cambridge：Harvard University Press，1947：73.

值得我们借鉴。在语音训练开始之前，他首先用英语对汉语的语音知识做了详细介绍，但明确表示介绍的目的并不是希望学生通过阅读语音知识学习语音，这个工作应该在以后的训练课程中完成。介绍是为了让学生对汉语语音有个大致了解，在阅读时学生有个重要任务就是记忆声母表、韵母基本形式表和韵母各声调形式表。①

正式的语音教学分声调、语音难点、语音系统、连音变调四步进行。首先学习的是声调，依照单一声调、声调组合和轻声的顺序学习，总的来说采用的是教师领读某一音节的各声调，学生跟读的方法。值得一提的是，赵元任把第三声“半上”的发音单独列为一个训练项目，因为他认为这是第三声在其他声调前最常用的形式，体现了他敏锐的眼光和注重语言实际使用情况的思想。课堂具体的操作步骤如下：

第一，先选取一个音节。教师领读该音节的第一声两遍，学生跟读一遍；再领读该音节的第二声两遍，学生跟读一遍；依此完成该音节的第三声、第四声和半三声的领读和跟读。②

第二，教师领读该音节的第一声一遍，学生跟读一遍；再领读该音节的第二声一遍，学生跟读一遍；依此完成该音节的第三声、第四声和半三声的领读和跟读。

第三，教师依次唱读完该音节的第一、二、三、四声和半三声后，学生跟着唱读这五个音节。如表 4-1 所示。③

---

① 我们的分析依据的是教材《国语入门》，该教材用国语罗马字编写。依照国语罗马字的规则，同一韵母的不同声调用不同的拼写形式来体现，因此存在“韵母基本形式表”和“韵母各声调形式表”，英语原文为“Finals: Basic Form”和“Finals in All Tones”，汉语名称为作者自译。

② 赵元任指出，如果语音操练教师缺乏在语音方面的足够训练，可以忽略单念半三声的练习。

③ 此表载于 Yuen Ren Chao: *Mandarin Primer*. Cambridge: Harvard University Press; London: Oxford University Press, 1957: 85-86。赵元任在本表之前的文字说明中指出，“The lines indicate whether the order of reading is to be vertical or horizontal”，意思为“表中的直线说明了是应横着朗读还是竖着朗读”。

表 4-1　单一声调教学步骤表

Teacher：	a，	ar，	aa，	ah，	½aa-
	1st Tone，	2nd Tone，	3rd Tone，	4th Tone，	½3rd Tone
	a.	ar.	aa.	ah.	½aa-
CLASS：	A.	AR.	AA.	AH.	½AA-
T：	a.	ar.	aa.	ah.	½aa-
CL：	A.	AR.	AA.	AH.	½AA-
T：	a.	ar.	aa.	ah.	½aa-
CL：	A.	AR.	AA.	AH.	½AA-

在 *Mandarin Primer*（《国语入门》）中，赵元任选择了 a、ma、yi、fei、tang 5 个音节进行该项练习。每个音节依照上述方式练习完毕后，赵元任又安排教师领读后 4 个音节的第一声，即 mā、yī、fēi、tāng，学生跟读；然后依次领读 4 个音节的第二声、第三声、第四声，进行强化训练。值得一提的是，在这部分练习的结尾处，赵元任将汉语四声的调类与英语单词在实际使用中的常用语调联系起来（如表 4-2 所示①）。这不仅给较为枯燥的语音训练增加了一些趣味，更能帮助学生记忆声调，区别四声的不同。

表 4-2　汉语四声调类与英语单词语调关联表

T：	(*sol*)②	What?!	Well?	Now!
CL：	(HUM)	WHAT?!	WELL?	NOW!

语音的抽象性给学习带来了一定的难度，赵元任在教学中也充分考虑到了这一点，除了借助音乐，赵元任还使用了直观的汉语声调图③（见图 4-1）。来解决这个问题，并建议学生在朗读音节的同时用手指在图上或空气中书写声调，以加深印象和声调的直观性。

① 此表原载于 Yuen Ren Chao：*Mandarin Primer*. Cambridge：Harvard University Press；London：Oxford University Press，1957：87.

② 原文注释："As in *do*，*re*，*mi*，*fa*，*sol*." 中文翻译："如乐谱中 1、2、3、4、5 的 5。"

③ 此图原载于 Yuen Ren Chao：*Mandarin Primer*. Cambridge：Harvard University Press；London：Oxford University Press，1957：85.

完成单一声调的学习后，学生进入到声调组合的练习。在 *Mandarin Primer* 的这一节中，赵元任选取了 tā、méi、nǐ、yào 四个音节分别与 tīng、lái、mǎi、mài 相配，组成 16 个音节组，进行领读跟读练习。对于每个音节组，教师先领读单个音节，学生跟读，然后领读音节组两遍并给出该音节组表示的汉语词语的英文释义，学生跟读两遍，如表 4-3 所示。①

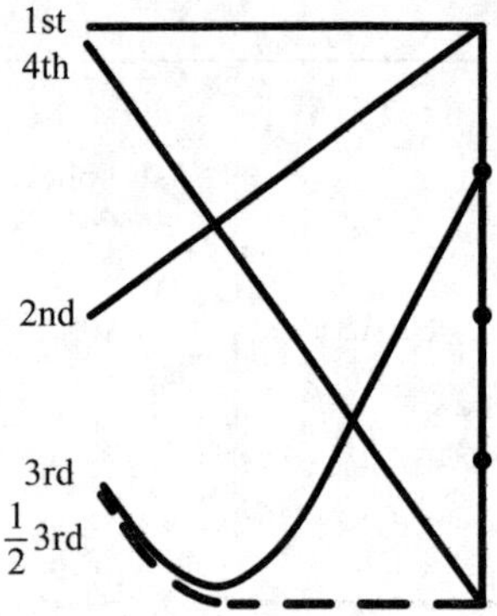

图 4-1 汉语声调图

表 4-3 声调组合教学步骤表

T：	Ta.（他）	Ting.（听）	Ta ting,	‘he listens’,	ta ting.
CL：	TA.	TING.	TA TING,	˥ ˥②	TA TING.
T：	Ta.（他）	Lai.（来）	Ta ting,	‘he comes’,	ta lai.
CL：	TA.	LAI.	TA LAI,	˥ ˧˥	TA LAI.
T：	Ta.（他）	Mae.（买）	Ta Mae,	‘he buys’,	ta mae.
CL：	TA.	MAE.	TA MAE,	˥ ˨˩˦	TA MAE.
T：	Ta.（他）	May.（卖）	Ta May,	‘he sells’,	ta may.
CL：	TA.	MAY.	TA MAY,	˥ ˥˩	TA MAY.

这部分的练习有四个特点：

第一，均使用的是双音节的音节组合，没有三音节或以上的音节组合；

① 此表原载于 Yuen Ren Chao：*Mandarin Primer*. Cambridge：Harvard University Press；London：Oxford University Press，1957：88. 由于赵元任采用的国语罗马字系统比较难以认读，特加注汉字，原表没有汉字，特此说明。以下各表仿此。

② 原文注释："The class will hum the tones here." 中文翻译："学生在此处哼出声调。"

第二，赵元任选择的音节组都是有意义的音节组，在汉语中存在这样发音的词语；

第三，每个音节组合不仅有英文释义，还有声调图示；

第四，第三声在一声、二声、四声前直接标注的是半三声，附半三声的声调图示，在第三声前标注的仍是三声，但声调图示为第二声。

赵元任还指出，第一声＋第二声、第二声＋第一声以及第二声＋第二声组合是学习的难点。

声调教学的最后内容是轻声。赵元任首先指出轻声在四个声调后的调值：第一声后的轻声为半低值，在第二声后为中调值，在第三声后为半高值，在第四声后为低调值。教学方法为教师领读四个声调的音节分别后加轻声音节的音节组合，如 tīng le、lái le、mǎi le、mài le，并给出英文释义，学生跟读。如表 4-4 所示①。

表 4-4　轻声教学步骤表

Teacher：				
			CLASS：	
˥ ˦	Ting . le② (听　了)	‘has heard,’	ting . le.	TING . LE.
˧˥ ˧	Lai . le (来　了)	‘has come,’	lai . le.	LAI . LE.
˨˩ ˦	½Mae . le (买　了)	‘has bought,’	½mae . le.	½MAE . LE.
˥˩ ˩	May . le (卖　了)	‘has sold,’	may . le.	MAY . LE.

① 此表原载于 Yuen Ren Chao：*Mandarin Primer*. Cambridge：Harvard University Press；London：Oxford University Press，1957：90.

② 原文注释："Some speakers pronounce a 1st Tone before a neutral tone with a slight fall in pitch，approaching 53." 中文翻译："有些人在发轻声前的一声时会有些许的降调，接近 53。"

在声调教学之后，赵元任处理的是语音学习中的语音难点的问题。在声母难点中，赵元任认为送气和不送气清音，声母 zh、ch、sh，r，j、q、x 以及 h 是语音难点，应加以重点练习。在韵母难点中，他认为 z、c、s 和 zh、ch、sh、r 后 i 的发音，u、ü、e、uo、ie、üe、en、鼻音韵母的儿化以及鼻音韵尾 -n是比较难学的与韵母有关的发音。具体教学方法是先用英语讲授难点发音的发音方法，然后举例，最后让学生做发音练习。在 *Mandarin Primer* 的这一部分内容的编写中，体现了赵元任思想的三方面特点：

一是注重对比的思想。赵元任对发音方法的讲解并不仅仅是枯燥的理论知识，他还经常将汉语相近的音进行对比，如送气清声母与不送气清声母对比；汉语发音与英语、法语、德语相近的发音对比，如汉语的 h 与英语的 h 发音相对比，突出了要学习的发音的特点，便于学生掌握。

二是用学生母语讲解，具有针对性，即针对母语为英语的学生确定语音难点，进行教学。

三是注重语音练习的系统性，即所有练习的范例都是四声成一组，不是单一的、无规律的例子。

学生学习好声调、声母、韵母，打下一定的语音基础以后，赵元任才开始教授汉语语音的完整系统。首先教授的是声母系统，赵元任要求教师依照声母表先按行再按列领学生朗读各声母。对于那些实际发音难以听见的声母，如 b、p、f、d、t 等，赵元任使用的是在其后附加一个韵母来发声的方式，具体如表 4-5、表 4-6 所示。①

Read the initials by rows（toward the right） [按行朗读声母（从左至右）]：

① 此两表中文由笔者所译。原载于 Yuen Ren Chao：*Mandarin Primer*. Cambridge：Harvard University Press；London：Oxford University Press，1957：97.

表 4-5　声母教学步骤表（a）

Row-b	*T*：	bo	po	mho	Fo		(*CL*)
Row-d	*T*：	de	te	nhe		lhe	(*CL*)
Row-tz	*T*：	tzy	tsy		Sy		(*CL*)
Row-j_r	*T*：	j_ry	ch_ry		sh_ry	rhy	(*CL*)
Row-j_i	*T*：	j_ii	ch_ii		sh_ii		(*CL*)
Row-g	*T*：	ge	ke		He		(*CL*)

Read the initials by columns（downwards）[按列朗读声母（从上至下）]：

表 4-6　声母教学步骤表（b）

Col. b	*Col. P*	*Col. M*	*Col. F*	*Col. L*
T：	*T*：	*T*：	*T*：	*T*：
Bo	po	mho	Fo	
De	te	nhe		lhe
Tzy	tsy		Sy	
j_ry	ch_ry		sh_ry	rhy
j_ii	ch_ii		sh_ii	
Ge	ke		He	
(*CL*)	(*CL*)	(*CL*)	(*CL*)	(*CL*)

由于赵元任使用的是国语罗马字，按照这个系统的规定，同一韵母发不同的声调时具有不同的拼写方式，因此在教授韵母系统时，赵元任将其分为韵母基本形式、韵母第二声形式、韵母第三声形式和韵母第四声形式分别教授。具体方法是，先讲授基本韵母变换成第二声、三声、四声形式时的书写规则，然后按照韵母的书写形式将它们归为 ɑ 行韵母、i 行韵母、u 行韵母和 ü 行韵母四类，教师根据这四类依次领学生朗读，如有需要再做补充讲解，具体过程见表 4-7 至表 4-10。①

Read the finals by rows（to the right）[按行朗读韵母（从左至右）]：

① 以下中文由笔者所译。英文内容原载于 Yuen Ren Chao：*Mandarin Primer*. Cambridge：Harvard University Press；London：Oxford University Press，1957：97-100.

表 4-7　韵母基本形式教学步骤表

	T（*Class repeat*）				T（*Cl*）				T（*Cl*）				
Row-a	sy，	shy①	a	e；	*ai*	ei	*au*	*ou*；	*an*	*en*	*ang*	*eng*	*ong*
Row-i		i	ia	*ie*			*iau*	*iou*；	*ian*	*in*	*iang*	*ing*	*iong*
Row-u		u	ua	**uo**②；	*uai*	uei			*uan*	*uen*	*uang*		
Row-iu		iu③		**iu**e；					**iu**an	**iu**n			

Read the 2nd-Tone finals by rows（按行朗读第二声韵母）：

表 4-8　韵母第二声形式教学步骤

Row-a	syr，	shyr	ar	er；	air	eir	aur	our；	arn	ern	arng	erng	orng.
Row-i		yi	ya	ye；			yau	you；	yan	yn	yang	yng	yong.
Row-u		wu	wa	wo；	wai	wei；			wan	wen	wang.		
Row-iu		yu		yue；					yuan	yun.			

[Class repeat after each semicolon or period（学生在每个分号或每个循环结束时跟读）]

Read the 3rd-Tone finals by rows（按行朗读第三声韵母）：

表 4-9　韵母第三声形式教学步骤表

Row-a	tzyy，	jyy	aa	ee；	ae	eei；	ao	oou；	aan	een	aang	eeng	oong.
Row-i（j_i）		jii	jea④	jiee；			jeau	jeou；	jean	jiin	jeang	jiing	jeong.
Row-u（j_r）		juu	joa	juoo；	joai	joei			joan	joen	joang.		
Row-iu（j_i）		jeu[1]		jeue；					jeuan	jeun.			

The table should be read very slowly, with a pause after each final, since running two 3rd Tones together would make the first change into a 2nd Tone（朗读该表时应非常慢，每两个韵母之间都应有停顿，因为两个三声调连读会使第一个三声变成二声）

① 原文注释："Boldface letter represent sounds difficult to make; italics indicate sounds of letters difficult to remember."中文翻译："黑体字代表难发的语音；斜体字表示难记的字母发音。"

② 原文注释："The final *uo* is abbreviated to *o* after labial initials. Thus, a syllable pronounced *buo* is written *bo*."中文翻译："韵母 *uo* 在双唇声母后缩写为 *o*。因此，读作 *buo* 的音节写作 *bo*。"

③ 原文注释："Since the digraph *iu* represents one simple vowel, the finals in this row always have one sound fewer than there are letters. Thus, *iu* has one sound, *iue* has two sounds, *iuan* has three sounds, and *iun* has two sounds."中文翻译："由于合成符 *iu* 仅代表一个单元音，所以这一行韵母的发音通常比其拼写字母少一个。因此，*iu* 是一个单元音，*iue* 是一个双元音，*iuan* 是一个三元音，而 *iun* 是一个双元音。"

④ 原文注释："Since *ea*, etc. are merely the 3rd-Tone forms of *ia* etc., the *j* still has sound of a j_i."中文翻译："由于 *ea* 等仅仅是 *ia* 的第三声形式，*j* 仍具有 j_i 的发音。"

Read the 4th-Tone finals by *columns* (downwards) [按列朗读第四声韵母(从上至下)]:

表 4-10 韵母第四声形式教学步骤表

	(Basic)	(zero)			(-i)		(-u)		(-n)		(-ng)		
	4th Tone	-h			-y		-w		-nn		-nq		
		T:	*T*:	*T*:	*T*:	*T*:	*T*:	*T*:	*T*:	*T*:	*T*:	*T*:	*T*:
Row-a		syh, shyh	ah	eh	ay	ey	aw	ow	ann	enn	anq	enq	onq
Row-i	ji	jih	jiah	jieh			jiaw	jiow	jiann	jinn	jianq	jinq	jionq
Row-u	jr	juh	juah	juoh	juay	juey			juann	juenn	Juanq		
Row-iu	ji	jiuh		jiueh					jiuann	jiunn			
		(*CL*)	(*CL*)	(*CL*)	(*CL*)	(*CL*)	(*CL*)	(*CL*)	(*CL*)	(*CL*)	(*CL*)	(*CL*)	(*CL*)

从这一部分的教学中，我们可以看出赵元任对语音的描写和分类非常细致，十分重视语音的系统性，强调各发音之间的联系和区别，体现了他结构主义语言学的思想。

语音教学的最后一部分内容是连音变调系统，包括"一""不"变调、双音节组变调和三音节组变调。首先进行的是"一""不"变调的教学。赵元任认为：

Because of their extremely frequent occurrence, it is important for the students to learn to make the proper changes so that he will give the right tone automatically without the aid of tonal spelling. (由于"一"和"不"变调出现得十分频繁，所以对学生来说学习怎样进行正确的变调是十分重要的，这样他们就可以自动化地使用正确的声调，不需要声调拼写的辅助。)①

这部分内容的具体教学安排是，先告诉学生"一""不"变调的规律，即：

Before 1st, 2nd, and 3rd Tones, *i* and *bu* are pronounced in the 4th Tone. Before a 4th Tone it is pronounced in 2nd Tone (marked in italics through Lesson 8). When used alone (*i* as in counting, *bu* as in answering "No"), or at the end of a phrase, *i* is pronounced in the 1st Tone and *bu* in the

① 中文由笔者所译。英文原载于 Yuen Ren Chao: *Mandarin Primer*. Cambridge: Harvard University Press, 1947: 107.

4th Tone.① When *i* and *bu* are unstressed, they are treated like any other unstressed syllable and need no special exercise. [在第一、二、三声前"一"和"不"读第四声。在第四声前"一"和"不"读第二声；单用（如用"一"计数或回答"不"），或者用在短语结尾时，"一"读第一声，"不"读第四声。当"一"和"不"读轻声时，它们与其他轻声音节相似，不需要特别练习。]②

赵元任列出两张表进行细致的举例说明，如表 4-11、表 4-12 所示③，然后给出练习，让学生多读多练。

表 4-11　"一"变调教学步骤表

i-tian （一天）	'a day'	i-jy （一支）	'a'（pencil，etc.）	i-jang （一张）	'a sheet'
i-nian （一年）	'a year'	i-hwei （一回）	'once'	i-gwo （一国）	'a country'
i-hoel （一会儿）	'a moment'	i-jaan （一盏）	'a'（lamp）	ideal （一点儿）	'a little'
*i*yanq （一样）	'alike'	*i*-dih （一地）	'a floorful'	*i*g （一个）	'a'④
shyri （十一）	'eleven'	chu' i （初一）	'first'（of the month）	Liibay' i （礼拜一）	'Monday'

① 原文注释："When strongly stressed, a non-final *i* has an optional pronunciation in the 1st Tone, as *Woo shuo* 'i-*dean jong*' 'I said *one* o'clock.' *Bu* also has an optional 1st Tone when standing alone or followed by the suffix-. *jie* in the interjection *Bu . jie* 'No'." 中文翻译："当用作强调时，不在结尾的'一'也可读一声，例如：'我说一点钟'中的'一'。'不'在单用或者用在词尾'嗟'前，如感叹词'不嗟'时，也可读作第一声。"

② 中文由笔者所译。英文原载于 Yuen Ren Chao：*Mandarin Primer*. Cambridge：Harvard University Press，1947：107.

③ 此两表中文由笔者所译。英文原载于 Yuen Ren Chao：*Mandarin Primer*. Cambridge：Harvard University Press；London：Oxford University Press，1957：107.

④ 原文注释："This means that although -*g*（i. e. *geh*）is in the neutral tone，it still affects the preceding *i* as does a 4th-Tone word. In *i-geh* 'one' where *geh* retains the 4th Tone，the case is of course like that of *i-dih*." 中文翻译："这意味着尽管'个'是一个轻声词，但它仍如四声词一样影响其前面的 i。在'个'仍读四声的'一个'中，'一'的变调当然与'一地'的情况相同。"

表 4-12　“不”变调教学步骤表

bu shuo （不说）	‘not say’	bu hei （不黑）	‘not black’	bujydaw （不知道）	‘not know’
butorng （不同）	‘different’	bu chyuan （不全）	‘not complete’	bu*i*yang （不一样）	‘not alike’
bu doong （不懂）	‘not understand’	bu hao （不好）	‘not good’	bu sheang （不想）	‘not desire’
*bu*duey （不对）	‘wrong’	*bu*yaw （不要）	‘not want’	*bu*. sh （不是）	‘is not’①
Bu! （不!）	‘No!’		Ta bu. （他不。）	‘He won’ t.’	
Bu. jie! （不嗟!）	‘No.’		Ta bu . le. （他不了。）	‘He no longer does.’	

在双音节组和三音节组的变调时，赵元任采用的是全罗列举例法，即把双音节和三音节可能出现的组合情况和它们组合后的变调情况全部列出，然后对每种情况进行举例说明，并附有调型图，非常全面直观。

经过以上分析，我们发现赵元任的整个语音教学有以下几个特点：

第一，重视语音的系统性。在教材 *Mandarin Primer* 的语音知识讲解部分，赵元任使用五度标记法画出了汉语声调图，见图 4-1。按发音部位和发音方法的特点列出了汉语声母表②（见表 4-13），并按照韵头、韵腹、韵尾的不同组合画出了汉语基本韵母表③（见表 4-14）。

① 原文注释：“The *bu* takes the 2nd Tone whether the following *sh*（i. e. *shyh*）has a neutral tone or a full 4th Tone.” 中文翻译：“不论后面的‘是’是轻声还是四声，‘不’都读二声。”（参见上一注释）

② 本表原载于 Yuen Ren Chao：*Mandarin Primer*. Cambridge：Harvard University Press；London：Oxford University Press，1957：19.

③ 同上书，22 页。

表 4-13 汉语声母表

Manner / Place	Unaspirated stops	Aspirated stops	Nasals	Fricatives	Voiced Continuants
Labials	b	P	M	f	
Dental stops nasal，and lateral	d	T	N		L
Dental sibilants	tz	Ts		s	
Retroflexes（“j_r”）	j	Ch		sh	R
Palatals（“j_i”）	j	Ch		sh	
Gutturals	g	K		h	○

表 4-14 汉语基本韵母表

Medial	Row	Ending														
		Zero			-i		-u		-n		-ng			-l
None	Row-a	Y	a	e	ai	Ei	au	Ou	An	en	ang	eng	ong	el
I	Row-i	I	ia	ie	iai		iau	Iou	ian	in	iang	ing	iong	
U	Row-u	U	ua	uo	uai	uei			uan	uen	uang	ueng		
Iu	Row-iu	Iu		iue					iuan	iun				
Total 37		11			5		4		8		8			1

赵元任还专门列出一课讲授汉语的语音系统，教授学生汉语的声母、韵母系统以及拼合规律。特别值得一提的是，他所设置的语音练习并不是对一个个的声母、韵母或者音节的练习，而是每种练习都是第一声、第二声、第三声、第四声相配进行，如表 4-1、表 4-3、表 4-4、表 4-11 和表 4-12。在他教授语音的过程中，每个发音不是零散的单位，而是有各自特点有彼此相联系的系统。这样的处理方法使学生能更好地了解每个音素的发音特点，易于对比练习，更重要的是能使学生形成一种语音的系统观，这对他们后来词汇和语法的学习都不无益处。

第二，重视语言的实际使用和频率。例如，汉语实际使用时的变调情况也是他的教学重点之一，他还非常细致地将汉语双音节组和三音节组的所有可能的组合情况罗列出来。赵元任明确指出半三声是第三声在实际语流中使用最多的情况，因此他在教授声调时专门把半三声列为一个教学项目。根据现代实验语音学的统计，“第三声在第一声、第二声、第四声、轻声前变为半上，调值为［2112］，占语流中第三声的82.4%，占全部汉语语音的14%。第三声念本调，调值为［214］，只占语流中第三声的4.7%，占全部汉语语音的0.8%”。[①]这与赵元任的论断完全吻合。赵元任在教学中具有的“频率思想”，即使用频率高的语言项目先教授，不仅表现在对半三声的重视上，还表现为将“声调”列为语音教学的第一项内容。汉语只有4个声调，却有21个声母和37个韵母，声调出现的频率远远高于声母和韵母出现的频率，即每出现五个音节，必然有两个或两个以上音节声调相同（轻声计本调）。先学好声调，也就先抓住了汉语语音中的高频项目，对声母和韵母的学习不无裨益。这一特征也是结构主义语言学精神的体现。

第三，练习比例占教学的大部分。在教学中，教师领读（或录音设备领读）、学生跟读是赵元任最常用的语音教学方法，除此以外还有学生自己做朗读等练习，教师纠正等方法，练习的比例比讲解大得多。在举例和练习中，赵元任列举的所有例子都是有意义的音节组合，没有专门为了语音练习而生造的语音组合。这样可以使学生在语音训练的同时也学到一些常用的词语，降低了纯语音训练的枯燥性。

第四，使用特别方法辅助学生学习语音，比如：

声调书空：要求学生学习声调的时候，不论做朗读练习还是听力练习，都要用手指在声调图上或空中，按读出的或听到的声调画出调型［...(the student) trace the tones with his finger on the chart and later in the air[②]］。

语音纸片重组：建议学生在学完声母或韵母后，将声母表或韵母基本形式表剪成每张印有一个声母或韵母的小纸片，打乱顺序后，再尝试将它们恢复成原表（Copy the table of initials, cut the paper into small bits with one initial on

① 陈明远等：《第三声的性能及其教学》，见《语言教学与研究》编辑部编：《对外汉语教学论集》，87页，北京，北京语言学院出版社，1985。

② Yuen Ren Chao: *Mandarin Primer*. Cambridge: Harvard University Press; London: Oxford University Press, 1957: 85.

each，mix them up，and try to rearrange the bits in the original order①）。

哼声调（hum the tunes）：在教授声调组合的时候，赵元任要求学生除了跟读，还要哼出所读音节组合的声调。在教授双音节组合变调时，他要求教师和学生先哼出音节组的声调韵律，再读音节组（Before reading the examples in the table the teacher and students should first hum the tunes as indicated by the tone signs②）。

从这四个特点中，我们可以看出结构主义语言学对语音系统的描写观点、行为主义心理学的通过练习强化语言学习的思想和语言教学的对比分析理论都在一定程度上影响了赵元任的语音教学实践。

第六节　赵元任汉语作为外语语音教学思想的价值与意义

赵元任的汉语作为外语语音教学思想虽形成发展于汉语教学在世界开展的初期，但是实践证明它是非常有效的教学模式，以至于他的某些学生发音之标准竟被误认为是在中国长大的。他的思想体系内容之成熟、教学效果之成功对当今的对外汉语语音教学有着极大的现实价值和指导意义。

第一，赵元任汉语作为外语语音教学思想确立了语音教学在汉语教学中的重要地位。语音应该领先于语法和词汇，置于教学的首要阶段中。第二，赵元任汉语作为外语语音教学思想明确了语音教学中讲解与练习的关系。讲解在语音教学的最初阶段非常重要，教师应用学生的母语教授发音方法方面的理论知识。随着教学的深入，讲解应越来越少，而用目的语进行的练习应占主导地位。第三，赵元任汉语作为外语语音教学思想划分了语音教学的各个阶

---

① Yuen Ren Chao：*Mandarin Primer*. Cambridge：Harvard University Press；London：Oxford University Press，1957：97.

② 同上书，108页。

段，并为每一阶段树立了明确的目标，提供行之有效的教学和练习方法。第四，赵元任汉语作为外语语音教学思想明确了语音教学的最终目标——学生能否在听说时清晰地区分音位。这为语音教学提供了一个客观而又科学的评价标准。

那么，为什么赵氏语音教学模式可以穿越半个多世纪，对我们现今的对外汉语教学具有极大的现实意义呢？究其原因有四：第一，赵元任的语音教学模式是建立在他对汉语语音以及普通语音学深刻研究的基础上的，这就使他的汉语作为外语语音教学思想不仅符合汉语语音本身的规律，也符合普通语音学理论的规律。第二，赵元任在美从事汉语作为外语教学多年，他把后半生的精力都贡献给了这个事业。因此，他的教学模式是多年教学经验的总结，经过多年教学实践的检验，对现实教学自然有极大的指导意义。第三，赵元任自身会多种外语和汉语方言，并且他对于语音有着与生俱来、常人无法比拟的天赋，这使得他在教学中常常结合自己的学习经历，从学生的真正需要出发，常常达到事半功倍的效果。第四，赵元任是近代以来少见的一位博通文理的全才。语音是客观的存在，需要有客观的研究思想和研究方法。赵元任在理工科方面的造诣使得他的语音研究和教学更具新意和创造性。

语音的研究与教学是赵元任学术研究中最成功的方面之一。透彻研究赵元任的汉语作为外语语音教学思想以及全面研究赵元任汉语作为外语教学思想对当今对外汉语教学的理论建设和实践发展都是十分必要的。

汉语作为世界主要语言之一，与其他语言有着很多共性。世界上的外语教学理论对汉语有着一定的适用性。但和英语等西方语言相比，汉语自身具有很多特点，西方理论不能完全满足汉语教学的要求，甚至还会带来负面影响。在教学实践中，由于汉语和英语的差异，一些适用于英语的教学方法也不能达到理想的教学效果。除此之外，我们在进行汉语特有的教学项目，如声调、汉字的教学时，更需要我们自己的理论和方法。因此，我们的学科呼唤着在我们加强汉语教学的特殊性研究，建立适合汉语作为外语教学的理论体系。而总结归纳对外汉语学界专家学者的教学思想就不失为一条发展我们自己本土理论的好途径。赵元任就是这些学者中最著名的一位，是他开创了现代对外汉语教学事业，为中国乃至世界的对外汉语教学事业奠定了理论和实践的基础，他是这一事业伟大的先行者。我们应该认清赵元任在对外汉语教学史上的地位，系统地研究、学习并发展他的思想，这对对外汉语教学的发展必然会有极大的理论意义和现实意义。

实　践　编

第五章　初级阶段汉语精读课中的语法教学

——从一次教学实验说起[①]

第一节　精读课特征

精读课在对外汉语分技能教学课程中是一门非常重要的课。与听力课、口语课等其他汉语技能课相比，精读课的名与实显得不够统一。从字面上看，精读课的教学内容应该是对课文的精细阅读，教学目标应该是培养学生深入细致地阅读中文材料的能力；但是在实际的教学中，精读课所承担的教学任务远不止这些，综合性和基础性是这门课的特点（朱其智，2001），因此对外汉语中的精读课更接近于综合课。

受到学生汉语水平和学习需求的制约，初级、中级和高级阶段精读课的教学目标也是不同的。在初级阶段，汉语精读课主要以帮助学生建立汉语基础语法体系和汉字体系为主要教学目标。在这一阶段，教材中的课文以简短的对话或语段的方式出现，语法教学和汉字教学是主要的教学内容，尤其是语法教学是学生今后达到较高汉语水平的基石。在初级阶段，由于还没有开设写作课，因此初级阶段的精读课还承担着培养学生用汉字进行基本表达的能力。在中级阶段，汉语精读课教材中的课文多在原文的基础上，根据学生的汉语水平进行

---

① 本章作者：汝淑媛。

了一定的删改，主要教学目标是帮助学生扩大词汇量，巩固和深化基础语法项目，并在此基础上使学生能够深入、准确地理解中等难度的汉语文章，掌握常用的阅读技巧。而高级阶段的精读课则以汉语原著为学习的课文，以培养学生的语篇能力的语段表达能力作为其主要的教学目标，使学生能够在综合运用以前学过的知识的基础上结合语境解读汉语原著的意义、甚至是言外之意。

精读课的教学目标决定了其教学方法不可能是简单的学生阅读加上教师讲解。在初级阶段，为了让学生能够扎实地掌握汉语基本语法体系，教师需要运用多种教学方法，通过听、说、读、写多种训练方式进行教学。这一阶段的练习多以机械性的替换练习为主，也要给学生一定的机会进行自由表达。在中级阶段，由于词汇量的扩大与对词汇意义和用法的准确掌握是大幅提高学生阅读能力的瓶颈，教师在教学中需要针对这一阶段大量出现的新词语找到适合的方式帮助学生识记和辨析这些词语，因此这一阶段精读课的练习多以在句子和语段中的词语练习为主要练习方式。在高级阶段，学生所接触的多是汉语的原著，要准确理解原著的思想和意义，需要结合一定的文化背景，因此，这一阶段的精读课教学需要补充很多文化和社会内容，教师可以采用阅读、讲解和讨论相结合的方式帮助学生在提高阅读理解能力的同时提高成段表达能力。

第二节　实验缘起

正如上文所说，在初级阶段的精读课教学中，语法教学是重中之重。语法从字面上讲就是语言之法，是语言结构的规则，是语言中组词造句的规则。我们学习一种语言，除了词语的积累之外，更重要的是要了解和掌握其中的规则关系，人们要达到交际的目的，必须遵守语言规则。第二语言学习者只有学习和掌握了目的语的语法规则，才能更快更准确地达到用它进行交际的目的。语法教学在对外汉语教学的各个阶段都是教学中不可或缺的组成部分，特别是在初级阶段的汉语综合课教学中，语法教学的分量一直都很重，这一阶段的语法教学是学习者继续学习和提高的基础，对学习者今后的语言质量至关重要。

那么在初级阶段应该怎么教语法，什么样的教学方法更适合初级阶段的学生，能取得更好的教学效果呢？在初级阶段，语法教学的内容和教学方法哪一个对教学效果的影响最大？带着这些问题，笔者做了一个教学实验，实验的目的是想了解在中国国内进行的、面向成人的初级阶段语法教学中，归纳法的效果更好还是演绎法的效果更好，教学的内容是“了$_1$”。实验结果让我们对这一阶段语法教学的内容和方法、二者的相互关系以及在教学中的作用重新进行了思考。

第三节　实验过程

“了”是初级阶段语法教学中的重点和难点，是语法教学中不能回避的一个语法项目。“了”在对外汉语教学语法系统中一直是分成两个进行教学的，“了$_1$”为时态助词，放在动词的后面，表示动作的完成；“了$_2$”是语气助词，用在句子末尾，强调一个已经发生了的动作或状态，表示情况有了变化。实验开始的时间是在学生入学后一个多月，正值要进行“了$_1$”的教学，于是，我们就选取“了$_1$”作为教学实验的教学内容。

教学对象选取了北京师范大学100年级（零起点）的两个平行班，每个班由16人组成。这两个班的学生在入学时均为零起点，没有学过汉语，A班的学生中有7名泰国学生和6名印度尼西亚学生，还有一名美国学生和两名日本学生。B班的学生中有8名印度尼西亚学生和5名泰国学生，还有一名韩国学生和两名日本学生。可以说这两班的学生在国别上大致相当。因为实验的目的是要了解不同教学方法的教学效果，而不是研究学生的习得情况，也不做韩外对比的分析，故对所搜集的学生偏误不做国别上的区分。

使用的教材都是北京师范大学出版社出版的《外国学生汉语言专业本科系列教材——汉语精读课本（预科）》，“了$_1$”出现在该教材的第12课《你们要了什么饮料?》。按照课本的要求，这一课关于“了$_1$”的教学任务有以下几个要点：第一，使学生了解使用“了$_1$”表示动作已经完成，不使用“了$_1$”表示动作还没完成。第二，用“了$_1$”的句子的否定形式是“没/没有＋动词”。第三，“了$_1$”只表示动作的完成，这个动作可以在说话以前完成，也可以在说话以后完成。第四，在“去＋地名＋动词”句子中，“了$_1$”在第二个动词后面。

语法教学中常用的教学方法有归纳法和演绎法，在教学内容相同的情况下，归纳法是先举出例子，然后再归纳出例句中的相同之处，从而概括出语法规则；演绎法则相反，先展示语法规则，再用例句进行说明验证。教学实验所进行的“了$_1$”的教学在教学内容上完全相同，所选取的例句和练习也完全相同，只是在教学方法上A班采用演绎法进行，而B班则相反，采用归纳法进行教学，教学结束后都通过一篇作文《我在北京买……》来检查教学的效果。之所以选定这个题目作为检查教学效果的作文题目，是因为在这个题目之下，学生需要叙述他们在北京买东西的经历和感受，会有很多必须用到“了$_1$”的机会，有利于检验学生是否能够正确自然地运用“了$_1$”，能够比较客观地反映两种教学方法的教学效果。两个班的教学任务都由笔者一人完成，以尽量避免因教师的个性差异带来的结果差异。

对两个班的教学设计分别如下：

A班

（一）说明今天的教学内容——“了”。

（二）说明“了”的意义——“了”放在动词后面，表示动作已经完成，宾语前经常有“一个”“三杯”等数量词语。展示例句：

1. ——今天早饭你吃了什么？

——我吃了一个面包。（“吃面包”的时间在今天早上，现在不吃，“吃面包”这件事已经完了）

2. ——明天早上你吃什么？

——我吃面包。（“吃面包”的时间还没有到，更没有完。）

练习（回答问题）：昨天你点了什么菜？

昨天你上了几节课？

来中国以后你看了几场电影？

来中国以后你去了什么地方？

（三）说明用“了”的句子否定用“没有”，并特别说明用了“没有”的否定句里就不能再使用“了”。展示例句：

1. 他今天早上吃了一个面包。→他今天早上没有吃面包。

2. 我们昨天学了20个生词。→我们昨天没有学生词。

练习（变否定句）：昨天我点了三个菜。

昨天我上了三节课。

来中国以后我看了两场电影。

来中国以后我去了长城。

（四）说明用“了”的句子一般是说明过去发生的事情，句子中有表示过去的时间词，如“昨天”“上星期”“去年”等，但是表示一个动作完了以后再开始另一个动作时，也可以用“了”，这时，可以是过去发生的事情，也可以是将来发生的事情，句中可以有表示将来的时间。句中要有表示事情接连发生的两个动词。展示例句：

1. 昨天下了课以后我给朋友打了一个电话。

2. 今天下了课以后我想给朋友打一个电话。

3. 明天吃了晚饭以后我想看电影。

练习（回答问题）：下了课你打算做什么？

吃了中午饭你打算做什么？

买了菜以后你做什么？

（五）说明在“去＋地名＋动词”句子中，“了”用在第二个动词后面。展示例句：

1. 昨天我去图书馆看了一本汉语书。

2. 我去西单买了一件毛衣。

3. 他去教室外面打了一个电话。

练习（把“了”放在句中合适的位置）：我去医院看一位朋友。

我朋友去商店买很多衣服。

老师去办公室拿一盒粉笔。

课后作业：作文《我在北京买……》

B班

（一）说明今天的教学内容——“了”。

（二）先展示例句：

1. ——今天早饭你吃了什么？

——我吃了一个面包。（“吃面包”的时间在今天早上，现在不吃，“吃面包”这件事已经完了）

2. ——明天早上你吃什么？

——我吃面包。（“吃面包”的时间还没有到，更没有完。）

带领学生发现“了”的意义——“了”放在动词后面，表示动作已经完成，宾语前经常有“一个”“三杯”等数量词语。

练习（回答问题）：昨天你点了什么菜？

昨天你上了几节课？

来中国以后你看了几场电影？

来中国以后你去了什么地方？

（三）展示例句：

1. 他今天早上吃了一个面包。→他今天早上没有吃面包。

2. 我们昨天学了20个生词。→我们昨天没有学生词。

说明用“了”的句子否定用“没有”，并特别说明用了“没有”的否定句子就不能再使用“了”。

练习（变否定句）：昨天我点了三个菜。

昨天我上了三节课。

来中国以后我看了两场电影。

来中国以后我去了长城。

（四）展示例句：

1. 昨天下了课以后我给朋友打了一个电话。

2. 今天下了课以后我想给朋友打一个电话。

3. 明天吃了晚饭以后我想看电影。

归纳总结用“了”的句子一般是说明过去发生的事情，句子中有表示过去的时间词，如“昨天”“上星期”“去年”等，但是表示一个动作完了以后再开始另一个动作时，也可以用“了”，这时，可以是过去发生的事情，也可以是将来发生的事情，句中可以有表示将来的时间。但是，句中要有表示事情接连发生的两个动词。

练习（回答问题）：下了课你打算做什么？

吃了中午饭你打算做什么？

买了菜以后你做什么？

（五）展示例句：

1. 昨天我去图书馆看了一本汉语书。

2. 我去西单买了一件毛衣。

3. 他去教室外面打了一个电话。

归纳说明在“去＋地名＋动词”句子中，“了”用在第二个动词后面。

练习（把“了”放在句中合适的位置）：我去医院看一位朋友。

我朋友去商店买很多衣服。

老师去办公室拿一盒粉笔。

课后作业：作文《我在北京买……》

第四节　实验结果

两个实验班在分别采用演绎法和归纳法教授“了$_1$”的过程中均没有出现学生对教师的教学内容产生疑问的情况，都表示“了”没有他们以前想象的那么难，能够理解，但是有的同学说由于规则太多，感觉一下子掌握不了那么多的内容。

课后A班共交来15篇作文，在“了$_1$”上的偏误出现了13个，其中缺失

“了”的偏误句有 5 个，约占偏误数量的 38.5%：

[1] *在那个地方我花很多钱，但是我很高兴。

在那个地方我花了很多钱，但是我很高兴。

[2] *第二天我跟朋友去西单商场买两件上衣。

第二天我跟朋友去西单商场买了两件上衣。

[3] *北京的冬天很冷，所以，星期天我买两件毛衣，然后我买三条牛仔裤。

北京的冬天很冷，所以，星期天我买了两件毛衣，然后我买了三条牛仔裤。

[4] *我第一次来北京的时候，我在西单买一件褐色的上衣，然后我买两双鞋子。

我第一次来北京的时候，我在西单买了一件褐色的上衣，然后我买了两双鞋子。

[5] *我们也看到了自己喜欢的 T 恤衫，所以我试一条 20 号的牛仔裤和一件绿色的 T 恤衫，他们每人试一件黑色的 T 恤衫。

我们也看到了自己喜欢的 T 恤衫，所以我试了一条 20 号的牛仔裤和一件绿色的 T 恤衫，他们每人试了一件黑色的 T 恤衫。

属于“了”多余的偏误句有 5 个，约占偏误数量的 38.5%：

[6] *我想我穿灰色的衣服看起来了很好看。

我想我穿灰色的衣服看起来很好看。

[7] *对我买了的东西，我很满意。

对我买的东西，我很满意。

[8] *我来北京以后买了很多东西，最多买了的东西是衣服。

我来北京以后买了很多东西，买的最多的东西是衣服。

[9] *我到了北京的时候，买了一瓶绿茶。

我到北京的时候，买了一瓶绿茶。

[10] *我们试了的衣服都很合适。

我们试的衣服都很合适。

因为混淆“了”和“是……的”而产生的偏误句有两个，约占偏误总量的15.4%：

［11］ *我在机场的便利店买了。

我是在机场的便利店买的。

［12］ *这些衣服我买了不一样的地方。

这些衣服我是在不一样的地方买的。

“了”的位置出错的偏误句有一个，约占偏误数量的7.7%：

［13］ *买东西了以后，我们一起去了一家日本饭馆。

买了东西以后，我们去了一家日本饭馆。

B班也交来15篇作文，作文中出现了16个“$了_1$”的偏误，其中缺失“了”的偏误句有7个，约占偏误数量的43.8%：

［1］ *北京有很多好衣服，所以我们在北京买很多好衣服。

北京有很多好衣服，所以我们在北京买了很多好衣服。

［2］ *上星期六我和印尼朋友去五道口服装市场。

上星期六我和印尼朋友去了五道口服装市场。

［3］ *上星期天我跟朋友去西单商场。

上星期天我跟朋友去了西单商场。

［4］ *我来北京以后买很多东西：衣服、生活用品等。

我来北京以后买了很多东西：衣服、生活用品等。

［5］ *我买了一双运动鞋，一件T恤衫，明天是我同屋的生日，所以我也给她买一件耐克牌毛衣。

我买了一双运动鞋，一件T恤衫，明天是我同屋的生日，所以我也给她买了一件耐克牌毛衣。

［6］ *在一家专卖店，我买了一件毛衣。我买了的是蓝色的。我姐姐也买一件毛衣，她买了的是黑色的。

在一家专卖店，我买了一件毛衣。我买的是蓝色的。我姐姐也买了一件毛衣，她买的是黑色的。

[7] *来北京以后我和日本朋友一起去买很多衣服。

来北京以后我和日本朋友一起去买了很多衣服。

属于“了”多余的偏误句有6个，占偏误数量的37.5%：

[8] *我买了的指甲油是棕色的。

我买的指甲油是棕色的。

[9] *我很喜欢买了一条裙子。

我很喜欢买的那条裙子。

[10] *我逛了别的商店，都没有看见了很好看的运动鞋。

我逛了别的商店，都没有看见很好看的运动鞋。

[11] *我买了的很多衣服比专卖店的一件衣服便宜。

我买的很多衣服比专卖店的一件衣服还便宜。

[12] *我买了东西的价格比较贵，但是很喜欢。

我买的东西的价格比较贵，但是很喜欢。

[13] *在一家专卖店，我买了一件毛衣。我买了的是蓝色的。我姐姐也买一件毛衣，她买了的是黑色的。

在一家专卖店，我买了一件毛衣。我买的是蓝色的。我姐姐也买了一件毛衣，她买的是黑色的。

因为混淆“了”和“是……的”而产生的偏误句有两个，约占偏误总量的12.5%：

[14] *来中国以后，我买了一条裙子和一双运动鞋，我在西单买了。

来中国以后，我买了一条裙子和一双运动鞋，我是在西单买的。

[15] *到西单，我们坐了公共汽车。

我们是坐公共汽车到西单的。

“了”的位置出错的偏误句有一个，占偏误数量的6.3%：

[16] *我在北京了两个月。

我来北京两个月了。

对 A、B 两班在“了$_1$”上面出现的偏误类型及数量可以汇总成表 5-1。

表 5-1　A、B 两班在“了$_1$”上面出现的偏误类型及数量汇总表

	“了”缺失		“了”多余		与“是…的”混淆		位置不对		总计
	数量	比例	数量	比例	数量	比例	数量	比例	
A 班（演绎法）	5	38.5%	5	38.5%	2	15.4%	1	7.7%	13
B 班（归纳法）	7	43.8%	6	37.5%	2	12.5%	1	6.3%	16

第五节　结果分析与讨论

通过上面的数据对比我们可以发现，A 班和 B 班在偏误句的数量上差别不大，用演绎法进行教学的 A 班在偏误总数上略少于用归纳法教学的 B 班，如果再考虑学生个体差异的因素，这个差别几乎是可以忽略不计的。下面主要讨论一下学生的偏误类型。

通过学生的偏误，我们可以看出学生在自由表达时，对什么时候该用“了$_1$”，什么时候不该用“了$_1$”的掌握是最欠缺的。其中缺失“了$_1$”的偏误句中都有比较明显的表示过去的时间词，但是学生还是忘了要使用“了”。有的甚至是前半句中还在用“了”，到了后半句就不用了，例如：

*我买了一双运动鞋，一件 T 恤衫，明天是我同屋的生日，所以我也给她买一件耐克牌毛衣。

可见，学生对使用“了$_1$”的意识并不强。以前，我们常常认为学生容易把“了$_1$”等同于过去式，只要是过去就都用了，从而造成“了$_1$”的滥用，因此在课堂上会特别向学生说明“了$_1$”不等同于过去式，不是句子中有了表示过去的时间，动词后就一定要用“了”，但是事实是“由于发生、出现通常是已然的，所以用‘了$_1$’的句子中的时间词语一般是表示过去的”（刘月华，2001）。在学生开始学习“了$_1$”的时候，如果过于强调“了$_1$”不表示过去可能会使什么时候该用“了$_1$”缺少一个具体可见的标志，学生就会缺乏使用“了$_1$”的意识。而在我们的教学中，讲完“了”的意义与用法之后，紧接着是问答练习，而问答练习都是教师问、学生答，学生的回答都是在教师的掌控之中，学生没有自己去分辨是否应该使用“了”的机会。在缺少了判断是否用“了$_1$”的练习的情况下，学生出现数量较多的丢失“了$_1$”的偏误也就不奇怪了。因此，在最初的“了$_1$”教学中应该给学生加强判断何时该用“了”、何时不该用“了”的训练，这个训练最好安排在学生自由练习之前进行，经过到一定数量的判断是否用“了”的练习之后，学生出现丢失“了$_1$”的偏误应该会有所减少。

在“了$_1$”多余的偏误句中，我们发现绝大多数都是在“了$_1$”处在定语的位置上时出现的，A 班的 5 个偏误句中有 4 个是属于这种情况，而 B 班的 6 个偏误句中有 5 个是属于这种情况。而在我们的教学内容中根本没有涉及“了$_1$”位于定语位置时的问题，可以说这个问题是由于我们教学内容的缺失造成的。而“了”位于定语位置上时，情况是十分复杂的，定语中的动词与中心语之间的语义关系对“了”的使用有很强的制约作用（李铁根，1999），这些复杂的情况放在高级阶段学习尚且有一定的难度，对于初级阶段的学生而言，教师要说清并让学生理解、掌握动词做定语时什么时候带“了”，什么时候不带“了”是一件非常困难的事情。因此，在开始学习“了$_1$”的时候我们就不妨先告诉学生“了”出现在定语位置上的情况虽然有，但是有很多条件，在初级阶段只要求学会“了$_1$”出现在位于动词后的规律，定语位置上先一概都不用“了”。这样的处理方法也许能避免学生大量出现诸如“我买了的东西”这一类的偏误。

在两个班的“了$_1$”偏误句中，还有一类偏误是由于“了$_1$”和“是……的”的混淆造成的。学生之所以容易将二者混淆，是因为它们都可以用于以前的时间，都用于做完的事情。但是二者区别在于：“了”句是对动作或时间转化过程的全新传信，讲述一件对方未知之事，具有叙述功能；“的”句是对已知时间的局部点的传信，对某件事的对方未知点作说明，具有说明的功能。（卢福波，2010）其实，在学生学习“了$_1$”时还没有学到“是……的”句，因此学生并不知道在已经知道了过去某件事的主要信息后，再对其中的某个位置信息点做强调说明时，必须用“是……的”，而不能用“了”。因此，学生出现这样的语法偏误也就是在所难免的了。如果在“了$_1$”教学之后紧接着进行表示强调过去发生的某个信息的“是……的”句的教学，通过对比会取得比较好的教学效果。但是如果课本将“是……的”句的教学安排在较后的阶段进行，针对学生的这种偏误，教师可以先不做过多的解释，只是帮助他们改正，并且告诉学生以后会学习到相关的内容。

“了”的位置偏误数量很少，每班只出现了一例，这说明学生对“了”所出现的位置掌握还是不错的，这里不做进一步的讨论。

仔细比较两个班的偏误句类型，我们发现虽然教师在两个班采用了不同的方法进行教学，但是学生产生的偏误句在类型上却是完全相同的，甚至在出错比例上也很接近。其中以“了$_1$”的缺失和多余的偏误为最多，其次是与“是……的”句混淆所产生的偏误，而因为“了$_1$”的位置而产生的偏误数量最少。因为教师在两个班所教的内容是完全相同的，只是方法有所区别，所以我们可以说偏误的产生与教学内容的相关性很大，而与教学方法的相关性并不大。这个结果说明，在以成人学生为教学对象目的语环境下的初级阶段的汉语精读课语法教学中，归纳法和演绎法在教学效果上没有优劣之分。对于初级阶段的语法教学而言，对教学内容的研究在意义上是大于教学形式的，深入了解学生的表达需要和偏误，确定精炼、全面教学内容，编排实用、多样的练习形式是初级阶段综合课语法教学取得成功的必要条件。如果在教学内容的安排上做到了以上几点，采用何种形式进行教学并没有一定之规，教学的方法也没有高低之分，所谓“教无定法”在我们的这个教学实验中得到了验证。

【本章参考文献】

[1] 李铁根等．定语位置上的“了”“着”“过”，世界汉语教学，1999（3）．

[2] 刘月华．实用现代汉语语法（增订本）．北京：商务印书馆，2001．

[3] 卢福波．汉语语法教学理论与方法．北京：北京大学出版社，2010．

[4] 朱其智．语篇分析技巧在汉语精读课中的运用．汉语学习，2001（4）．

第六章　中级汉语精读课的语篇教学

——以近义句式教学为例[①]

第一节　中级汉语精读课的课程特征

精读课是进行听、说、读、写综合训练的课型，因此又常被称为综合课，它是承担系统的语言能力教学任务的主要课型。精读课从初级到高级贯穿始终，精读课教学的成功与否直接影响学生在各阶段学习目标的达成。

根据《高等学校外国留学生汉语长期进修教学大纲》的要求，学生经过初级阶段的学习已经掌握普通话的基本语音和汉语拼音，初步掌握了汉语的基本语法结构，具备初步的汉语交际能力，能运用学到的语言知识和技能解决日常生活中最基本的问题。进入中级阶段以后，学生应进一步掌握2850个左右中等阶段的词语以及相应的汉字，具有一般性的听、说、读、写、译能力，能满足一般日常生活、学习和一定范围内工作的需要，并对汉语的文化背景和语义内涵有初步的了解。这不仅是中级阶段的学习目标，也是中级汉语精读课的教学目标。简言之，具有承前启后作用的中级汉语精读课应该帮助学生进一步扩大词汇量，同时更重要的是使学生在书面语表达能力以及语言表达的准确性方面得到提升，为进入高级阶段的学习打下基础。

---

① 本章作者：柯航。

就授课方式而言，由于学生已具备初步的理解和表达能力，中级汉语精读课的授课方式更加灵活，教师可以更多地通过提问、对比等方式对学生加以引导，实现学生的主动学习，而不是简单地将知识点传授给对方。教学中，教师应充分利用教材提供的资源，帮助学生建立初步的篇章观念。

中级汉语精读课的教材不仅提供更为丰富的话题以扩大学生的词汇量，还选择较长篇幅的书面语材料，且不加过多删改，使学生有机会接触更加原汁原味的汉语，体会汉语遣词造句的特点，以及书面语谋篇布局的基本方式。这一阶段的课后练习通常除了语言点训练外，还会增加语段衔接练习，如关联词语运用、语句排序成段等，书面语写作的练习量也有所增加。

不过，对于汉语水平处于中级阶段的学生而言，除了词汇量的扩大能通过自主学习实现外，书面语表达能力的提高以及语言表达准确性的提升仍然需要更多依靠教师在教学中有意识的引导和课后的针对性训练。

书面语表达能力与语言表达的准确性两者是相互联系的。语言表达准确不仅能够区别两个近义词之间的语义和语用差异，更能够用正确的句子构造合理的篇章。而书面语表达与日常口语表达的最大差异也正体现在前者要求语言使用者能围绕一个主题把简单句逐步搭建成层次清晰的更大语言片段，而后者可以不强调句与句之间严密的结构关系。因此，要达成这两个目标，教师应该尽可能充分利用教材提供的真实书面语材料，摆脱“只见树木不见森林”，只见语法不见篇章的制约，寻找语篇教学的切入点，将中级汉语精读课的教学重点放在提高成段表达能力的语篇教学上来。

本文即试图在阐释中级汉语语篇教学必要性的基础上，结合自己的教学实践说明现阶段中级汉语精读课的语篇教学应该扩展自己的教学内容，从而更有效地帮助学生实现使用书面语准确表达的语言学习目标。

第二节　中级汉语精读课的语篇教学

一、成段表达能力培养的必要性

从语言教学角度来说，对外汉语教学的最终目标是使学习者能准确理解汉语，并且能够运用汉语进行得体的交际。但在汉语教学不同阶段的具体教学目标有所不同，相应地，教学内容及方式也有所偏重。

一般认为，对外汉语教学初级阶段的基本目标是使学习者掌握正确的汉语发音，同时了解和掌握汉语的基本词汇、语法知识和句法结构。初级阶段的汉语词汇和语法教学通常是以单句为中心展开，“主要训练学生运用单句进行表达的能力”（杨寄洲，1991）。语言知识的正确运用，是衡量这一阶段教学效果的关键。所谓“正确”，主要指的是每一个句子语法上没有错误。如果学生在学习了“了”这个知识点之后，写出“我的爸爸妈妈结婚了十年”，“他昨天打算了不去学校”这类句子，我们就认为这名学生对“了”的相关语法知识还掌握得不好。如果学习“把”字句以后，能够说出“我把苹果吃完了”“他把车票卖了”这样的句子，则说明该学生基本具备了正确使用“把”字句的能力。

然而，人们进行有效交际的语言单位通常不是句子，而是由一连串的句子串联而成的语段或者语篇。① 在合格的语段或语篇中，句子与句子之间也不是1+1的简单组合，而是中心意思明确，层次清晰，前后衔接连贯的语义整体。能够正确地说每一个句子，不代表能够准确地运用该语言进行恰当地交际。例如：

[1] 我周末常常去一个酒吧喝酒。我光顾的酒吧都有浓厚和文雅的气氛。除非有这样的气氛，否则我不会进去。我喜欢去这样的酒吧泡上整晚。……

---

① 一般认为语段是介于句子和语篇之间的中间层次，本文若非特别说明一般不做区分。

例［1］是学生作文里的一段话。三个单句，一个复句，单独看都没有问题，但连在一起却有些不合适，尤其是其中的“除非……否则”句与前后句的搭配都不自然，如果换成“只要有这样的气氛，我就进去（坐坐）”；或者将前句改成“但我光顾的酒吧都要有浓厚和文雅的气氛”就会好得多。这是因为“除非……否则”虽然和“只要……就”一样都表达条件与结果的关系，但是“除非……否则”往往强调结果的普遍性和绝对性。例［1］中的第三句是强调某种情况下不去酒吧，而其他三句都是对去酒吧进行叙述，造成整个语段叙述的角度不够统一。

类似这样的例子并不少见，许多学者早就注意到，“外国人用中文说话、写作，常给人以前言不搭后语的感觉，虽然他说的话里、写的文章中的每一个句子也许都是合乎语法的”（鲁健骥，1992）。“实际教学中常见到这种情况，学生一句一句话并无错处，但连贯不上，前后不照应，缺乏联系”（王晓澎、倪明亮，1993）。因此，有学者提出对外汉语教学“到了中级阶段，除了继续训练单句表达之外，应重在训练学生联句成段，联段成篇的表达能力，即通常所说的成段表达能力”（杨寄洲，1991），“要以培养成段大段成篇表达能力带动中高级汉语主干课教学”（李杨，1993），“在中高级阶段将已学过的单句按照表达需要，组成一个在结构上、意义上相对独立的语言片段，即‘成段表达’就成为重要教学任务。实际上‘成段表达’不仅涉及口头与书面表达，同时也涉及聆听与阅读能力的培养，它标志着汉语水平质的提高”（马燕华，2001）。

对任何学习者来说，从正确使用词汇和语法到准确、恰当地运用它们进行交际，还有很长的一段路要走。这一跨越既是语言教学的难点，也是重点，关系着汉语教学的最终目标能否实现。如果说初级阶段的基本任务是以单句为中心，教会学生说出合乎语法的正确的句子，那么到了中高级阶段，就应该以语篇为中心，训练学生的成段表达能力，进一步教会学生将这些正确的句子放在正确的位置，实现准确恰当的交际，否则那些正确的词汇和句子就会成为一堆未加合理组合的零件，难以发挥其应有的效力，这一点已经成为大家的共识。

二、精读课中的语篇教学

精读课是对外汉语教学的主干课程，担负着教授语言知识和训练语言技能的双重任务，是语言能力培养的重要平台，因此成段表达能力的培养很大程度上要通过中高级汉语精读课的教学和训练来完成。

在精读课中进行基于语篇的教学，已有不少尝试见诸论文。例如，朱其智（2001）从词语复现和同现、指称替代和省略、语篇衔接成分和语篇宏观结构三个方面具体介绍了在精读课中怎样运用语篇分析技巧。张连跃等（2008）则介绍了在教学中运用幻灯片对语篇文本进行导读，以帮助学生更好、更快地学习汉语语篇的具体方法和效果反馈。从这些学者的文章中我们也看到，此类教学实践都取得了良好的教学效果，充分证明只要找对方向，语篇教学大有可为。

可是我们也不得不承认，总体而言，语篇教学仍然处于摸索阶段，语篇教学效果仍然亟待提高。因为我们看到，虽然早在20世纪80年代对外汉语教学界各位前贤就已经发现留学生在成段表达时存在“话不连贯，语无伦次”（杨石泉，1984）的现象，然而到了2004年，学者彭小川仍“深有同感”（彭小川，2004）。

制约语篇教学效果的因素大致可归入教学方式和教学内容两方面。

从教学方式来看，目前的精读课教学存在诸多与语篇教学不相适应的地方。现行精读课常见的课堂教学程序一般是先进行重点词语讲练，然后以提问的方式串讲课文并介绍相关文化知识，最后摘出课文中的语法点进行单独讲练。

在这个教学过程中，课文常常没有被看作语篇，而是被肢解成语言的部件，成为一个个互不相关的语法点的载体。语法点虽然出现在课文中，但讲解时却往往止于它所在的小句，较少联系上下文语境进行语篇分析，忽略了从语篇角度培养学生交际能力的机会。至于课后练习，则主要是针对词语、语法结构设计的词语搭配、选词填空、改写句子、完成句子或对话等，以及为检测课文理解情况设计的根据课文内容回答问题。① 缺少以语篇为出发点，针对成段表达能力进行的训练。

正如李杨（1999）所指出的："从目前高级汉语综合课的教学情况看，值得注意的是教学中'句本位'甚至'词本位'现象还依然存在，语段、语篇训练不足。……因此高级汉语综合课改革的主要方向应当是将教学重点转移到培养语篇的读、说、写能力上面来。"

教学目标决定教学方式，同时教学内容也影响教学方式。我们认为制约或者说影响精读课语篇教学实践的因素是多方面的，其中除了受传统语言学句本位思路的影响之外，更重要的可能还在于对语篇教学到底教什么，或者说语篇组织能力的培养到底通过哪些教学内容来实现，我们并没有完全弄清楚，使得语篇教学更多地只能停留在观念上，而无法落实到实际的教学行为中。所以，现阶段的语篇教学研究中，教学内容的探讨比教学方式的研究显得更为迫切。

三、语篇教学的内容

衡量语篇质量的重要标准是连贯。"连贯"本来只是一个普通词汇，在韩礼德和哈桑的著作《英语的衔接》（*Cohesion in English*）出版之后，"连贯"成为语篇研究的重要概念，并且和"衔接"建立起密切的联系。在这部著作中韩礼德和哈桑提出，句子间语义上的联系是语篇连贯的重要因素，而这种语义关系常常是通过一定的语句衔接手段来实现的。衔接手段包括词汇衔接和语法衔接两类。词汇衔接主要指重复、搭配、共现、逻辑联系语等，语法衔接则包括照应、替代、省略、连接等。

尽管韩礼德之后有很多研究者提出衔接既不是语篇连贯的必要条件，也不是其充分条件，但因为语句衔接往往具有形式标记，对语言教学而言更具有可操作性，因此，当谈及语篇教学应该包括哪些内容，或者说成段表达能力的提

① 我们随意抽检了十本中级水平汉语教材的课后练习，除少数教材的个别课文后设计了句子排序成段的练习外，绝大部分练习都是围绕句子和短语进行设计的。

高需通过何种方式来实现时，讨论最多的仍然是衔接手段的教学，其中最常被提及的是关联词语的教学，其次是时间词语（包括序数词），此外还有与上下文语境密切相关的词汇，如“并”“原来”“果然”“终于”等，语法衔接手段中最受关注的则是照应。

上述这些内容在语篇教学中当然都应该被关注，但以衔接手段作为语篇教学的内容也带来一些问题，其中一个最明显的问题就是容易将衔接手段尤其是词汇衔接手段本身当成语篇教学，认为教这些具有衔接功能的词就是在进行语篇教学实践。而事实上，如果脱离了语篇的观念，这些衔接手段的教学最终仍然只是词汇或者语法点的教学。另外一个容易产生的倾向是将衔接手段的教学当成语篇教学的全部，而事实上连贯绝不仅仅是靠衔接手段就能实现的。

以语篇教学中最受关注的关联词语教学为例。关联词语的基本功能是衔接句子、联句成段，如果使用得当可以使文章的逻辑关系清晰明了，自然应该加以训练。不过汉语的关联词语使用率其实并不高，原因正如王力先生所说：“西文的连词，大多数是和中国的联结成分（联结词和关系末品）相当的。不过，中国语里多用意合法，联结成分并非必需；西文多用形合法，联结成分在大多数情形下是不可缺少的。”（王力，1954：310）反过来，未使用联结成分的句子在不同的语境中往往又可以补出不同的关联词语。例如，“他来了，我得走”可以理解成“如果他来了（未然），我就得走”，也可以理解成“既然他来了（已然），我就得走”。而且关联词语除了具有联句成篇的功能外，自身往往也有使用环境的要求，需要语篇教学的指导才能真正讲清楚。例如，在讲授“之所以……是因为”这个知识点时我们发现，学生很容易就能理解这组关联词的用法是先表果后述因，与他们之前学过的“因为……所以”在表达因果的顺序上刚好相反。通过造句和与“因为……所以”句进行替换等练习的反馈来看，学生都能够说出正确的句子，似乎完全掌握了这一知识点。写作文时不少学生也选择用这个句式开始全篇：

[2] 之所以我喜欢中国菜，是因为中国菜有很多的种类。（题目是介绍一种喜欢的菜）

［3］之所以我选择讲这个故事，是因为我刚从电视上看到的故事。（题目是讲一个奇异的故事，此句有别的错误）

［4］我的爸爸之所以是我最尊敬的人，是因为他教我很多知识，是我第一个老师。（题目是我的父亲）

单独来看，这几个句子的“之所以……是因为”都没有语法错误，可是作为文章的开头却很别扭，因为“之所以……是因为”常常是就前文已经提及的旧信息做进一步的阐释，说明其原因，而一篇文章的开头要引出一个新信息，所以该句放在文首就显得非常突兀，让人觉得之前还有话没说出来。“之所以……是因为”在使用上的这一特点是在句与句的关系中表现出来的，孤立地对关联词进行讲解和练习无法说清楚。

由此可见，从衔接手段入手来开展语篇教学固然是一个简单经济的办法，但也并不能解决问题的全部，语篇教学在教学内容上应该有所扩展，寻找更多的突破口，使学生能够多角度更全面地接受语篇连贯能力的训练。下面就以近义句式的讲解为例，介绍我们对扩展语篇教学内容所做的尝试。

第三节　基于语篇的近义句式教学

在以单句为中心的语言教学阶段，教师常以一种已经学过的句型来引入新句型的教学，同时用逻辑真值条件义相近但形式不同的近义异形句式（以下简称“近义句式”）之间的替换练习来巩固新学的语法点，如将被动句与主动句进行替换，将普通焦点句与强调句进行替换等。这一练习方式在中高级阶段的汉语教学中也经常被使用。

这种教学方式的长处是借助熟悉的内容来理解新知识，符合认知规律，学习效率会更高。但是按照功能语言学的观点，任何语言形式都有其独特的存在价值，没有哪两个句式是完全一样，毫无差别的。在语言学习的初级阶段，学生对目标语言的了解还不深入，求同是必要的；到了中、高级阶段，对语言的了解需要精细化，同中辨异就显得非常重要了，如果没有辨异的能力，所掌握的语言就永远是粗糙的。本文第一部分所列举的两个例子都充分说明这一点。

从语篇教学的角度出发，也需要对近义句式进行辨异，因为近义句式不仅存在意义差别，属于语义问题，而且表现出篇章功能差异，属于语篇问题。例如：

[5] a. 爸爸买了一盆花，b. 他在阳台上放下这盆花，（* c1. 没想到后来竟被人偷走了。）（c2. 就转身回到了客厅。）

[6] a. 爸爸买了一盆花，b. 他把这盆花放在阳台上。

[7] a. 爸爸买了一盆花，b. 这盆花被他放在阳台上，（c1. 没想到后来竟被人偷走了。）（* c2. 就转身回到了客厅。）

上述三例的 b 句都在陈述“爸爸放了一盆花，放的地方是阳台”这一事实，基本语义相同，但放在“爸爸买了一盆花”语篇效果却有所不同。5b 和 5a 分开看都没有语法问题，可是如果没有后续小句的配合，就不能独立成篇。而 5b 对于后续小句也有要求，它应该是对“爸爸”的进一步陈述，如 c2，而非对“这盆花”的陈述，如 c1。7b 句后面往往倾向于有一个后续小句，但与 5b 相反，这个后续小句应该是对“这盆花”的陈述，而不能是对“爸爸”的陈述。6b 句则与 6a 句可以构成一个较为完整的语篇，完全无需后续小句。

上述三个 b 句在语篇中之所以有如此迥异的表现，用一般动词动作句与把字句、被字句之间的语义区别来解释明显是不够的。不将这些句式放在一个更大的语篇环境中，分析和讲解它们在与其他小句衔接时的特点，带来的直接后果就是学生造出一个个零件完美而组装怪异的文字产品。

在汉语学习的中高级阶段，精读课的课文内容比较完整，句型比较丰富，学生的语言理解力也达到了一定的水平，具备了从语篇角度分析近义句式的差异，进而训练学生成段表达能力的主客观条件。因此我们尝试在中级汉语精读课的教学中，结合课文的理解，对一些近义句式在语篇组织中的不同功能做一些补充性的讲解和练习。

本实验以北京师范大学 202 级别（即二年级下学期）2010 年春季和秋季各一个班的学生作为研究对象，在 2010 年春季班中（以下简称“实验班”），注意讲解近义句式的语篇差异，2009 年秋季班（以下简称“对照班”）则不做处理。然后通过课后练习考察两班相关内容的学习效果，同时以两班学生的课后作文作为补充观察对象。我们使用的课本是白荃、尚平编著的《汉语精读课本》（二年级下册）（中国社会科学出版社，2006）。下面介绍具体教学实施过程。

一、课文的预处理阶段

因为我们对近义句式的辨析重点放在它与上下文之间的衔接特点上，所以首先需要学生对课文的内容有一个基本的了解和把握。熟悉课文内容之后，才能配合教师完成相关句式的分析，这个我们称为课文的预处理阶段。同时，预处理阶段还要引导学生注意课文的一些基本行文特点，如这篇文章是对话性质的，不同人物或事物交互比较多，话题转换较频繁，还是独白性质的，人物与事物交互较少等，为后面的具体句式分析做铺垫。

例如第七课《外企“白领”过得好吗?》，这是一篇访谈录性质的文章，引言外共有四个部分，其中前三部分分别采访了三位在外企工作的白领，由他们以独白的方式讲述自己在外企工作的经历和感受。这一课中出现了一个重要句式：无标记被动句，且施动者也不出现。这与过去学生接触到的被字句很不相同。

在通读文章第一部分，处理了零散的语言点后，教师向学生提出下面两个问题：第一，这段话中，除了“白领”李女士之外，还提到了什么人？第二，请在课文中找出他们出现的相应位置。学生很快就找到除了文中的“我”，也就是李女士本人之外，她主要还提到三类人：“同事”“同学”和“老板”。

出现“同事”的句子是：和一线的同事相比，我的收入还算相对稳定。

出现“同学”的句子是：和一些在机关工作的同学相比，我的工作压力大得多……

我个人的收获很大……这是许多在国家机关工作的同学所羡慕的。

出现“老板”的句子是：老板在办公室时气氛就相对紧张一些，因为如果你的行为令老板不满意，也许你在公司就难呆下去。

回答了上述两个问题之后，教师帮助学生进一步确定这三个词在句中的具体位置，学生们很快发现“同事”“同学”和“老板”都不是句子的主语，并且能够对此做出自己的解释：因为这段话是在讲“我”的生活，而不是他们的生活。有了这一部分分析作铺垫，下面在具体讲到无标志被动句的使用环境，就显得水到渠成了。

二、近义句式分析阶段

首先仍以第七课为例。有了课文预处理阶段的提问与分析，学生已经对这篇课文的行文特点有了感性的认识。在文章的第三部分出现了本课要重点分析的句式：没有形式标志的被动句。课文是这样的：

……对着进入外企的人综合素质的提高，我总觉得自己差点儿什么，我所能做的就是比别人付出更多的努力，工作更小心，争取将差错减少到最少。我已经换了五家公司，虽然现在提升了主管，但感到压力更大了，现在我又开始读在职硕士研究生。……

在这段话中“现在提升了主管”一句较为特别，因为承前省略了主语，单独来看这个句子可以有两种理解：一是主动句；二是被动句。联系上下文来看，当然应该是“被动句”。学生对此都不难理解。教师此时进一步提问：如果用“被”字句怎么说？这一句为什么没有“被”出现？在学生做出一些回答之后，教师再次展示更多事先准备好的使用无标被动句的语段，并与“被”字句的出现环境做对比。因为有了第一部分的预分析，又提供了更多类似的语言实例，学生基本上都能体会到“被字句”和“无标被动句”，施动者出现的被动句和施动者不出现的被动句各自的使用环境是什么。

有时候课文的预处理阶段无法为后来的近义句式讲解提供直接的铺垫，仅仅课本中的一个用例又无法满足需要，这时教师就更应该做足语料的搜集工作，寻找一些较为典型的例子展示给学生，在这个过程中，让句式使用规律在例证面前自然“浮现”出来并为学生所捕捉当然是最理想的状态，可是我们所面对的学生毕竟是仅有中级汉语水平的外国人，很难强求他们具有母语者的语感，因此教师有时候也需要直接给出分析的结论，然后引导学生体会和参与分析。

例如第四课《城里人》中有一个重要的语法点是“进行”。从结构上看，使用“进行”的句子就是将正常的 SVO 句中的宾语（O）移至动词（V）之前，同时用“对”来介引该宾语。如图 6-1 所示。

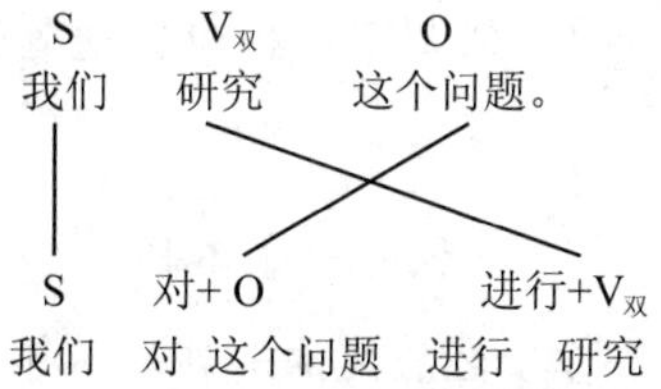

图 6-1　SVO 句的移动

这种移动稍加讲解，学生就能够很快明白，并能加以实际操作。但这种讲解方式也容易带来问题，让学生对两类句子之间的区别认识不清。尽管我们也强调“进行”句只能用在具有持续性的活动中，并且多用在较为庄重正式的场合，学生却仍然很难明白什么时候选择哪种句式更为合适，因为普通的 SVO 句也能表达正式的持续性活动。这一课的课文只有一处“进行”句的用例，数量少，且不典型：

等到他见到老八，已经是老八进城的第十五年了。那天，一个四百多万元的工程进行招标，辛毅所在的公司投标失败，而中标的竟是老八的那家建筑装饰公司。

因此我们首先给出一些主谓宾成分完整的进行句，以及一些 SVO 句的语篇，由教师主导，与学生共同分析他们之间的差异，之后再将以前学生的错句拿来作为补充分析材料，加深学生的印象。

三、检测巩固阶段

经过课堂上的讲解与例句展示，学生对近义句式的篇章功能差异有了基本的了解。但这些知识能否转化为他们在谋篇布句中的能力，还需要练习来进行检验和巩固。我们的检验分为两类：一类是选择题，给出一段话，中间空出一句，由学生选择自认为最合适的句子来补充，这些待选项或者是逻辑语义相同，但以不同形式呈现的句子（即“近义句”），或者是近义句的前续和后续小句。例如，为说明“是……的”强调句与相应普通陈述句的不同，我们设计了以下练习：

［8］a. ________________，和前一年不同，那一年的春天特别冷，四月份还下过一场小雪，之后又淅淅沥沥下了半个月的雨。

b. ________________，然后很快就在一家报社找到了自己人生的第一份工作。

A. 他是 1998 年春天来到这儿的　　B. 他 1998 年春天来到这儿

另一类是语句扩展题。即给出几个近义异形的句子，由学生自由发挥成一段话，以此考查学生能否有意识地将已学过的句式篇章知识运用其中。

第四节　教学效果分析

一、练习情况分析

我们在实验班和对照班都进行了相应的练习测验，结果显示实验班中练习一的总正确率达到 93%，而对照班为 73%。由此可见，对近义异形句式的篇章分析能够帮助学生更好地理解不同句式之间的差别，帮助他们更流畅地组织语言。

但是对于练习二，两个班的总正确率（不计算其他语法错误，仅考察语篇连接问题）相差不大，前者为95%，后者为92%。这大概是因为练习设置本身存在问题，缺少对语句使用的限制，使检验的针对性、有效性降低。

二、学生课后反馈

作文是学生课上语言学习成果的综合检验，因为受到题材、叙述角度、个人语言表达习惯等多种因素的影响，不能直接全面地反映近义句式的语篇教学效果，但是根据实验班与对照班一个学期每人五篇作文的调查来看，实验班的学生在选择合适的句式衔接上下文方面要优于对照班学生。当然，课堂教学环节进行过讲练的句式，仍然有部分实验班学生会在作文中运用不当。这更说明语篇教学是一个长期的、潜移默化的过程，仅靠课上的一两次讲解是远远不够的。

针对近义句式教学的必要性，我们还在实验班进行了调查。结果显示，实验班中87%的学生表示在以前的学习中没有注意或者不太注意句子在上下文中的关系，同时所有学生都认为应该对这一问题进行讲解。

第五节　教学反思

语篇教学采取何种方式，与语篇教学的内容密切相关。本次教学实验以近义句式的教学为切入点，试图找到更多与语句衔接相关的语言因素，帮助摆脱凡语篇教学只谈关联词语的困境，建立在上下文语境中分析语言知识的教学习惯。教学实践证明，有针对性地对近义句式的语篇功能进行分析和讲解，有助于学生更深入地理解不同句式的差异，组织更符合汉语习惯的语篇。

但是基于近义句式的语篇教学受到课文内容的影响较大，有些句式比较容易结合课文的文本特征来进行讲解，有些则需要大量依靠课外语料的补充来展示差异，这无疑增加了学生的学习负担，而且句式在语篇衔接上的特征有时并非留学生现有的语感所能体悟，即使教师也需要敏锐的观察力和大量的文献阅读才能较好地把握差异，因此在讲解过程中难免出现学生难以理解的情况。根据我们的调查，有27%的学生表示有些分析比较难或很难理解。

练习是巩固和检测教学成果的重要环节，从练习的结果看，本次实验设置的两类练习题也需要改进，以增加检验的信度和效度。

第六节 结 语

本文是对语篇教学从一个角度进行的尝试，目的是拓展语篇教学的内容，为语篇教学进入更广泛的教学领域抛砖引玉。这个实验本身存在一些不足，选取的角度也有可资商榷之处，但这样的实验仍应该进行下去。

屈承熹先生（2006）曾说："笔者的学术研究始于句法，但对句法理论中的种种局限表示失望，因而转向篇章，希望从中找到解决句法问题的答案。现在笔者坚信，许多句法问题的合理解释存在于篇章之中，脱离了篇章去解决这些问题，将会是武断和不可靠的。"这段话至少告诉我们，句法问题在单句层面并不能得到全部解释。事实上早在20世纪30年代，英国著名语言学家弗斯就已经提醒语言学研究者将研究领域拓展到单句以上的语言单位。而时至今日，篇章语言学无论在理论上还是事实分析上都取得了长足的进步，积累了大量的研究成果。而我们的语言教学，正应该充分利用这些已有的成果，补充和完善语篇教学的内容。只有确定了较完备的语篇教学内容，我们才可能根据内容制订具体的语篇教学计划，才可能真正摆脱"句本位"观念对教学方式的束缚，进行行之有效的语篇教学实践。

【本章参考文献】

［1］李杨．中高级对外汉语教学论．北京：北京大学出版社，1993.

［2］李杨．对外汉语本科教育研究．北京：北京语言文化大学出版社，1999.

［3］鲁健骥．对外汉语教学思考集．北京：北京语言文化大学出版

社，1992.

［4］马燕华．中级汉语水平日本留学生汉语语段衔接调查分析．语言文字应用，2001（4）.

［5］彭小川．关于对外汉语语篇教学的新思考．汉语学习，2004（2）.

［6］屈承熹．汉语篇章语法．潘文国等译．北京：北京语言大学出版社，2006.

［7］王力．中国语法理论（下册）．北京：中华书局，1954.

［8］王晓澎，倪明亮．高级阶段汉语教学散论．语言教学研究，1991（2）.

［9］杨寄洲．谈中级汉语课堂教学的原则与方法//国家对外汉语教学领导小组办公室教学业务部编．中高级对外汉语教学论文选．北京：语言学院出版社，1991.

［10］杨石泉．话语分析语对外汉语教学．语言教学与研究，1984（3）.

［11］张连跃，杨上元，张海云．运用幻灯片进行高级语篇导读的教学实践．世界汉语教学，2008（4）.

［12］朱其智．语篇分析技巧在汉语精读课中的运用．汉语学习，2001（4）.

第七章　口语课教学研究①

第一节　口语课的课程特征

一、课程定位

汉语口语课是为培养学习者汉语口语交际能力而系统开设的一门学校课程，是在分技能设置课程的教学设计思想指导下设立的。

作为分技能设置课程的教学模式中的一门课程，汉语口语课的教学是以培养学习者的口语技能为主，而不是以口语知识的传授为主。为培养学生口头交际能力而设置的口语课，在汉语教学的课程体系中应当占有重要的位置。这是教学观念变化带来的结果，也是根据学习者重视汉语听说能力的获得的实际需求而产生的。

同时，口语课教学内容的安排，要注意与学生在其他相关的课程（综合课、听力课等）中已学的语言知识和技能的协调配合。这样既可以避免重复教学，在其他课程已学的语言知识和技能又可以作为口语课教学的前提条件和已有资源加以利用，从而使各门课程相互配合、相互促进，协调发展。

实际上，分技能设置课程的教学模式已经考虑到也必然要求各门课程之间的配合，这是因为第二语言各种技能的培养本来可以互相配合、互相促进，而

---

① 本章作者：王丕承。

且在第二语言习得的过程中各种技能的提升也是互有关联、不可分割的。

对于各种技能培养的相关性，学者们已经做了很多研究，这里不再重复。

二、教学目标

口语交际能力在第一语言是自然习得的，但第二语言学习者却需要专门学习。口语课就是为了培养这种无法自然习得的口头交际能力而开设的。

口语课的教学目标的具体内容可以概括为三个方面：提高学习者的口语表达的准确性、流利性和得体性。前两者是口语表达的基本要求，是口语表达得以完成的基本保障，而得体性是对于口语表达应有的而又是更高的要求，使口语表达可以获得更好的交际效果。

三、口语课的授课方式

因为口语交际本身就是互动性的，要在口语课上培养口语交际能力，必然离不开交互性的教学内容和教学方式。而且重视口语教学的互动性正是重视学习者的实际需求，也符合“以学习者为中心”的教学理念发展所带来的新教学观念。

第二语言习得有多种方式和多种渠道，但是口语课中的交互性活动对习得有最佳的作用，这是因为语言习得只靠个体是无法完成的，必然要在与其他使用者的交互性交际中才能完成，特别是口语交际就更是如此。

口语课的课堂教学也应利用交互性的教学手段，教师的指导和引导也要尽量利用交互性手段。

口语课对教师教学的有利方面是，尽管学生的交际能力是内化的，但是由于口语的输出是显性的，教师可以直接监控和指导学生的输出，这就比听力理解技能和阅读技能等输入性的技能更易于掌控。但是也有不利的方面，学生的自我监控则较为困难。口头话语的输出是即时性的，具有不易保存的特点，尽管对于话语输出学生是可以自我掌控的，但是对于其中的偏误进行自我纠正则比较困难。而且对于教师来说，尽管有现代教学技术设备可以保存音频信号，但是对音频信号的教学修正和指导，不像写作输出的书面文字那样易于操作，因此，教师就更有责任和必要增强课堂教学中的交互性练习，以及引导学生多进行课外的交互性实践。

四、口语课的教材及练习特点

口语课教材的编写目标是培养汉语学习者的口头交际能力。针对这样的编写目标，口语课教材在语言材料的选择和呈现方式上，以及练习的设计和安排方面，都要侧重突出汉语口语交际的特点，为学习者学习汉语口语，为交互性口语教学的展开提供一个良好的基础。例如，对话体的口语教材的课文，注意呈现目的语口语交际方面的特点，避免书面语化或只关注语言点的练习；在练习活动的设计安排方面，也要注重增强学习者之间的交互性练习，能够形成和促进意义协商（negotiation of meaning）和有意义的口语交流。

有学者提出了“学话说”和“学说话”的区别（李晓琪，2006：12）。两者的区别，正在于后者的“说”是带有交互性的。在交互性的交际中，说话人不只是要考虑“说什么”，还要考虑“怎么说”；不只是要关注表达内容和语言形式，还要关注交际对象、交际环境等其他因素。而口语课交际能力的培养目标，只有加强交互性的训练才能够实现。

与口语交际有关的知识是实践性的知识，也即在交际中“怎么做”的知识。这些知识是一种“程序性知识”①，存在于实践之中，具有动态性、过程性，与实际的操作紧密联系在一起，只有通过交际者亲身实践才能体会和掌握，因此，在口语课教学中进行训练时，必须安排包含交际知识的实践性的操作内容，给学生充分的机会进行实际的演练，去体验和习得这些知识。仅仅只是告诉、展示给学生这些知识是不够的，学生在实际的交际操作中仍然无法灵

① 有学者提出：“Anderson（1983）区分了‘陈述性知识’和‘程序性知识’，指出陈述性知识可以通过阅读或听获得，程序性知识要通过训练才能获得。”（许峰，2004：227）

活运用，实际上就是没有掌握。

本章所提倡的增强交互性的口语课教学方式不同于以往的口语教学，是以学生为中心的，是以依靠和增加学生之间的互动练习的方式开展教学的，所以会带来一系列的质疑，特别是对于学生之间的互帮互学、互补互动是否会带来问题会产生疑问。对采用这样的口语课教学方式所引起的这些问题，最有说服力的回答是学习者自身的看法。因此，本章的研究目标是以问卷调查的方式了解学习者对此的观点，探究通过学习者之间交互性交流的方式开展教学是否可以解决目前口语课教学中的一些问题。

第二节　交互式教学方式在汉语初级口语课中应用的调查统计分析

自从进行分技能设置课程的教学改革以来，汉语口语课教学取得了很大的成绩和明显的进步，但通过对课堂教学的实地观察，我们发现还存在一些问题，如口语课课型特点不突出、课堂上学生开口率过低、课堂上学生练习的机会少等。这仅仅是我们进行课堂观察以后的主观评价，还需要通过实证性的调查研究证实这些问题的存在，而更为重要的是，要探寻到解决问题的途径。

本研究主要采取问卷调查的方法，并与课堂观察相结合。把调查法与观察法相结合来开展研究，目的是使研究更为客观、全面。

一、调查问卷设计

（一）调查目的

汉语口语课中是否存在问题？如果存在问题，是否可以通过改变教学观念、改进教学设计得到解决？这些研究课题值得我们去研究探索。就此我们对初级汉语口语课进行了问卷调查和课堂听课观察，希望通过这样的方式发现目前口语课中存在的问题，寻找解决的途径。

在探索口语课教学新出路的过程中，我们注意到互动式语言教学作为一种新趋势，受到了人们的关注。有学者提出："互动式教学作为一种新的教学关系体系，在教学活动中发挥着越来越重要的作用。互动式教学模式被引入对外汉语教学是一种必然趋势。"（孙冬惠、李勉东，2009：93）美国研究汉语教学的学者王晓钧（2005：106）也提到："继传统教学法、功能交际教学法之后，近期出现了互动性综合教学法（Interactive and Integrated Approach）。"我们试图通过调查分析，探讨通过互动式教学解决口语课所存在问题的可行性，以期改进初级汉语口语课的课堂教学。

（二）调查方法

调查方式：调查问卷中调查项目的设计，采取封闭式调查项目与开放式调查项目相结合的方式，目的是使调查既客观，又有充分的机会得到被试的反馈。

调查范围：北京师范大学汉语文化学院汉语言专业本科留学生汉语基础课的 6 个教学班级①。这 6 个教学班级，是从两个教学水平层级（一年级上学期[101 级] 和一年级下学期 [102 级]）② 各有的 6 个教学班级中，分别随机抽取了 3 个班级。

调查取样：被试为 90 人，分别来自上述 6 个初级水平的教学班级③。其中，[101 级] 的 3 个平行班级有被试 39 人，[102 级] 的 3 个平行班级有被试 51 人。发放调查问卷 90 份，回收 85 份（[101 级] 36 份，[102 级] 49 份）。

---

① 教学班级里的学生来自世界各个地区，为多国混合编班。这些教学班级里除本科生外，也包括来自世界各个地区依照其语言水平编入班级的语言长期进修生。对这些学生以及任课教师对本调查研究的支持，我们表示衷心的感谢！

② 为行文简洁，在后文除调查问卷外的正文中，此两个教学水平层级只以 [101 级] 和 [102 级] 标示。

③ 这两个教学水平层级在留学生汉语言专业本科生的基础汉语教学序列里为初级水平（"一年级"）。另外还设有"预科 [100 级]"的教学层级，是为零起点语言水平的学生进入本科生教学序列做准备而设置的。

表 7-1　被试的国别分布

	一年级上学期［101 级］																共计
国别	韩国	日本	印尼	泰国	菲律宾	朝鲜	巴基斯坦	孟加拉	美国	哥伦比亚	荷兰	未填写					
人数	11	4	5	4	1	1	2	1	2	1	2	2					36
	一年级下学期［102 级］																共计
国别	韩国	日本	印尼	泰国	菲律宾	越南	朝鲜	哈萨克斯坦	美国	加拿大	荷兰	意大利	捷克	俄罗斯	马耳他	澳大利亚	
人数	13	10	10	2	1	1	2	1	2	1	1	1	1	1	1	1	49

从被试的国别分布上可以看出，国别分布较广（尤其是［102 级］），具有多国混合班的典型性和代表性。

（三）调查内容

调查问卷除 3 项需被试填写的基本情况，共设计了调查项目 19 项（具体内容见本章后“附录”），主要调查被试对口语课课堂教学的满意度、参与度，对交互式教学措施的接受度。问卷中的调查项目分为 4 组：(1)“调查项目 1～5”为被试学习口语的基本情况；(2)“调查项目 6～11”为被试上口语课的情况；(3)“调查项目 12～18”为被试对互动式口语教学方式的看法；(4)“调查项目 19”①。

第三节　当前汉语口语课中存在的问题

在研究口语课课堂教学的过程中，通过笔者的课堂实地观察，发现目前存在着一些问题：口语课课型特点不突出、课堂上学生开口率过低、课堂上学生练习的机会少等。对调查问卷结果的分析，也证实了这些问题的存在。

① “调查项目 19”设计的是一个开放性调查项目（“你觉得还可以怎么样上汉语口语课比较好?”），意在使被试有机会主动地表达对口语课评价和改进的意见。

一、课型特点不突出

在教学设计时，很多口语课教学流程的安排包括讲练生词、讲练课文、讲练语言点、复述课文、做完成句子的练习等。这样的安排雷同于精读课（读写课），口语课自身的课型特点不突出。

调查问卷中的“调查项目 7”设计的问题是“现在，你觉得学习汉语口语课，收获最大的方面是什么?”被试的回答情况如表 7-2 所示。

表 7-2　被试对口语课课堂上最大的学习收获的看法①

	一年级上学期［101 级］					一年级下学期［102 级］				
选项	提高了汉语口语水平	对中国文化和情况有更多了解	汉语词汇增加了	汉语语法知识增加了	其他	提高了汉语口语水平	对中国文化和情况有更多了解	汉语词汇增加了	汉语语法知识增加了	其他②
人数	23	8	4	4	0	28	6	4	8	3
百分比（%）	63.4	22.3	11.1	11.1		57.1	12.2	8.2	16.3	6.1

表 7-2 中问卷调查的结果显示，被试选择“提高了汉语口语水平”选项的比例很高，两个教学层级都超过 50%（分别是 63.4%和 57.1%）。但是仍然有很多被试选择了其他的选项，这些其他选项在加和以后的百分比还是较高的，都接近 50%（分别达 44.5%和 42.8%）。

这说明虽然有很多名被试对口语教学是基本满意的，但不容忽视的是，还有很高比例的被试认为在口语课上的最大收获不是口语水平的提高，而是在“中国文化、汉语词汇和汉语语法”等方面。由此可以看出，汉语口语课自身培养口语交际能力的教学目标没有充分落实，课型特点没有得到突出。

---

① 对“调查项目 7”，被试有对几个选项多选的情况。

② 3 名选择“其他”选项的被试，分别补充说明选择的理由：“我们的会话课老师其实不太好。所以，没有。”“没有。”“可以知道把学习的词汇怎么使用。”

有被试在调查问卷中也提到："对学生来说，学外语最重要（的）课就是会话课。但是会话课上，一直看书，读，我觉得（跟）读写课的内容差不多一样。"① "会话老师教得像读写课。"

二、课堂上学生开口率过低

在个别口语课上，教师讲授所占比重过多，学生开口率过低。据课堂观察时的统计，严重者甚至出现这样的情况：个别学生在两节口语课（100 分钟）里只说了 4 个句子。口语课变成了听老师说汉语的课，学生没有机会与教师、与同学进行汉语口语交流。

调查问卷中的"调查项目 9"提出的问题是"你在汉语口语课上，能有很多机会说汉语吗?"被试的回答情况如表 7-3 所示。

表 7-3　被试对口语课课堂上开口率的看法

	一年级上学期［101 级］②			一年级下学期［102 级］		
选项	能有很多机会说汉语	不能有很多机会说汉语	未答	能有很多机会说汉语	不能有很多机会说汉语	未答
人数	27	8	1	25	24	0
百分比（%）	77.1③	22.9④		51.02	48.98	0

表 7-3 显示的问卷调查结果中，被试选择"不能有很多机会说汉语"选项的比重较高（分别是 22.9%和 48.98%），在［102 级］的被试中更接近 50%，说明仍然有很多学习者在口语课堂上开口率低。

调查问卷的"调查项目 19"中被试的反馈也显示出存在此问题。有被试对该项目的回答："至少我不喜欢老师一直自己说话的口语课。我希望老师让我们说话。""现在老师说的时间比学生说的时间多。所以我希望增加我们说的时

① 括号里的内容是笔者对被试语句的简单修改和补充，下同。

② 此教学层级被试对"调查项目 9"有 1 名未选。

③ 因有 1 名未选，此处的百分比是按照未计算此 1 名被试以共计 35 名被试为基数计算得出的。

④ 同上。

间。”“我觉得学生只听着老师的说明的课不太好。现在我们可以联系（练习）口语的机会不太多，我想拥有很多机会联系（练习）口语（讨论等）。”

三、课堂上学生练习的机会少

在个别教师（特别是新手教师）仍然不能贯彻汉语教学“精讲多练”的原则，在课堂教学中教师讲授所占比重过多，学生练习的机会少。

调查问卷中的“调查项目 11”提出的问题是：“你认为汉语口语课中，有这些情况吗?”被试的回答情况如表 7-4 所示。

表 7-4　被试对口语课课堂上练习机会等的看法①

	一年级上学期［101 级］②					一年级下学期［102 级］				
选项	缺少练习的机会	我不敢开口说汉语	没有语言环境	很好，没什么问题	其他	缺少练习的机会	我不敢开口说汉语	没有语言环境	很好，没什么问题	其他③
人数	10	5	4	17	0	17	11	7	18	2
百分比（%）	28.6	14.3	11.4	48.7		34.7	22.5	14.3	36.7	4.1

表 7-4 中问卷调查的结果显示，被试选择“很好，没有什么问题”选项的比重较高（分别是 48.7%和 36.7%），在［101 级］的被试中甚至接近 50%，但是仍然有很多被试选择“缺少练习的机会”的选项（分别是 28.6%和 34.7%）和“我不敢开口说汉语”选项（分别是 14.3%和 22.5%）。被试选择这两项者在加和以后的百分比还是较高的，分别接近和超过 50%（分别达 42.9%和 57.2%）。这些都说明还是有很多学习者在口语课堂上缺少练习的机会，没有获得较多开口说汉语的训练。

---

① 对“调查项目 11”，被试有对几个选项多选的情况。

② ［101 级］被试里有 1 名在“调查项目 11”未选任何选项。因有 1 名未选，［101 级］的百分比是按照未计算此 1 名被试以共计 35 名被试为基数计算得出的。

③ 2 名选择“其他”选项的被试，分别补充说明选择的理由：“有机会说的时间不多。”“真的情况，你会说什么?”

第四节　交互式教学应成为解决口语课教学中问题的途径

一、问卷调查中被试的反馈对解决口语课教学中问题的启示

口语教学课堂上学习者之间缺少真正交际的问题，在我们的调查问卷中被试的反馈也显示出这一点："上课没有机会聊天，一直读课本，像读写课一样。""课本上有很多一般中国人通常用的一句话，还用语法，但是，我们没有机会一边用新语法等，一边跟朋友对话。我觉得浪费时间和课本的内容。""我们应强调真的情况：背诵课文，角色扮演的用处都不太大。重要的是随便说汉语。""应该发展让学生自己说，不用（使）用和记住课文里面的句子。"

针对口语课中存在的问题以及学生们迫切的交际需求和呼声，要从根本上解决问题，只有改革当前的教学模式，建立新型的教学模式，才能改变教学观念和操作模式，真正提高学习者开口率，落实"精讲多练"的教学原则。

在调查问卷中，被试也提出了增加课堂互动的要求："我觉得跟同学们对话练习的时间多，就（会）汉语口语课（上得）比较好。""向学生提供机会，说汉语。""在上课的时间增加练习时间、练习机会。""给全部同学们说的机会，还有如果上课的时候有重要的句子或者文章让同学们记住那个（些）。"

有学生明确地提出建议："我觉得在汉语口语课上，第一，老师和学生之间积极地交际；第二，学生们之间语言交际；第三，利用课文中的重要表现多进行造句子（的练习）。"这也给我们指明了对外汉语口语教学改革的方向——增强课堂上师生、生生之间交际的机会和比重，加强口语课课堂教学中的交互性，以提高学习者的交际能力。

二、问卷调查中被试对交互式口语教学方式的反馈

对于交互式口语课堂教学方式，在调查问卷中主要选择了具有代表性的

“角色扮演”和“小组活动”进行调查。

调查问卷中的“调查项目 12”提出的问题是“你觉得‘角色扮演’(Role Play)，对你学习汉语口语有没有帮助?”被试的回答情况如表 7-5 所示。

表 7-5 被试对“角色扮演”(Role Play)的看法

	一年级上学期［101 级］①				一年级下学期［102 级］			
选项	有帮助	没有帮助	有帮助，但是不太多	其他②	有帮助	没有帮助③	有帮助，但是不太多④	其他⑤
人数	18	3	12	1	23	4	21	1
百分比(%)	52.9⑥	9	35.2	2.9	46.9	8.2	42.9	2

表 7-5 涉及的问卷调查结果显示，被试中认为“角色扮演”这一教学方式对学习汉语口语“有帮助”的占大部分（分别为 52.9%和 46.9%），认为“有帮助，但是不太多”的所占比重也很大（分别为 35.2%和 42.9%），仅次于“有帮助”的选项，此 2 项所占比重是绝大多数，接近 90%。被试中认为“没有帮助”的不到 10%（分别为 9%和 8.2%）。

调查问卷中的“调查项目 13”提出的问题是“你觉得‘小组学习’(Group Study)，对你学习汉语口语有没有帮助?”被试的回答情况如表 7-6 所示。

---

① 此教学层级被试对此调查项目有 2 名未选。

② 有 1 名被试在选择此选项之后，附加说明是：“辅导 1 个人。”

③ 有 1 名被试在选择此选项之后，特别附加说明：“你应该会随便说话，‘角色扮演’不一定帮助你达到这个目的。”

④ 有 1 名被试在选择此选项之后，特别附加说明：“应该自己说话，但是上课的时（候）不是这样，我们不过要记住课文的句子。”

⑤ 有 1 名被试在选择此选项之后，特别附加说明：“我不知道这个角色扮演是什么，因为上课的时候没有这样的清（情）况。”

⑥ 因有 2 名被试未选，此处的百分比是按照未计算此 2 名被试以共计 34 名被试为基数计算得出的。

表 7-6 被试对“小组学习”(Group Study)的看法

	一年级上学期［101 级］①				一年级下学期［102 级］			
选项	有帮助	没有帮助	有帮助，但是不太多	其他	有帮助	没有帮助	有帮助，但是不太多	其他②
人数	23	7	5	0	27	4	14	4
百分比（%）	65.7③	20	14.3	0	55.1	8.2	28.5	8.2

表 7-6 涉及的问卷调查结果显示，被试中认为“小组学习”这一教学方式对学习汉语口语“有帮助”的占大部分（分别为 65.7%和 55.1%），均超过 50%，认为“有帮助，但是不太多”的所占比重不是很大（分别为 14.3%和 28.5%），此 2 项所占比重为绝大多数，达到或超过 80%。被试中认为“没有帮助”的在 20%或以下（分别为 20%和 8.2%）。

与调查项目 12 涉及的“角色扮演”相比，被试对调查项目 13 涉及的“小组活动”的接受度（认为“有帮助”的比重）更高，百分比的提升在两个教学层级都超过或接近 10%（分别是 12.8%和 8.2%），此项的百分比绝对值均超过半数。

与此同时，认为“有帮助”的被试与认为“有帮助，但是不太多”的被试在分化，其间的差值很大，均超过 25%（分别为 51.4%和 26.6%），其中［101 级］被试的差值更大于 50%。与此相比，调查项目 12 中的相同的两项差值不到 20%（分别为 17.7%和 4%），尤其是［102 级］被试的差值不超过 5%。

问卷调查显示，被试对“小组学习”和“角色扮演”这两种课堂教学方式

---

① 此教学层级被试对此调查项目有 1 名未选。

② 有 3 名被试选择此项是因为不了解，他们附加的说明分别有：“不知道。”“没有，因为没有。”“我也不知道，因为上课的时候没有这样的清（情）况。”有 1 名被试在选择此选项之后，在附加的说明提出：“可是应该跟中国人在‘角色扮演’（中）学习。”

③ 因有 1 名未选，此处的百分比是按照未计算此 1 名被试以共计 35 名被试为基数计算得出的。

的接受度都很高，但对前者这种交互式教学方式的接受度比对后者的接受度更高。由此可以得出结论：被试（多国混合班初级汉语口语学习者）对交互式的口语课堂教学方式的接受度比较高，在课堂教学中可以采用这种教学方式改进口语课教学。

三、问卷调查中被试对交互式口语课教学方式参与态度的反馈

即使对交互式教学方式有大多数留学生的认可，人们难免还会担心，在具体的课堂教学过程中，交互式口语教学是否能够顺利实现。甚至会提出许多疑问，如“小组活动时会不会有学生没有机会说汉语”“学习者在‘小组活动’中出现偏误时得不到纠正会不会对其汉语学习造成不利的影响？怎么办？”等。

确实，在具体操作过程中仍然要依靠学生的积极参与，还有许多具体的问题需要解决，甚至有许多具体的困难要克服。这些问题得不到解决、困难得不到克服，则交互式汉语口语教学仍然难以开展。

对于“小组活动时会不会有学生没有机会说汉语”的疑问，调查问卷中专门安排了“调查项目 14”，提出的问题是：“如果上课时有‘小组学习’，你跟同学说汉语会比别的时候多吗？”被试的回答情况如表 7-7 所示。

表 7-7　被试对“小组学习”说汉语机会的看法

	一年级上学期［101 级］			一年级下学期［102 级］①			
选项	会多	不会多	未答	会多	不会多	一样多	未答
人数	26	10	0	30	15	1	3
百分比（%）	72.2	27.8		65.2②	32.6③	2.2	

表 7-7 显示的问卷调查结果中，被试选择“说汉语的机会会多”选项的比

① 此教学层级被试对“调查项目 14”有 3 名未选。

② 因有 3 名未选，此处的百分比是按照未计算此 3 名被试以共计 46 名被试为基数计算得出的。

③ 同上。

例很高（分别是72.2%和65.2%），均超过65%的比例，在［101级］的被试中更超过70%的高比例，比选择“说汉语的机会不会多”选项的比例（分别是27.8%和32.6%）要高很多，差值分别是（44.4%和32.6%），差值的比例均超过30%。这充分说明有高比例的被试认为上课时有“小组学习”的话，他们跟同学说汉语会比别的时候多。虽然有一些被试认为在“小组学习”中开口说汉语的机会不会多，但大部分同学如果在口语课堂上都说汉语，也会增加这一部分被试说汉语的机会。可以认为，“小组活动”为学生开口说汉语提供了很多机会，学生在“小组活动”时不说汉语的担心也可以化解了。

在口语课课堂教学中采用“小组活动”的教学方式，可以提高学习者在口语课堂上的开口率，解决开口率低的问题。

对于“学习者在‘小组活动’中出现偏误时得不到纠正会不会对其汉语学习造成不利的影响，怎么办”的疑问，在调查问卷里我们安排了两个调查项目（15、16）来了解被试对这一问题的看法。

调查问卷中的“调查项目15”提出的问题是：“你会不会担心在小组中跟同学对话的时候，同学说的是错的?”被试的回答情况如表7-8所示。

表7-8　被试对“小组学习”同伴说错汉语是否担心的看法

	一年级上学期［101级］①			一年级下学期［102级］②		
选项	会担心	不会担心	未答	会担心	不会担心	未答
人数	11	24	1	15	33	1
百分比（%）	31.4③	68.6④		31.3⑤	68.7⑥	

① 此教学层级被试对“调查项目15”有1名未选。

② 同上。

③ 因有1名未选，此处的百分比是按照未计算此1名被试以共计35名被试为基数计算得出的。

④ 同上。

⑤ 因有1名未选，此处的百分比是按照未计算此1名被试以共计48名被试为基数计算得出的。

⑥ 同上。

表7-8显示的问卷调查结果中，被试选择“会担心同伴说错汉语”选项的比例不高（分别是31.4%和31.3%），远远低于选择“不会担心同伴说错汉语”选项的比例（分别是68.6%和68.7%），均超过65%的比例，差值分别是37.2%和37.4%，差值的比例均超过35%。这充分说明有高比例的被试认为有“小组学习”的活动时，他们不担心同学说错汉语。

虽然有一些被试认为他们会担心同学说错汉语，但有些选择此项的会积极设法帮助同学。在该调查项目“会担心”的进一步调查内容“你怎么办”中，选择该项的11名［101级］的被试中有3名填写了“问老师”或“准备”等积极策略，1名填写“没办法”，7名未填写；选择该项的15名［102级］的被试有4名填写了“问老师”或“帮他改正”等积极策略，4名选择填写了“少说话”或“不能帮助”等消极策略，7名未填写。可以看出，部分被试选择积极的策略试图努力解决这一问题。

调查问卷中的“调查项目16”提出的问题是：“你会不会担心在小组中自己说的话是错的，没有人帮助你改正?”被试的回答情况如表7-9所示。

表7-9　被试对“小组学习”中自己的偏误不能得到纠正的看法

	一年级上学期［101级］			一年级下学期［102级］①		
选项	会担心	不会担心	未答	会担心	不会担心	未答
人数	16	20	0	20	27	2
百分比（%）	44.4	55.6		42.6②	57.4③	

表7-9显示的问卷调查结果中，被试选择“会担心”选项的比例较高（分别是44.4%和42.6%），但仍然低于选择“不会担心”选项的比例（分别是55.6%和57.4%），后者均超过50%的比例，仍然占有优势。

虽然有一些被试认为他们会担心自己的偏误不能得到纠正，但与此同时，

① 此教学层级被试对“调查项目16”有2名未选。

② 因有2名未选，此处的百分比是按照未计算此3名被试以共计47名被试为基数计算得出的。

③ 同上。

有些选择此项的被试也提出他们会积极设法帮助其他同学。在该调查项目“会担心”的进一步调查内容“你怎么办”中，选择该项的16名［101级］的被试有3名填写了“问老师”，4名填写了“自我修正”或“他人帮助修正”等积极策略，2名填写“不敢开口说汉语”或“他们不（能）认出我的错误”的消极策略或认知，7名未填写；选择该项的20名［102级］的被试有7名填写了“问老师”或“请同学帮助改正”等积极策略，3名填写了“同学不好意思改正”或“不能改正”等担心的原因，10名未填写。可以看出，部分被试选择积极的策略试图努力解决出现偏误的问题。

第五节　结　语

通过问卷调查以及对调查结果的分析，可以得出结论：交互式口语课堂教学方式可以解决以往口语课存在着的口语课课型特点不突出，课堂上学生开口率过低，课堂上学生练习的机会少等问题。

交互式语言教学方式具备着建构的基础，可以形成一个可拓展的教学框架，在拓展的过程中，教学的新方式、新技术都可以融入其中，进而形成一种开放式的、综合性的教学模式，使这种教学模式具备能动性、能产性的特质。

本研究还有许多不足之处，还有许多相关课题有待进一步的研究。例如，交互式的口语教学可以突破班级教学的限制，在更大的范围内进行。交互式口语教学的改革可以进一步深化，还可以进行这样的一些探索：(1) 打破班级制的限定，进行班级之间的交流；(2) 在教学上比较易于安排的是教师的交换；(3) 以班级为单位进行班级之间的讨论、辩论；等等。

感谢有关的任课教师和作为被试的北师大汉语文化学院留学生对于本调查的积极支持！

附：汉语口语学习调查问卷

同学：

你好！

这个调查问卷是要了解留学生学习汉语口语的情况，让老师的汉语口语教学能够提高。

你的回答跟对错没关系，希望你写出你的真正想法，我们将对你的回答完全保守秘密。

调查会占用你的宝贵时间，非常感谢你的帮助。

北京师范大学汉语文化学院老师　王丕承

你的基本情况：

国家：＿＿＿＿＿　年级：＿＿＿＿＿　学习汉语时间：＿＿＿＿＿

1. 你喜欢学习汉语口语吗？

A. 喜欢。因为：a. 学习的内容有意思。

b. 可以跟中国人聊天。

c. 可以了解中国的情况。

d. 可以学习汉语知识。

e. 其他＿＿＿＿＿＿＿。

B. 不喜欢。因为：a. 学习的内容没意思。

b. 不能跟中国人聊天。

c. 学习的内容没有用。

d. 其他＿＿＿＿＿＿＿＿。

2. 你学习汉语是为了什么？

A. 学校规定。

B. 毕业后找份好工作。

C. 想了解中国文化。

D. 为了和中国人交流。

E. 想在中国旅游。

F. 其他________________________________。

3. 你觉得在汉语的听、说、读、写中，哪个最为重要？原因是什么？

A. 听　　B. 说　　C. 读　　D. 写

原因是________________________________。

4. 除上课之外，你每天用多长时间来练习汉语口语？

A. 15 分钟　　B. 30 分钟　　C. 1 个小时以上

5. 你觉得自己的汉语口语水平怎么样？

A. 不太好，原因是________________________________。

B. 一般，原因是________________________________。

C. 比较好，原因是________________________________。

D. 很好，原因是________________________________。

6. 在汉语口语课上，你能听懂百分之几的内容？

A. 0～20％　　B. 20％～40％　　C. 40％～60％

D. 60％～80％　　F. 80％～100％

7. 现在，你觉得学习汉语口语课，收获最大的方面是什么？

A. 提高了汉语口语水平。

B. 对中国的文化和情况有更多了解。

C. 汉语词汇增加了。

D. 汉语语法知识增加了。

E. 其他________________________________。

8. 在汉语口语课上，你觉得学习最难的方面是什么？

A. 生词　　B. 句子　　C. 课文

D. 做练习　　E. 回答问题　　F. 跟同学说汉语

G. 其他________________

原因是________________________________。

9. 你在汉语口语课上，能有很多机会说汉语吗？

A. 能。原因是________________________________。

B. 不能。原因是____。

10. 你下课以后，有机会跟中国人说汉语吗？

A. 有。跟我说汉语的中国人是__________________________________。

B. 没有。原因是____。

11. 你认为汉语口语课中，有这些情况吗？

A. 缺少练习的机会。

B. 我不敢开口说汉语。

C. 没有语言环境。

D. 很好，没什么问题。

E. 其他____。

12. 你觉得“角色扮演”(Role Play)，对你学习汉语口语有没有帮助？

A. 有帮助。　　　　　　　　B. 没有帮助。

C. 有帮助，但是不太多　　　D. 其他________________。

13. 你觉得“小组学习”(Group Study)，对你学习汉语口语有没有帮助？

A. 有帮助。　　　　　　　　B. 没有帮助。

C. 有帮助，但是不太多。　　D. 其他________________。

14. 如果上课时有“小组学习”，你跟同学说汉语会比别的时候多吗？

A. 会多。原因是____。

B. 不会多。原因是____。

15. 你会不会担心在小组中跟同学对话的时候，同学说的是错的？

A. 会担心。你怎么办____。

B. 不会担心。原因是____。

16. 你会不会担心在小组中自己说的话是错的，没有人帮助你改正？

A. 会担心。你怎么办____。

B. 不会担心。原因是____。

17. 如果有同学在“小组学习”中做得比较少，你觉得怎么样？

A. 好。B. 不好。C. 没关系。D. 其他______________________________。

18. 如果有同学在“小组学习”中做得少，或者说错了，你会帮助同学吗？

A. 会帮助。原因是____。

B. 不会帮助。原因是____。

19. 你觉得还可以怎么样上汉语口语课比较好？

____

____

____

____

再次感谢你的帮助！

【本章参考文献】

[1] Anderson, J. *The Architecture of Cognition*. Cambridge: Harvard University Press, 1983.

[2] 李晓琪. 综述//李晓琪主编. 对外汉语口语教学研究. 北京：商务印书馆，2006.

[3] 孙冬惠，李勉东. 对外汉语“互动式”教学模式的建构原则. 汉语学习，2009 (3).

[4] 王晓钧. 互动性教学策略及教材编写. 世界汉语教学，2005 (3).

[5] 许峰. 英语学习中接受技能和产出技能的相关性研究. 外语教学与研究，2004 (3).

第八章　中级听力教学微技能训练效果研究[①]

第一节　听力课课程特征

一、课程定位

对外汉语教学中听、说、读、写这四种能力，听是最基本、最重要的能力。听懂课文提供的语料是每一节课的具体目的，而每一节课的具体目的应该为提高听力技能这一总的教学目的服务。掌握好每一项微技能，把微技能训练与综合训练结合起来，才能够从整体上提高听力能力。因此，本课程把听力分解为微技能，在大量输入和反复输入中学、练，举一反三，以达到快速准确地辨析汉语语言符号，尽可能聆听储存多的语言要素，提高接受解码的熟练程度，激活听觉语言中枢，培养汉语语感的目的。

二、教学目标

北京师范大学汉语文化学院二年级（上）听力属于中级听力课程，不仅要继续发展学生的细节、难点的听力能力，更要发展其段落和篇章的听力水平。因此，教学中重视对学生的听力微技能训练特别是扩展学生短时语言记忆容

---

① 本章作者：汪琦。

量，边听边记微技能的训练，以提高学生对较长语段、语篇的记忆和理解能力。

三、授课方式

授课分为听前、听中、听后三个板块。听前部分主要是“热身”，进行快速听说的训练。可以是背景的介绍、生词的引入或者是重复“输入”的练习，这样可以激发学生记忆。听中部分的基本原则是在教师的引导下，学生边听边记，尽量听懂句子、对话、段落的大意，做课后练习及补充练习。听前、听中都不能看课文文本。听后部分，教师引导学生整理听的语料，特别是对词语、语法句式、习惯用语等进一步复习，再次听全文、复述课文大意、讨论等。

四、教材及练习特点

选用教材为《汉语听力课本》（二年级上）①。

从教材内容看，丰富多样，难度合适。课后练习按照整体听—分段精听的教学过程设计。实际使用过程中，根据学生的语言水平，教师对课后练习进行了重新设计，吸收了原练习中的合理成分，对练习的顺序、多样性、趣味性等进行了较大的改动，并打印出来在上课时发给学生。

第二节　中级阶段听力学习困难分析

随着HSK考试的推广以及留学生在华学习生活实际需要的日益增长，听力扮演着越来越重要的角色。沈燕（1998）通过对清华大学日韩留学生HSK成绩的分析，以及入系日韩学生的调查发现，听力差是学生在中国学习和生活的最大障碍。那么，如何提高留学生的听力水平？

① 孙立峰编著：《汉语听力课本》（二年级上），北京，中国社会科学出版社，2007。

杨惠元（1996）认为，应该加强听力理解的微技能研究，从学生学习的角度研究听力训练技巧。近年来，听力理解的微技能研究取得了一些进展，但很多方面还有待深入。本章试图从实验和问卷调查的角度，对北京师范大学汉语文化学院中级阶段①汉语学习者听力微技能之一——边听边记微技能的训练和学习效果进行初步探讨。

一、中级阶段听力学习困难

中级阶段是留学生学习汉语承上启下的阶段，这个时期相对于初级阶段而言，汉语知识面扩大，“课文内容，语言知识具有一定的深度和广度，侧重语言知识的掌握和书面语表达能力的培养”（郭振华，1991）。高彦德等（1993）发现，听力学习中的困难包括生词多、速度快、内容不熟悉、汉语方音等，其中24.3%的学生认为“速度快”是他们听力的首要困难。孟国（1995）认为，在中高级阶段，学生听力方面的主要障碍“基本上不是生词和词法，而是语气、语速、语调”。

笔者在中级听力课开学之初，对两个班的学生做过学习困难调查。在收到的34份有效问卷中，90%以上的学生认为最大困难是“声音太快”，这里的“声音”包括课文录音和老师说话。

由此可以看出，学生到了中级以后，在听力方面的学习困难仍然很大，语速快引起的困难尤显突出，即使学生能够听懂单词单句，但整体理解不好。此外，中级阶段听力教材自身也出现一些新的特点，比如说听力材料的录音语速快、长度加长等，这都给中级学生的听力学习带来了一定的困难。

二、听力学习困难的解决思路

针对中级阶段听力篇幅较长、语速较快的特点，特别是学生短时记忆不足

---

① 相当于新版HSK3～5级。

的问题，可以采取多种解决办法，比如反复听、提前预习和课后复习、先理解后听、边听边记等。反复听、提前预习、理解后听等主要是加强学生对听力材料的熟悉度，边听边记目的在于解决学生的学习方法问题。由于目前课堂教学时间有限，反复听在课堂实际操作中时间往往不够，而课前预习对于学习目的不明和比较忙碌的留学生来说也不太实际。

笔者认为，单靠课堂教学是很难全方位解决学生的听力困难的，可以尝试在综合培养学生语言能力的基础上，通过边听边记微技能训练，让学生把听到的关键字记录下来，通过将语音转换为可视记录，从而辅助学生提高对听力材料内容的理解。

胡波（2007）提出："语音信息展示的时间非常短促，而且不容反复，再加上语料篇幅较长，即使当时理解了，可是再回忆的时候，发现留在记忆中的信息却非常少。所以这项能力的训练十分必要。"杨惠元（2009）认为："为了克服遗忘，对听到的言语信息要用笔记下来，把声音信号变为文字信号，以便复习和查阅。边听边记是学习的需要，也是实际工作的需要。"两位学者都从记忆的角度谈到可以用边听边记的方法克服语速快的问题。

边听边记微技能训练是听力教学中一种有效的补充和辅助手段。从短期效果来看，可以克服短时记忆的缺陷；从长期学习来看，可以帮助留学生更好地应对学习、考试和今后的实际工作需要。笔者在前期调查中也发现，学生对边听边记的重要性已有一定认识，大家对在课堂上实施相应的训练是基本认同的，有一定可行性。

第三节　效果检测和结果分析

为了检验边听边记微技能训练效果，本文综合运用了对比实验和调查问卷两种研究方法，对不同文化背景学生的学习困难和学习策略进行分析。实验设计为两次，即在进行边听边记微技能的训练之前的学前测试和训练之后的学后测试，历时一个学期。调查问卷与学后测试同时进行，要求学生写出自己的学习感受和对学习方法的反思。在此后的一年内，还对继续留在北京师范大学汉语文化学院学习的6位学生进行了跟踪调查，期望在更长的时间范围内全面地分析学生的学习效果。

一、实验设计及结果分析

（一）实验设计

虽然影响学生听力水平的因素较多，但考虑到同一时间段、同一训练方法、同一被试群体等因素，在基本保证其他因素变化不大的条件下，尽可能简化实验设计，采取单因素设计方法，即将边听边记微技能训练作为自变量，将被试听力考试中的听力短文题作为因变量。基本假设是，学习者边听边记的能力越强，则听力学习效果越好。

被试对象为北京师范大学中级阶段留学生，共计31人，分别来自韩国、朝鲜、日本、土耳其、英国、美国、德国、比利时等国家，按照文化背景分为欧美组和东亚组。以前学习汉语的时间均在300～400学时。被试使用的听力教材是《汉语听力课本》（二年级上）。测试分为两次，简称为前测和后测。前测之前没有进行边听边记微技能的训练，前测和后测之间进行了边听边记微技能的训练。前测为一篇听力短文题，相当于新HSK4级左右，后测为难度加大的听力短文题，相当于新HSK5级左右。难度加大体现在文章的题材内容、文章结构、词汇量、长度、语速等方面。

（二）实验结果分析

表 8-1

		均值	标准差	期中—期末		
				均值	标准差	P
全体被试（31人）	前测	6.68	2.151	1.55	2.014	0.000
	后测	8.23	1.647			

续表

欧美组①（17 人）	前测	6.00	1.837	1.82	2.069	0.002
	后测	7.82	1.879			
东亚组（14 人）	前测	7.50	2.279	1.21	1.718	0.020
	后测	8.71	1.204			

表 8-2

	分组	人数	均值	标准差	均值差值	t	P
前测	欧美组	17	6.00	1.837	−1.50	−2.031	0.049
	东亚组	14	7.50	2.279			
后测	欧美组	17	7.82	1.879	−0.89	−1.531	0.137
	东亚组	14	8.71	1.204			

从表 8-1 可以看出，全体学生的前测、后测成绩均值有显著性差异；欧美组和东亚组两组各自的前测、后测成绩均值也都有显著性差异。与此同时，我们还应考虑两次测试的难度，由于两次测试均为实际教学环节中的真实测试，与学生的学习进度和教学安排密切相关，后测的难度明显高于前测，主要表现在题材内容、文章结构、词汇量、长度、语速等方面。在后测难度提高的前提下，学生的成绩显著提高，这表明边听边记微技能训练对提高全体学生的听力水平确实有一定作用。

根据表 8-2，前测中，欧美组、东亚组之间的平均成绩存在显著性差异，而后测时平均成绩已经不存在显著性差异。这说明，边听边记微技能训练对于不同组听力成绩提高起的作用是不同的。虽然两组学生的听力成绩均有一定程度的提高，但相比而言，东亚组的进步幅度没有欧美组大。究其原因，可能因为本次东亚组被试初始听力整体水平较高，出现了学习高原期现象，听力水平的快速提高受到一定限制。而欧美学生原来的听力基础虽然不如东亚组，他们

① 土耳其横跨欧亚大陆，但语言文化与欧洲相近，属于非汉字文化圈，故划归欧美学生组。

在听力能力方面有优势，经过边听边记微技能训练之后，进步相对比较明显。

二、调查问卷设计及结果分析

(一) 调查问卷设计

调查问卷分为选择回答和自由回答两部分：

多项选择题：问学生觉得听力有进步的是哪些因素？

问答题：你觉得听力进步最大的是什么？有什么感觉或建议？

（二）调查问卷结果分析①

关于多项选择题，两组学生80%认为进步最大的是听记能力提高。

关于问答题，欧美学生组主要是类似感谢的话（按照原文录入，没有进行语法方面的修改）：

[1] 谢谢老师！这个学期真的有进步了。

[2] 谢谢老师！我觉得您比我们努力得多。我非常高兴认识您，也非常高兴参加那好老师的课，我希望您永远快乐！

而东亚学生组写的话反思性更强：

[3] 虽然觉得听记很难，但是觉得很有用。

[4] 我满意老师现在的讲法。一边听一边写的方法最好。

[5] 我认为您的方法教我们很好，对我来说很清楚。

[6] 会听记，以前我不会听记但通过这个学期的听力课，我掌握了该怎么听记，理解了重要的办法，获得了HSK7级②。

[7] 老师真谢谢您，我以前特别听力能力差，现在消除对听中国语的拒绝感。最近考的HSK听力得了80%以上分数，我回国后也绝对坚持学习，用老师给我的方法。

从东亚组学生的反思话语中可以看出，他们开始和以前学过的听力学习方

① 为了表达真实性，引用学生的话未做任何的语法改动，保留原样。

② 指旧版HSK高等考试。当时新旧HSK考试同时并行。

法进行比较，并且通过高等 HSK 考试（旧版，听力的难度大），验证了边听边记方法的效果。尤为可贵的是，其中一些学生能从元认知策略[①]的角度对边听边记微技能进行反思，坚持使用这种方法，并内化成自己的学习方法中的一部分。边听边记训练实施过程不仅可以实现学生边听边记能力的提高，还为元认知能力训练提供操作空间，从而提高东亚组中级听力学习的自我意识与自我调节能力，促进他们加快语言学习的进程。

（三）跟踪调查

实验结束后，欧美学生组有 2 位学生，东亚学生组有 4 位学生继续在北京师范大学汉语文化学院高一年级学习汉语。在随后的一个学期内，笔者对他们的听力方法进行了一次口头访谈。6 位学生一致认为，边听边记的方法在更高年级的汉语听力学习上继续发挥着非常重要的作用，也是目前他们练习听力最有用的方法。

三、结论分析和启示

通过上述的对比实验和调查问卷，进一步验证了听力微技能训练对学生听力水平的提高有一定的作用。对欧美学生来说，主要是体现在水平测试成绩的提高上；对东亚学生来说，不仅体现在 HSK 成绩提高上，更重要的是体现在听力元认知策略的强化上。我们可以这样推测，边听边记能力是影响学生学习的一个关键变量，学习者的边听边记能力越高，学习效果越好。

对学生的听力微技能进行训练并使他们能自觉地使用，不是一个简单的过程。中级阶段是学生语言水平从初级到高级的过渡期，是学习和掌握语言的关键期，也称“爬坡期”，我们的教学应该有承上启下的意识，应该考虑如何有效地帮助学习者尽快地进入更高阶段的听力学习。研究结果表明，边听边记微技能训练对中级汉语学习者的听力学习是十分必要和有效的。根据本文的研

---

① J. H. Flavell（1985）认为，元认知策略是指主体在进行认知活动的全过程中，将自己正在进行的认知活动作为认知和意识对象，不断地对其进行积极、自觉的监控和调节。

究，结合中级学生的特点，提出以下教学建议：

第一，边听边记的效果不是短时间凸显的。边听边记的基础是在多听中培养语感，在语流中让学生分辨出记录要点，这不是短时间的技巧训练就可以取得成效的，教学中不宜过分强调技巧训练，而忽略基本功训练。此外，还应建立一个与课程设计相适应的学习支持平台，为学习者提供丰富的知识情境，提供有效的听记任务。

第二，从纵横两方面整体设计课程，加大听的力度。纵的方面，在不同年级的听力课程中，要尽量使微技能的难度训练有层次有梯度。横的方面，在其他语言技能课上，要让学生使用微技能做听课笔记，有充分使用微技能的机会。

第三，边听边记微技能训练应视国别背景和个性特点决定，不要让学生过多调整心态和学习习惯来适应教学需要。从东亚组学生和欧美组学生的进步就可以看出不同，每个学生都具有不同于其他人的基础和条件，尽量个性化教学，帮助他们摸索与其自身特点相适应的学习方法，提高他们学习的元认知能力。

第四节　研究的深入与展望

基于上述研究，笔者认为基本语言能力的提升和技能训练的有效结合是解决学生听力困难的手段之一。本章的研究是在一个特定的群体、特定的时间进行的，虽然发现了一些问题，得出了初步结论，但还有一些问题尚待深入：

第一，对微技能训练的层级化还有待深入。听记能力训练一般经历认识重要性—浅层形式化听记—结构化理解后听记—整合式听记能力四个阶段。从实验和调查结果来看，目前只是推进到结构化理解的阶段。后续研究中应继续通过将听记训练的层级提高，在广泛的情境中建构一个听记整合理念。

第二，对实验进行的过程需要进一步提炼和精制。把课堂活动中听记与其他微技能训练按照学生学习的进程规律，进行整体的连续性安排。

第三，对边听边记的训练方式还有待改进。培养学生形成听力语感至关重要，后续的研究应更加注重培养语感，应做到语感培养与技能训练相辅相成。

【本章参考文献】

[1] 高彦德等．外国人学习与使用汉语情况调查研究报告．北京：北京语言学院出版社，1993．

[2] 郭振华．中级阶段对外汉语教学的几个问题//国家对外汉语教学领导小组办公室教学业务部编．中高级对外汉语教学论文选．北京：北京语言学院出版社，1991．

[3] 胡波．汉语听力课教学法．北京：北京语言大学出版社，2007．

[4] 李红印．汉语听力教学新论．南京大学学报（哲社版），2000（5）．

[5] 刘颂浩．对外汉语听力教学研究述评．世界汉语教学，2001（1）．

[6] 孟国．汉语规范化与言语教学//天津市对外汉语教学研究会编．天津市对外汉语教学论文集．天津：天津人民出版社，1995．

[7] 沈燕．谈汉语听力教学中的针对性//赵金铭等编．对外汉语教学探讨集．北京：北京大学出版社，1998．

[8] 杨惠元．汉语听力说话教学法．北京：北京语言学院出版社，1996．

[9] 杨惠元．对外汉语听说教学十四讲．北京：北京大学出版社，2009．

第九章 高年级留学生汉语阅读理解难易语句分析[1]

第一节 “汉语阅读课”课程特征

一、课程定位

关于“汉语阅读课”的课程定位，我们认为从目前正式出版的对外汉语教学各类课程大纲来看，《高等学校外国留学生汉语教学大纲·长期进修》[2]（以下简称《长期进修大纲》）归纳、阐释得比较准确合理。这个大纲为对外汉语教学一共设置了两大类别、6个板块、20门课程。[3] 具体设置如表9-1所示。

表9-1 《高等学校外国留学生汉语教学大纲·长期进修》课程设置表

语言技能训练课			语言文化知识课		
综合课	单项技能课	专门技能课	语言知识课	文化知识课	其他文化课
	汉字课	商业汉语课	现代汉语语法	中国概况	书法
	口语课	热门话题课	现代汉语词汇	中国历史	武术
	听力课	新闻听力课	修辞	中国文学	

① 本章作者：马燕华。本章主要内容曾在美国哈佛大学举办的“高年级汉语教学讨论会”上宣读（2004年3月）。选入本书时做了较大补充。

② 国家对外汉语教学领导小组办公室编：《高等学校外国留学生汉语教学大纲·长期进修》，北京，北京语言文化大学出版社，2002。

③ 同上书，15页。

续表

语言技能训练课			语言文化知识课		
综合课	单项技能课	专门技能课	语言知识课	文化知识课	其他文化课
	阅读课	报刊阅读课			
	写作课	古代汉语课			
	翻译课				

其中“单项技能课包括口语课、听力课、汉字课、阅读课、写作课、翻译课，这些课是单项技能的强化训练，具有各自的特点与优势，是综合课所无法替代的”。[①] 因此，“汉语阅读课”属于“单项技能课”板块中的一门课，是训练学生阅读能力的单项强化课程。

有些高校的“汉语综合课”又叫“汉语精读课”，因此，比照着英语专业“精读”“泛读”设课模式，“汉语阅读课”也有叫“汉语泛读课”的[②]，本章也称之为“汉语泛读课”。

二、课程目标

关于“汉语泛读课”的课程目标，对外汉语教学两个标记性大纲——《高等学校外国留学生汉语教学大纲·长期进修》和《国际汉语教学通用课程大纲》[③] 均未作阐释，不过都在语言能力的“读”中做了分级描述。前者将外国人汉语水平分为初等、中等、高等三个阶段，后者将外国人汉语水平分为1～5级，1级为最低水平。现将两个大纲中最低水平和最高水平的阅读能力描述对照，如表9-2所示。

① 国家对外汉语教学领导小组办公室编：《高等学校外国留学生汉语教学大纲·长期进修》，13页，北京，北京语言文化大学出版社，2002。

② 参见北京师范大学汉语文化学院的课程名称。

③ 国家汉语国际推广领导小组办公室编：《国际汉语教学通用课程大纲》，北京，外语教学与研究出版社，2008。

表 9-2　《长期进修大纲》与《通用课程大纲》阅读能力描述对照表

《高等学校外国留学生汉语教学大纲·长期进修》	《国际汉语教学通用课程大纲》
初等阶段阅读能力： 能根据汉语拼音比较准确地读出汉字的读音，能借助词典阅读已学词汇占 80%以上的文章，准确概括出文章的意思；在无词典条件下，能克服非关键性文字障碍，理解已学词汇占 90%以上的文章的主要内容。阅读速度达到 90～110 字/分。	一级目标阅读能力： 能识别拼音和课堂所教授的最基本的汉字、词语、数字、个人信息等。其中包括：能识别拼音，并借助词典使用拼音查找汉字；能大体识别与个人及日常生活密切相关的简短信息类材料中的特定信息；能基本看懂一般社交场合中最常见的问候语和感谢语；能大体理解日常生活中最常见的字词和数字；能借助图片等大体理解最常见的、明显的指示语或标志。
高等阶段阅读能力： 能读懂生字不超过 4%、内容较为复杂、语言结构较难的原文，并能较为准确地理解文章中的深层含义；能借助工具书读懂一定范围内的工作文件（如业务信函、契约、合同、协议书等）和报纸杂志上的一般性文章；有较强的快速阅读和查找信息的能力，阅读速度为 200～260 字/分；有较强的跳读、猜读和概括提炼的能力。	五级目标阅读能力： 能看懂有一定长度的较为复杂的语言材料，抓住大意，掌握重要事实和细节，把握篇章的结构。其中包括：读懂有一定长度的论述性材料，抓住大意，掌握重要事实和细节；读懂有一定长度的，带有一些成语、俗语、比喻的叙述性文章，准确理解其含义；大致看懂带有一些生词和术语的介绍性或说明性材料，掌握梗概并从中找到所需要的特定信息；能阅读一些与工作、学习、生活有关的浅显的科普材料。

可以看出，《高等学校外国留学生汉语教学大纲·长期进修》偏重于读懂原文、生词量的控制、阅读速度的要求以及阅读微技能的掌握。《国际汉语教学通用课程大纲》偏重于阅读材料的类型，抓住大意、寻找信息等较为宏观的阅读技能。但是，阅读能力不能代替课程目标。

课程目标指“课程本身要实现的具体目标，是期望一定教育阶段的学生在发展品德、智力、体质等方面达到的程度”①。阅读能力只涉及智力方面，还应有作为语言学习的品德要求，诸如感受中华文化、欣赏优美汉语文章、培养汉

① 顾明远主编：《教育大词典》，898 页，上海，上海教育出版社，1998。

语语感等。教育学提出的课程目标框架是："从知识与技能、过程与方法、情感态度与价值观三方面阐述本门课程的总体目标与学段目标（如果有学段的话）。"①

我们认为，"汉语泛读课"的课程目标是通过本课程的学习，能比较流畅地阅读说明性、叙述性、论述性的汉语原文，把握全文主旨，准确理解重要信息，寻找所需信息，读懂关键词语，概括提炼全文主要内容。培养跳跃词语障碍、利用语境猜测词义能力。同时扩大汉语词汇量，培养汉语语感，学会欣赏汉语优美篇章，感受中华文化。

三、授课方式

"汉语泛读课"的授课方式与"汉语精读课"精讲多练的授课方式截然不同，它以学生不借助工具书自主阅读并独立完成阅读练习为主要授课方式。

我们一般以两课时为一个授课单元，用 2/3 时间让学生自主阅读并独立完成全部练习，然后用 1/3 时间解答练习或讲解 1～2 个重要语言现象。

四、阅读材料的选择与阅读练习的编制

我们认为，阅读材料的选择原则有三条：

第一，汉语母语者耳熟能详的、优美的汉语原文；第二，语言难度略高于同一等级的精读课课文，但影响阅读理解的关键词语必须是学过的词汇；第三，文体上包括说明文、叙述文、议论文三大类，主题上含有人间真情、心灵感悟、科普知识等方面。

阅读练习的编制有自身的特殊性，包括四个方面：一是从阅读技能特点出发编写的阅读练习，如判断正误、单项选择、多项选择、解释画线词语义的阅读单项练习；二是着眼于汉语书面语特征的练习，如口语词与书面语词的转换

① 钟启泉主编：《课程论》，125 页，北京，教育科学出版社，2010。

练习，书面语句式改写、词语替换扩充练习；三是着眼于语篇方面的练习，如缩写概括练习、找出自然段关键句等练习；四是紧密联系所读材料内容的中外词语、社会想象对比练习，如汉语用“脸红了”表示不好意思，你的母语用什么词语表示这个意思？谈谈你们国家的人起名特点等，教学实践证明，留学生很喜欢做这类就同一个话题进行中外对比的论述题。

本文选取高年级留学生阅读理解中的“多项选择”练习，探讨高年级留学生阅读理解的难易语句特征、他们的选择倾向。我们依据的材料有两类：一类为客观性材料，即高年级留学生的阅读练习；一类为主观性材料，即高年级留学生做的阅读问卷调查。

调查对象为北京师范大学汉语文化学院四年级留学生，均获得汉语水平考试 8 级（北京语言大学试题）以上证书。共有 32 人。

调查材料是从高年级留学生做的 30 篇阅读材料中选出的 10 篇“多项选择”练习。这 10 篇阅读材料皆为中国现当代作品中的名家名篇，内容多为怀念亲朋、感悟人生，文学意味较浓（篇名详见附注），这样可以避免因知识背景不同带来的失误。

“理解容易的汉语语句”指调查对象的选择正确率在 75％以上的语句。“理解困难的汉语语句”指答题正确率在 25％以下的语句。

我们希望通过分析具体材料讨论什么样的汉语语句对于高年级留学生阅读理解容易，什么样的汉语语句对于高年级留学生阅读理解困难。如果我们掌握了高年级留学生阅读理解难易的汉语语句特征，我们就不仅可以有针对性地进行阅读训练，而且可以为今后阅读材料的选择和阅读练习的编制提供有价值的参考。

第二节　高年级留学生阅读理解困难的汉语语句分析

高年级留学生阅读课中阅读理解困难的语句并不完全和词汇的等级有关。例如：

[1]“我眼尖”，意思是：

A. 我看得清楚。　　B. 我看得仔细。

C. 我的视力辨别事物能力强。　　D. 我善于分辨细小的事物。

正确答案为C，选择正确率只有22%。

[2]“虽然是封建婚姻，第一次见面却是在结婚之前”，意思是：

A. 封建婚姻下的结婚双方第一次见面应该在结婚之前。

B. 封建婚姻下的结婚双方第一次见面应该在结婚之后。

C. 封建婚姻下的结婚双方不可以见面。

D. 封建婚姻下的结婚双方可以见面。

正确答案为B，选择正确率只有15%。

[3]“我们十二岁的长子，竟以盲肠炎不治死亡”，意思是：

A. 盲肠炎是治不好的病。　　B. 盲肠炎是很容易死的病。

C. 盲肠炎是不容易死的病。　　D. 盲肠炎是很少见的病。

正确答案为C，选择正确率只有17%。

[4]“棺材”，意思是：

A. 木材。　　B. 放东西的木头盒子。

C. 放小孩尸体的木头盒子　　D. 放尸体的木头盒子。

正确答案为D。选择正确率高达100%。

[5]“爸爸办完丧事，自己回了一趟老家。”“老家”的意思是：

A. 很旧的住房。　　B. 很老式的住房。

C. 很大的家族。　　D. 故乡。

正确答案为D，选择正确率也为100%。

构成以上5例的关键词语“眼”“尖”“却”“竟”“棺材”“老家”所属《汉语水平词汇与汉字等级大纲》(2001) 的等级如表9-3所示。

表 9-3 “眼”“尖”“却”“竟”“棺材”“老家”所属《汉语水平词汇与汉字等级大纲》的等级

例词	等级	正确率（%）
眼	乙级	22
尖	乙级	22
却	乙级	15
竟	丙级	17
棺材	未收	100
老家	丁级	100

丙级词汇应当在中级水平掌握，按对外汉语教学界的共识，中级水平的留学生应当掌握 3000 个以上的词汇，因此，“眼”“尖”“却”“竟”应当在中级水平就掌握了。“棺材”属于“超纲词”，但是高年级留学生的选择正确率与词汇等级、频度反差却这么大。可见，高年级留学生阅读理解的难易与词频的高低、汉语水平词汇等级并不完全一致。

一、阅读理解困难的汉语语句特点

我们从调查对象 15 次阅读理解练习中选出了近 300 道“多项选择”题，按我们界定的“理解困难的汉语语句”标准，共得到 34 道题。如表 9-4 所示。

表 9-4 高年级留学生理解困难的汉语语句

序号	汉语语句	出处	正确率（%）
1	倘若你已经想到奥里维的故事，不妨就把那部书叫她细读一二遍。	《傅雷家书》	0
2	穿得单薄	《母亲》	0
3	私塾	《她第一个向我打开了文学之门》	9
4	多年父子成兄弟。	《多年父子成兄弟》	8
5	完婚	《她第一个向我打开了文学之门》	8
6	君子之交淡如水。	《傅雷家书》	8
7	脚底下像是有了弹簧。	《中年》	13
8	一个孩子纯真的心，就是热恋中的人们也难比啊。	《我的老师》	15

续表

序号	汉语语句	出处	正确率（%）
9	双腿瘫痪后，我的脾气变得暴怒无常。	《秋天的怀念》	15
10	我的亲家母说这孩子“没大没小”。	《多年父子成兄弟》	15
11	虽然是旧式婚姻，第一次见面却是在结婚之前。	《亡人逸事》	16
12	哪个年轻女子不是饱满丰润得像一颗牛奶葡萄，一弹就破的样子？	《中年》	16
13	我们十二岁的长子，竟以盲肠炎不治死亡。	《亡人逸事》	17
14	对方把你作为她整个的世界，固然很危险，但也很宝贵。	《傅雷家书》	17
15	孩子没有一个是省油的灯。	《母亲》	19
16	我们的青春在战争年代中抛掷了。	《亡人逸事》	20
17	干妈	《跟陌生人说话》	20
18	挎好筐系猛一立。	《亡人逸事》	21
19	死不瞑目	《她第一个向我打开了文学之门》	21
20	她的病已经到了这步田地。	《秋天的怀念》	21
21	我和老伴把他叫到我们的卧室，对他的冒失行为表示不满。	《多年父子成兄弟》	21
22	我眼尖。	《跟陌生人说话》	22
23	订婚	《亡人逸事》	22
24	一些年青的男男女女，像是一些又青又涩的毛桃子，上面还带着挺长的一层毛。	《中年》	22
25	牛奶葡萄要变成金丝蜜枣，燕子要变成鹌鹑。	《中年》	23
26	长江洪浪滔天的时候，我正在川北一个小镇与一帮朋友“却话巴山夜雨时”呢。	《死过一回之后》	23

续表

序号	汉语语句	出处	正确率（%）
27	我异想天开地想订一份报纸。	《报纸的故事》	25
28	我只好硬着头皮去向父亲要。	《报纸的故事》	25
29	科班的童伶宜于唱全本的大武戏，中年的演员才能担得起大出的轴子戏。	《中年》	25
30	此女士是位小说编辑，板板正正，寡言少语，历来和我不太协调。	《死过一回之后》	25
31	没想到“小广播”们告诉我一串令我大惊失色的事。	《死过一回之后》	25
32	正好新近加了工资，可阔气一顿压压惊。	《死过一回之后》	25
33	说我是心清如水的学生。	《我的老师》	25
34	他亲手给她做了几箱子冥衣。	《多年父子成兄弟》	25

我们认为高年级留学生阅读理解困难的汉语语句有以下三个特点：

第一，词语意义虚灵。例如：

［6］我们的青春在战争年代中抛掷了。（孙犁《亡人逸事》）

“抛掷”是指“由于战争，我们没有真正的青春”“我们的青春是在战争中度过的”，还是指“战争年代的人容易老”“战争年代不允许有战争”？

［7］我的亲家母说这孩子“没大没小”。（汪曾祺《多年父子成兄弟》）

“没大没小”是指“不分年龄大小”，“不讲究辈分”，还是指“不讲礼貌”，“太随便”？

［8］对方把你作为她整个的世界，固然很危险，但也很宝贵。（傅雷《傅雷家书》）

表示让步逻辑关系的“固然”，词义比较虚灵，很容易与表示转折关系的“但是”混淆。

第二，涉及中国民俗的语句。例如：

[9] 正好新近加了工资，可阔气一顿压压惊。（杨牧《死过一回之后》）

“压惊”是指用请吃饭的方式安慰受惊吓人的情绪。这是一种民俗。

[10] 他亲手给她做了几箱子冥衣。（汪曾祺《多年父子成兄弟》）

“冥衣”是指为去世的人做的纸质衣服，“烧冥衣”是一种民俗。

对中国民俗没有相当了解的人，理解这种句子是很困难的。

第三，以中国文化为背景知识的语句。例如：

[11] 君子之交淡如水。（傅雷《傅雷家书》）

此句意为道德高尚的人之间的交往不掺杂任何功利。

[12] 说我是心清如水的学生。（魏巍《我的老师》）

“心清如水”指心地纯洁。

在中国传统文化中，“水”常常用来比喻真诚、纯洁。如果不了解汉语“水”的色彩附加意义，是很难准确判断以上语句的真正含义的。

[13] 长江洪浪滔天的时候，我正在川北一个小镇与一帮朋友“却话巴山夜雨时”呢。（杨牧《死过一回之后》）

此处引用唐代李商隐《夜雨寄北》的诗句，意思是我正在四川北部一个小镇和朋友们闲聊呢。如果不知道李商隐诗句的意义，准确判断此句的含义的确很难。

二、高年级留学生对理解困难的汉语语句选择倾向性分析

（一）按字面意义理解语句意义

由于这些语句大多涉及中国民俗、中国文化知识，因此。按题干字面意义理解语句含义，往往是错误的。例如：

[14] 结果，她考取了状元，又奉命出征，得胜回朝，奉旨完婚。（陈荒煤《她第一个向我打开了文学之门》）

“完婚”不是指“结完了婚”，它是指履行了传统婚礼的全部过程。传统婚礼由六个阶段组成，俗称“六礼”，即纳采、问名、纳吉、纳征、请期、亲迎。由于缺乏对中国传统婚俗的了解，调查对象在下面四个选项中：

A. 结婚　　　　　　B. 结完了婚

C. 正式结婚　　　　D. 完成婚礼的全部过程

选择正确答案D的，只占8%。有50%的人选择了B，这可能与按题干字面意义理解语句意义的策略有关。

[15] 没想到“小广播”们告诉我一串令我大惊失色的事。（杨牧《死过一回之后》）

“小广播”指非公开传播不该传播的消息，或不可靠消息的人。调查对象在以下四个选项中：

A. 功率小的收音机　　B. 非公开传播不该传播或不可靠消息的人

C. 形状小的收音机　　D. 非公开传播不该传播或不可靠消息的年轻人

选择正确答案B的，只占25%。这也可能与按题干字面意义理解语句意义的策略有关。

（二）未能理解语句的深层含义

高年级留学生在做词语的多项选择时，对于词语的深层含义往往理解得不够准确。例如：

[16] 这个贫困的家庭，消耗了她毕生的精力、她的青春和她或许还可以、还应该有的她个人的幸福，以致到离别这个世界的时候，还“死不瞑目”。（陈荒煤《她第一个向我打开了文学之门》）

“死不瞑目”指人死时，因心中还有牵挂没有闭上眼睛，多用来形容人死时心中还有未了之事。调查对象一般都知道“死不瞑目”指人死时眼睛没闭上，但是，为什么没闭上，却不甚了解。因此，在我们设计的四个选项中：

A. 人死了，眼睛没闭上　B. 人死的时候心中还有牵挂的事

C. 人还没死　　　　　　D. 人死的时候很痛苦

选择正确答案B的，只占21%。79%的调查对象选择了A。

[17] 父亲说“我们是多年父子成兄弟”。　（汪曾祺《多年父子成兄弟》）

“多年父子成兄弟”的真正含义是说明父子之间平等。因为中国传统道德认为父子关系与兄弟关系是不一样的，父慈子孝，兄仁弟爱。父子之间是服从

关系，是不平等的，儿子只能敬奉、顺从父亲。但兄弟之间是仁爱关系。因此，调查对象在此题的四个选项中：

A. 父子在一起的时间长了很了解　　B. 父子在一起的时间长了很平等

C. 父子在一起的时间长了很随便　　D. 父子在一起的时间长了很习惯

选择正确答案 B 的只占 8%。

第三节　高年级留学生阅读理解容易的汉语语句分析

一、阅读理解容易的汉语语句特点

我们从调查对象的“多重选择”题中，根据我们界定的选择正确率在 75% 以上为阅读理解容易的语句，共得出 30 道题，如表 9-5 所示。

表 9-5　高年级留学生容易理解的汉语语句

序号	汉语语句	出处	正确率（%）
1	他吃炮子儿啰。	《我的老师》	100
2	母亲眼边红红的。	《秋天的怀念》	100
3	她走了，再也没回来。	《秋天的怀念》	100
4	严肃的报纸是指（选择报纸的种类）	《报纸的故事》	100
5	白念了书	《报纸的故事》	100
6	绝顶聪明	《多年父子成兄弟》	100
7	“黑人”	《多年父子成兄弟》	100
8	棺材	《她第一个向我打开了文学之门》	100
9	婆婆	《亡人逸事》	100
10	爸爸办完丧事，自己回了一趟老家。	《母亲》	100
11	这次评工资，就有点儿“人去茶凉”的味道。	《死过一回之后》	100
12	我把妈妈生前的老照片翻出来，挂在家里最醒目的地方。	《母亲》	100

续表

序号	汉语语句	出处	正确率（%）
13	蔡老师留在我脑海里的印象是	《我的老师》	92
14	情书	《多年父子成兄弟》	92
15	寡妇	《她第一个向我打开了文学之门》	92
16	我们默默模仿蔡老师写字的姿势，因为——	《我的老师》	91
17	居然有一个专人，骑着自行车给我送报纸了。	《报纸的故事》	88
18	村里虽然有一所小学校，历来就没有想到订一份报纸，村公所就更谈不上了。	《报纸的故事》	88
19	因为闹日本，家境越来越不好。	《亡人逸事》	87
20	没过几年，三年自然灾害就来了。	《母亲》	86
21	随和	《多年父子成兄弟》	83
22	过继	《她第一个向我打开了文学之门》	79
23	一根黄松的柱子，都有弯曲倾斜的时候，何况是二十六块碎骨头拼凑的一条脊椎？	《中年》	79
24	旧式婚姻，过去叫作“天作之合”。	《亡人逸事》	79
25	几步路，有什么好准备的？	《秋天的怀念》	75
26	母亲昏迷前说的话，说明了什么？	《秋天的怀念》	75
27	倾销	《报纸的故事》	75
28	担干系	《多年父子成兄弟》	75
29	二姑娘	《亡人逸事》	75
30	百分之四十，差点儿没份儿。	《死过一回之后》	75

我们认为高年级留学生阅读理解容易的语句有以下四个特点：

第一，语句本身与正确答案之间没有语义上的直接联系。这些语句一般是考察把握阅读材料主旨、推测作者写作意图等。例如：

[18] 我认为这是一份严肃的报纸。（孙犁《报纸的故事》）

“严肃的报纸”是指：

A.《大公报》　　B.《益世报》

C.《庸报》　　D.《小实报》

正确答案为A。但是《大公报》与“严肃的报纸”之间没有语义上的直接关系，这是考查把握阅读材料主旨的。选择正确率100%。

［19］母亲昏迷前说的话，说明：

A. 母亲最爱自己的两个孩子

B. 母亲最想自己的两个孩子

C. 母亲最不放心自己的两个孩子

正确答案为C。这是考查推测作者写作意图的。选择正确率75%。

第二，词语的确切含义是这个词的常见引申义，可以从题干的词语中推测出来。例如：

［20］是啊，我失业在家里呆着，这证明书就是白念了。“白念了书”，意思是：

A. 念了没有用的书　　B. 念了书却找不到工作

C. 不善于学习　　D. 学习不努力

正确答案为B。因为念了书就是有了知识，有了知识却找不到工作，念了书没有效果，等于没念书。“白”本来指未经加工的一种颜色，可以在动词前作状语，引申为说明做某事没有效果。此处“白”的引申义与正确答案“念了书却找不到工作”的语义关系十分明显。

［21］这次评工资，就有点儿“人去茶凉”的味道。“人去茶凉”意思是：

A. 比喻人离开了，人们对他的感情也就没有了

B. 比喻人离开了，他对人们的感情也就没有了

C. 比喻人死了，人们对他的感情也就不存在了

D. 比喻人死了，他对人们的感情也就不存在了

正确答案为A。因为“离开”以及“人们对他的感情也就没有了”，很容易从题干的“去”“茶凉”推测出来。选择正确率高达100%。

第三，语句较少涉及中国民俗、中国文化背景知识。

第四，语段对语句意义的限制比较明显。

有些语句，虽然涉及中国民俗、中国文化知识，但是语句所在语段对该语

句的语义限制比较明显，调查对象比较容易做出正确选择。例如：

[22] 我至今印象还很深的，大概是我四弟死去的情景。母亲在隔壁房间里痛哭，“伯伯”（我的姨母）红着眼睛，饱含着泪珠，却是一声不响地轻轻地仔细地给弟弟擦着身体……等到看到盖上那薄薄的紫红色的棺材盖子，听到钉钉子的时候发出沉重的响声，再听到我母亲在隔壁房间里嘶哑着声音号叫着：

“让我再看他一眼啊，不要钉我心上的肉啊……”

“伯伯”的脸色越来越苍白起来，突然晕倒在那小小的棺材旁边。（陈荒煤《她第一个向我打开了文学之门》）

“棺材”在现代生活中已经很难见到了，按理说，留学生是不容易做出正确判断的。但是上下文描写的是与“四弟死”有关的场景，其中“我四弟死去的情景”，“盖上那薄薄的紫红色的棺材盖子”，“（母亲）号叫着：‘让我再看他一眼啊，不要钉我心上的肉啊……’”使调查对象在下面四个选项中：

A. 木材　　B. 放东西的木头盒子

C. 放小孩尸体的木头盒子　　D. 放尸体的木头盒子

选择正确答案 D 的高达 100%。

[23] 他这个同学的父亲是一位正受林彪迫害，搞得人囚家破的空军将领。这个同学在北京已经没有家，按照大队的规定是不能回北京的，但是这孩子很想回北京，在一伙同学的秘密帮助下，我的儿子就偷偷地把他带回来了。他连“临时户口”也不能上，是个“黑人”，我们留他在家住，等于“窝藏”了他。（汪曾祺《多年父子成兄弟》）

“黑人”指没有合法身份的人。因为上下文中的“按照大队的规定是不能回北京的”，“秘密帮助”，“偷偷地把他带回来了”，“连‘临时户口’也不能上”，“窝藏”等限制，调查对象很容易在下面四个选项中：

A. 皮肤黑的人　　B. 没有合法身份的人

C. 坏人　　D. 坏人的孩子

做出正确选择，选择正确答案 B 的高达 100%。

二、高年级留学生对阅读理解容易的语句选择倾向性

（一）无需调用有关中国民俗、中国文化背景知识便可做出正确判断

在我们遴选出的30例“阅读理解容易的汉语语句”中，只有7例涉及中国民俗、中国文化背景知识的，有的是考查调查对象的阅读技能的，诸如把握文章主旨、推测写作意图等，也有的正确答案可以从题干中推测出来，因此，调查对象在做这些语句的“多重选择”时，无需调用有关中国民俗、中国文化背景知识便可做出正确判断。

（二）通过语段对语句的语义限制做出正确选择

有些语句反映的虽然是一种民俗，或者是现代生活中很少见的事物，或者是留学生很不熟悉的事物，但是调查对象依据上下文对该语句的语义限制，很容易做出正确判断。例如，调查对象对“过继”的选择：

[24]（我）生下来之后，立即过继给我的姨母，作了姨母的儿子。（陈荒煤《她第一个向我打开了文学之门》）

在这句前面还提到过：这位姨母的命运是很不幸的。年轻的时候，作为“续弦”，嫁给了一个老秀才，不久，这个老秀才就去世了。她没有孩子，只有老秀才的前妻留下来的一个比她小不了多少的儿子。

因此，“过继”这种风俗，留学生虽然很不熟悉，但是它的意思在上下文中已经很明白了。调查对象在下面四个选项中：

A. 给亲戚做儿子　　B. 给姨妈做儿子

C. 给寡妇做儿子　　D. 给没有儿子的亲戚做儿子

选择正确答案D的有79%。

三、高年级留学生阅读理解问卷调查分析

我们对选修过“高级汉语阅读”课的两届留学生做过阅读理解问卷调查。调查对象均为北京师范大学汉语文化学院四年级留学生，汉语水平都通过了8

级考试。问卷调查共有 20 个词语（句子），要求调查对象写出这个词语或句子的意思并按 5 个等级打出困难等级。这 20 个词语（句子），涉及中国民俗的 4 例，涉及中国文化背景知识的 10 例，其他 6 例。因写出词语（句子）意思，答案比较分散，不便归纳讨论。他们打出的阅读困难平均分值也从另一方面说明了他们主观认定的阅读困难（很困难 8 分、比较困难 6 分、一般 4 分、不太困难 2 分、不困难 0 分）。如表 9-6 所示。

表 9-6 阅读理解困难等级分值

序号	例词（句）	困难分值
1	洞房	4
2	发蒙	7
3	土包子	6
4	抓周	8
5	凑份子	7
6	戴绿帽子	6
7	新人	6
8	而立之年	6
9	喝交杯酒	5
10	讨口彩	8
11	女儿是妈妈的小棉袄。	6
12	她像童养媳似的。	8
13	她现在是多年的媳妇熬成婆了。	6
14	人在屋檐下。	6
15	怀里像揣着一只兔子似的。	6
16	后来我也渐渐懂得看人的脸色了。	6
17	打碎了牙往肚里吞。	7
18	男人膝下有黄金。	8
19	男人的天空也下雨。	6
20	既经过“山重水复疑无路”，又看到“柳暗花明又一村”。	8

可见，无论是调查对象的客观性阅读练习，还是他们的主观性问卷调查，都说明涉及中国民俗、中国文化背景知识的语句是高年级留学生阅读理解困难之处。

第四节 结 论

1. 词义是否虚灵、语句是否涉及中华文化背景知识（含中国民俗）是影响高年级留学生阅读理解难易的重要因素

从我们统计到的“高年级留学生阅读理解困难的汉语语句”34例来看，题干涉及中国民俗的5例，涉及中国文化背景知识的15例，两项占59%。而“高年级留学生阅读理解容易的汉语语句”30例，涉及中国民俗的1例，涉及中国文化背景知识的5例，两项占20%。

因为这种涉及中国民俗或中国文化背景知识的语句，是很难从题干上推测出来的。

2. 词频不是影响高年级留学生阅读理解难易的决定因素

在对外汉语教学界，根据词频高低划分词汇学习等级，似乎是一种共识。但是我们通过分析高年级留学生的阅读理解练习，发现词频不是影响留学生阅读理解难易的决定因素。有时几个高频词组合的片断，理解起来却十分困难。相反，有些词的频度虽然不高，由于上下文的语义限制，理解起来反倒容易。表9-7是理解困难和理解容易的各3例的词频、选择正确率对照表（括号内为词频）。

表 9-7 词频与正确率示例表

序号	例子	正确率（%）
1	君子（126）之（50347）交（3005）淡（766）如（19878）水（18930）	8
2	多（29960）年（29860）父子（95）成（20608）兄弟（683）	8
3	没（4576）大（30880）没（4576）小（19870）	15
4	棺材（70）	100
5	老家（61）	100
6	寡妇（59）	92

因此，我们在选择作为阅读练习的词语时，不要过多关注词频的高低，而要更多地考虑词义是否虚灵，是否涉及中国文化背景知识。

3. 设计合理的阅读练习题是训练留学生阅读能力的有效手段（将另文讨论）

附：10 篇阅读材料篇名

[1] 魏　巍　《我的老师》

[2] 史铁生　《秋天的怀念》

[3] 孙　犁　《亡人逸事》

[4] 孙　犁　《报纸的故事》

[5] 傅　雷　《傅雷家书》

[6] 杨　牧　《死过一回之后》

[7] 汪曾祺　《多年父子成兄弟》

[8] 梁实秋　《中年》

[9] 陈荒煤　《她第一个向我打开了文学之门》

[10] 肖复兴　《母亲》

【本章参考文献】

[1] 国家汉语水平考试委员会办公室考试中心制定. 汉语水平词汇与汉字等级大纲（修订本）. 北京：经济科学出版社，2001.

[2] 刘源等编. 现代汉语常用词词频词典. 北京：宇航出版社，1990.

[3] 中国社会科学院语言研究所词典编辑室编. 现代汉语词典（第 6 版）. 北京：商务印书馆，2012.

第十章　高年级外国学生汉语阅读障碍探析[1]

第一节　问题的提出

阅读课是对外汉语教学课程设置中的必修课程，其课时最多，也最受教师和学生的重视。根据教学大纲的要求，阅读课要培养学生汉语阅读的能力。但教学实践中往往发现，虽经过长时间（3 年左右）的教学，高年级外国学生的汉语阅读能力却仍不尽如人意。到底是什么在阻碍外国学生阅读能力的提高？换言之，汉语阅读障碍究竟是什么？

探求阅读障碍，目前常用的办法当然是考试，课程考试或水平考试。但考试也许能看出考生的阅读错误，却不能发现导致错误的原因。不明了学生的阅读障碍，改进阅读教学也就无从入手。因此，想方设法找出阅读障碍，进而分析其成为障碍的原因，是一项必要的工作。

第二节　材料的获取

第二语言习得研究通常采用问卷调查法获取所需材料。但这种方法主观性较强，无法真实地反映阅读障碍。比较理想的方法是让学生直接呈现阅读障

---

① 本章作者：冯建明。

碍。笔者长期担任高年级外国学生汉语阅读课教学任务，有机会实地了解学生汉语阅读的情况。利用此便利条件，鼓励学生积极进行课外阅读，不限内容，不计时间，看不懂时可以查阅工具书。自己实在读不懂的，把它抄录下来，跟老师面谈。通过面谈，学生明白了原先看不懂的内容，教师则获得了阅读障碍的实际例子，可谓各有所得，皆大欢喜。

第三节 常见的阅读障碍实例

从搜集到的材料来看，对于高年级外国学生来说，主要的阅读障碍有以下几类：

第一，成语，例如：

[1] 高级职员除了对别人发号施令外，其他什么也不想做。

[2] 为人处事，不可冲动；隐忍以行，方可在尘嚣中泰然自若。

汉语阅读障碍实例提供者（以下简称实例提供者）不理解“发号施令”“泰然自若”的意思，且无法在词典中查到。

第二，两个单音节词构成的短语。例如：

[3]“同志们收腹，再上两个!”重庆市公交车以拥挤闻名，这是售票员的经典用语。

[4] 这小子又把事情搞砸了。

实例提供者不理解“收腹”和“搞砸”的意思，且无法在词典中查到。

第三，外国人名、国名。例如：

[5] 在投票进行前，贝卢斯科尼进行了大量的幕后拉票工作。

[6] 随后他被指在今年8月对两名瑞典女子进行了“强奸”。

实例提供者不理解“贝卢斯科尼”“瑞典”的意思，且无法在词典中查到。

第四，俗语。例如：

[7] 留得青山在，不怕没柴烧。

[8] 臭味是挡不住的，驴粪蛋再光溜，也成不了珍珠。

实例提供者不理解这 2 例中俗语的意思。

第五，标语。例如：

[9] 迎世博，保畅通，文明出行，从我做起。

实例提供者能认识此例的每一个词语，却不明白整个标语的意思。

第六，特定历史时期的流行语。例如：

[10] 来客小萧，是被“踏上一只脚”时期老丁的知己。

如果 20 世纪 60 年代有流行语评选，“踏上一只脚”绝对会上榜。这是特定历史时期的语言，实例提供者不理解也不奇怪。

第七，笑话。例如：

[11] 斗嘴

吃饭的时候，岳父岳母因为生意上的事情吵嘴。最后岳母说：“我懒得听你埋怨，你再说我就上山里住去，你们谁都别找我。”岳父撂下饭碗说：“我找你干啥，你是人参哪?”

[12] 名医匾额

妇产科的李医生行医多年，通过努力，使许多不孕不育的夫妇有了孩子。最近她收到了一块向她表示感谢的匾额，但大家看了总觉得有些别扭，原来上面写着金光灿灿的四个大字——无中生有。

实例提供者能认识此 2 例的每一个词语，却不明白笑话的幽默之处。

第八，新词语、网络语言。例如：

[13] 他们可真不给力啊!

[14] 晕菜

实例提供者无法查到“给力”和“晕菜”，因为它们还没有被收进词典。

第九，缩略语。例如：

[15] 记者无孔不入，足协倍感头疼。

[16]（房地产开发项目）“四证”齐全。

实例提供者无法查到“足协”和“四证”，这是缩略语，一般辞书不会收录。

第十，印刷错误。例如：

[17] 这也未必全是为贫口腹之欲……

此例中的“贫”应该是“贪”，属于印刷错误，汉语母语使用者都不一定能明白，实例提供者无法理解也情有可原。但汉语教师应提醒学生，目前的出版物中此类问题实际存在。

第四节 阅读障碍原因简析

上述阅读障碍实例只是表面现象，光知道这些并不能消除阅读障碍。重要的工作是分析这些实例，找出其成为障碍的原因。初步分析如下：

第一，陷入“双音节迷思”，无法熟练利用工具书。上述诸项阅读障碍，有些是通过工具书可以解决的，如双音节短语、成语等。为什么学生查不到呢？这跟“双音节迷思”有关。什么是“双音节迷思”？通过询问，发现学生是因为不知道那是成语，不知道那几个音节是一个语言单位。他们认为汉语的词就是双音节的，双音节查不到，他们就没办法了。可以说，他们陷入了“双音节迷思”。

第二，缺乏利用中文网络搜索工具的意识。上述诸项阅读障碍，有些确实无法在工具书里查到，如新词、缩略语等。但并不是没有办法解决。现在已经是网络时代，各种各样的网络搜索工具，可以给人们提供极为丰富的信息。外国学生对网络搜索并不陌生，只是没有想到可以利用中文网络搜索，为汉语学习服务。错失了如此便利的信息工具，实在是令人遗憾。

第三，不会整体阅读，缺乏语境还原能力。对阅读障碍实例提供者来说，前述阅读障碍实例，有些并没有词语障碍，不需要查找，如标语、笑话等。他们认识其中的每一个词，但无法看懂整体意思。这反映出，他们阅读时关注的重点是单个的词语和句子，不能形成整体联系，即不会整体阅读，缺乏语境还原能力。常言道：言有尽而意无穷。单个的词句只是提供一些线索，阅读者利用这些线索，还原语境，才能读懂。

第五节 阅读障碍的消除与阅读能力的培养

阅读障碍与阅读能力成反比，阅读障碍越多，说明阅读能力越弱；阅读能力越强，则阅读障碍越少。根据上述原因分析，要消除外国学生的汉语阅读障碍，必须有意识地在提高阅读能力方面下功夫。汉语阅读课的教学应注意如下几点：

第一，重视汉语构词法的教学，提高分词能力和查阅辞书能力。

对于高年级外国学生，应该在适当的时候进行汉语构词法的教学，使他们明白现代汉语不仅有双音节词，也有大量的单音节词和多音节词（或短语）。在破除“双音节迷思”的基础上，进行非熟悉文本的分词训练，以达到准确分词的目的。

辞书查阅能力需要培养。现有的阅读教材都配有生词表，学生也习惯了这种编排，因为方便。但这种编排也有弊端，那就是让学生养成了“生词表依赖”，离开生词表就无法阅读。高年级的教材应逐步取消生词表，给学生增加查阅辞书的机会，查得多了，查阅能力自然会提高。

第二，介绍中文网络搜索引擎，培养查找非登录词语的能力。

随着社会的发展，汉语不断产生新词语，网络语言也层出不穷。这些词语不可能随时被词典收录，仅仅利用工具书无法解决问题。好在新技术的发展已经提供了解决之道。对于高年级外国学生，应该介绍一些中文网络搜索引擎，如百度等，让他们熟悉搜索引擎的使用方法。这样，遇到阅读障碍，如新词语、缩略语、外国人名、国名等，无法用工具书解决时，就可以进行网络搜索，词典未收录词语将不再成为阅读障碍。

第三，强调整体阅读，培养语境还原能力。

阅读的对象——文本，是一个有机联系的整体。词组成句，句组成段，段组成篇，环环相扣，互相制约。作者通过文本构建语境，表达思想。阅读者亦应借助文本提供的线索，还原语境，理解内容。如果只注意个别词句，脱离文本整体，只见树木，不见森林，是无法顺利阅读的。高年级学生的汉语阅读课，应该强调整体阅读，培养语境还原能力。

第十一章　中高级阶段留学生汉语写作课教学研究[①]

第一节　中高级阶段留学生汉语写作课的课程特征

一、课程定位

听、说、读、写是四种基本语言技能，语言课也常常据此分成不同课型。在对外汉语课程体系中，专门的写作课一般属于中高级阶段课程。汉语基础写作课，是为达到高级汉语水平的留学生开设的汉语技能课。

二、教学目标

基础写作的训练目的是提高学生的汉语书面表达能力。因为学生已达高级水平，在提高一般语言运用能力的同时，还需训练学生分文体的写作能力。此外，语段、语篇的结构、衔接以及内容的得体性等也是本课程关注的重点。

三、授课方式

汉语写作课与其他语言技能课一样，把精讲多练作为教学的一个重要原则。教师在教学中起主导作用，写作训练是教学的主要内容。汉语写作课有可

① 本章作者：李晟宇。

能使学生感到较大压力，因此教师在选择作文文体和内容、安排写作过程、讲评作文等方面，都要进行周密计划。文体要从易到难，内容要贴近学生生活，写作过程要清晰可控，讲评要简洁明确。

在教学过程中，要特别注意因材施教，在具体的写作练习中，要贯穿师生、生生互动。提高学生书面语表达能力是基础写作课的首要目标，但这并不意味着弃立意构思于不顾，好的立意构思有助于学生学习、选择更恰当的词语、句式等，有助于学生的汉语水平向更高阶段发展。另外，在一定程度上，写作是一个创造过程，或者说“建筑”过程，因此需要大量的材料。教材中作为例子的范文能够帮助学生确定目标，但要达到这一目标，学生还需要大量相关词语作为建筑材料。因此，查找、提供相关材料也是写作课的重要过程之一。一般来说，写作是一个独立创作的过程，但是多人协同完成写作任务能提高学生的积极性，有利于水平较低学生的进步。

四、教材及练习特点

目前一些写作教材的优点是有大量的范文，同时常以词语表的方式给出一定数量的生词，学生通过范文可以快速了解某种类型的作文或某种文体。部分教材中的语言点与词汇练习能有效提高学生的汉语使用能力。但总体上看，多数教材的写作练习更像命题作文，缺少具体可控的步骤，换句话说，学生在写作过程中，教师难以介入并进行引导，教师只能在布置写作练习之初和评改作文时才能对学生进行指导，在学生进行写作这个最重要的过程中，教师反而只能旁观。因此，有必要开发更系统、更实用、难度适中的写作教材。

从练习方面看，基础写作课对留学生进行由段到篇、层层叠加的写作训练，以记叙文、说明文、议论文、读后感等文体为主线，并穿插书信、启事等应用文体进行写作练习。作为结果的作文要在教师与学生之间多次循环修改，以更有效地提高学生的写作水平。总之，基础写作课可以应用各种材料，结合不同文体，安排各种写作任务，以提高学生的汉语书面表达能力。

本文从教学实践出发，结合一定的调查和作文分析，讨论了不同的教学目标、教学方法对留学生汉语写作课产生的影响。

第二节　区分母语写作教学与第二语言写作教学

写作是语言运用的一个重要方面，写作水平的高低也是衡量语言学习者对某种语言掌握程度的重要标准，因此，不论在母语教学中，还是在第二语言教学中，写作教学都是一定教学阶段的重点。

一般来说，写作教学的目的就是提高学生的写作水平，培养学生的写作能力。立足于此我们会发现，同属写作教学的母语写作教学和第二语言写作教学有很多相同之处。但是，并不能据此将二者等同，把母语写作教学的目标、方法等完全移植于第二语言写作教学中，并不利于教学。因此，对母语写作教学和第二语言写作教学加以区分是很有必要的。

一、写作内容

作为第二语言教学的对外汉语写作教学和汉语母语写作教学不同，必须将二者区别开来。不论是母语教学还是第二语言教学，写作内容都应从学生的生活出发，或者说贴近学生的生活。但是，如果要把母语学习者的生活作为写作内容提供给第二语言学习者，则需仔细斟酌、选择、编排。

从对外汉语写作教材编写的角度来看，不能将汉语母语写作的一些训练方式与内容完全移入对外汉语写作教学中，教材的编写必须充分考虑对外汉语写作课的特点、教学的主要目标，以及写作中的文化因素等。例如，教材中如果引用一些中国传统故事、典故、笑话等作为材料，就有可能使学生感到费解，因为留学生不同于中国学生，一些学生可能完全没有这些方面的背景知识。因缺乏相关的背景知识，学生要理解这些内容，并完成与之相关的练习、训练，就得把注意力从写作上转移到学习文化、历史等知识上来，这将用去学生很多时间和精力，同时，教师也不得不花费很多时间对此进行解释、说明。对外汉语写作教材中一般都有大量例文，例文最好能贴近现实生活，不能离学生的生活太远，这样才便于学生理解、把握、模仿。如果学生在理解例文内容上有太多的困难，那么例文就失去了作用。

杨俐（2007）认为："交际语言教学倡导语言教学与学生真实社会生活的结合，强调依托第一语言知识背景来学习第二语言。学生当前或未来生活学习工作的所想所需等都应成为写作教学的选材对象。"从这一观点出发，我们可以进一步思考：写作课的内容最好与学生的第一语言背景有关，或者，不论是否与学生的第一语言背景有关，写作课的内容都要贴近学生的生活，不管是过去的、目前的，还是将来的生活。这样，学生才能有所思、有所写。因此，从学生的实际生活和需要出发来安排写作教学非常重要。

二、写作能力

写作能力是一种综合能力，包括语言运用、构思谋篇、观察分析等多个方面。母语写作训练，往往要考虑语言和思维两个方面。但是对外汉语写作教学训练对这些方面则要有所侧重。

"写作能力是智能（思维能力和心理活动能力）和技能（掌握和运用各种技巧的能力）的综合反映，包括遣词造句、布局谋篇能力（语言表达能力）以及观察事物（生活感知能力）、分析事物的能力（认知能力）。"（吴双，2011）这段话概括出了什么是"写作能力"，其中观察事物、分析事物的能力是母语写作教学的重要内容，但是在对外汉语写作教学中却不是重点。

写作离不开学生的思维能力、心理活动能力，更离不开观察事物、分析事物的能力，但与中国学生的语文教学不同，这些在对外汉语写作教学中都不能作为重点来处理，原因有二：一是这些能力的培养常常放在中小学阶段，而选择对外汉语写作课的学生一般都是成人；二是对外汉语写作课的目标是提高学生的汉语写作水平，语言运用才是重点。

在对外汉语写作教学中，初级阶段以语段、语篇表达为主，中高级阶段则以语篇表达为主。（李晓琪，2006：216～217）在中高级阶段的汉语写作课中，衡量一个学生写作水平的高低，要看学生的语篇表达能力。也就是说，中高级阶段对外汉语写作教学的目标是为了提高学生汉语书面语篇表达的能力，其根本目的仍然是语言技能的提高。明确了这一目标，才能更好地设计教学、编制练习等。

对交际任务的研究，从另一个角度反映了这一问题。马箭飞（2002）给汉语交际任务分出七个类别：基本交际、生存、社会活动、个人信息、社会信息、文化信息、媒体信息，每类都包括一些话题，如个人信息类包括个人情况、家庭情况、学习情况、爱好和擅长、看法和态度、打算和愿望等。交际任务又分为初级、中级、高级。中级（一般性交际任务）语言功能有说明、叙述、评价等，语篇结构较初级稍复杂，重视成段的理解和表达；高级（复杂交际任务）语言功能包括交谈、议论、情感表达，语篇连接自由，内容抽象。两个等级中的语篇要求，也反映了不同阶段写作教学在语篇上的要求。这些任务类别和话题对写作教学内容的编排也很有启发性。语言是交际的工具，汉语写作教学的目的也是培养学生的汉语交际能力，从交际的角度出发通观全局安排教学，才能切实提高学生的写作水平，培养学生的汉语应用能力。

第三节　影响课堂教学的几个问题

一、课堂训练的总体目标

对外汉语写作应以语言技能训练为目标来设计教学。总体目标不同，课堂教学设计、过程也不同。

据李晓琪（2006：231～235），写作过程的第一步是“话语的起点”，也就是产生话语的动机，反映在写作教学上，可以是教师给出的作文练习，如题目、材料等；

写作过程的第二步是学生在头脑中建立命题网络，吴平（1999）、陈贤纯（2003）、李晓琪（2006）都曾提到这一点，即学生要先建立“基本命题”，然后把相关的一些基本命题组成“网络系统”或“命题树”，命题树不是语言的表层形式，而是深层语义形式，或者说是“语言的意义”。反映在教学上，构建命题树的过程就是学生在头脑中构思的过程。这是一个十分复杂的过程，需要学生运用大量的、多方面的背景知识并努力发挥自己的思考能力。在这一过程中，因学生之间的经验、阅历、知识等不同，构建出的命题树之间也会存在很大差异。

写作过程的第三步是将命题树用语言表达出来，就是教学过程中学生产生作文的过程，这一过程的主要任务是语言的组织与运用。

以上三步的第二步——构建命题树，在汉语母语写作教学中比较重要，但是在对外汉语写作教学中恰恰相反，构建命题树不是教学的重要内容。对外汉语写作教学的重点是语言使用能力的培养，如果过于注重以上第二步，将会使学生把大量精力用在思考、构建内容上，而非用在语言训练上。因此在设计教学时要明确语言技能训练这一总目标，在此基础上来安排教学。

另外，留学生的写作构思有其自身特点。针对北京师范大学汉语文化学院四年级 40 名留学生的调查（以下简称“调查一”）反映出留学生从构思到写作存在以下三种情况：第一种是用汉语思考，用汉语写作；第二种是用母语思考，用汉语写作；第三种是先用母语写，再翻译成汉语。其中第一种情况是最理想的，但是要达到这一水平并非易事。调查一反映出大部分学生处于第二种状况：

第一种：用汉语想用汉语写 17 人；

第二种：用母语想用汉语写 23 人；

第三种：用母语写出作文后再翻译成汉语 0 人。

这一调查中处于第三种情况的是 0 人，但是通过对其他四年级写作课的考察发现，实际写作中偶尔会有学生用母语写出部分甚至全部内容，再翻译成汉语。

一般来说，作文内容的复杂程度和学生对母语及背景知识的依赖性成正比，复杂的内容，需要复杂的命题树，需要复杂的构思，这种情况下，学生的构思愈发接近以上调查的第三种情况，即用母语思考甚至是先用母语写作。但是，这不意味着写作内容不能复杂，而是需要在写作训练中给出足够的背景知识、语言要素，尽量减少学生用母语思考甚至写作的可能。

基于以上分析，我们认为，对外汉语写作课的练习可大体分为两种：

一是内容已基本确定的练习，如听后写、看图写故事、改写（包括扩写、缩写）、观后写或读后写（写电影故事、小说内容等）。这样的练习能避免学生把大量的精力耗费在构思内容上，特别是减少了学生使用母语思考的可能，最终使学生把注意力集中在语言训练上。

二是内容较宽泛的练习，如写人、写地方、读后感、观后感等。这样的练习应避免简单的命题形式，或者说，练习的涉及面应该够宽、够广，让学生有内容可写，不会因想不起内容而无话可说，不会在思考内容上用去过多时间，同时，给出一定的背景知识和语言要素，更好地引导学生进行语言训练。

二、单一模式与复合模式

传统的写作教学模式常常是教师给出命题—分析范文—学生写作—教师评改。吕必松（1996）在讨论中级笔头表达训练时指出，命题作文不适合于对外汉语教学，特别是初、中级的教学。王凤兰（2004）也指出了这种模式的缺点：课程往往显得枯燥，学生处于被动地位，积极性不高，教师评改作用小，因为学生并不注意最后的评改。

在对外汉语写作教学中，命题写作不利于学生提高写作水平，但是范文仍然有相当的作用，特别是对写作水平较低的学生来说，要想把某种给定的内容用汉语书面表达出来并非易事，因此学生常常要求教师给出一定的范文以供参考，据此获得一些最直观的感受。

在分文体的写作教学中，范文有重要的作用。面对各种文体，学生往往需要从不同的范文中体会文体的特征，进而模仿范文进行写作。例如，应用文一般都有固定的格式、句式，以及常用的词语等，通过范文展示应用文的这些特征，是最直观、直接的教学方法，学生可以通过模仿范文，快速掌握某种应用文的写作技能。总之，引领学生阅读范文、感受范文、模仿范文仍是写作教学中的可行方法之一。

但是只使用范文，只看结果的单一教学模式当然不适合对外汉语写作教学。要想获得最佳教学效果，就需要根据课程内容、特点以及学生特点综合各种教学方法，使单一的写作教学模式变成复合的教学模式。

例如基于任务的教学方法在对外汉语教学中十分重要，那么在对外汉语写作教学中恰当地使用这些方法，则会成为促进教学的有效途径之一。任务教学中的任务布置能最大程度吸引学生的兴趣及注意力，能自然地把学生置于一定的情境中。同时，范文的使用、作文的评改等方法都能结合到任务教学中去。当然，在对外汉语写作课中引入任务教学，仍有许多问题需解决，如任务的确定、任务的分类，在兼顾完成任务的同时怎样使学生的注意力不离开语言等。

三、语段训练与语篇训练

“语段又称句群，是由两个或两个以上的句子构成的大于句子而一般小于段落的语言单位。构成语段的若干句子衔接连贯，共同表达一个完整明确的中心意思。”（陈福宝，1998）

在学生的汉语达到一定水平之后才能布置较长的语篇练习，此前应以语段训练为主。在学生能够较好地进行语段表达之后，再过渡到语篇训练。出于循序渐进和保持兴趣的目的，在过渡期仍然要将语段、语篇训练结合起来。因此语段训练在高级写作课中仍然是重要内容。

语段训练是进行完整篇章表达的基础。语段训练能够培养学生作文的条理性、逻辑性，便于学生抓住写作主题，提高连贯多个单句的能力。另外，语段训练过程中学生的心理压力小，因此写作水平能够得到充分发挥。

具体的语段训练方式多种多样，如句子排序、扩写、补充、修改病段等。

在语段训练的基础上，要进行完整的语篇写作练习。进入语篇练习阶段后，语段训练仍不能放弃，语段训练与语篇训练往往要循环进行，具体比例要根据学生情况进行调整。

四、作文的评改

作文评改有多种方法，如教师评改、教师与学生共同评改、学生自行评改、学生互相评改等。

对留学生作文的评改应该宽松还是严格并没有统一的说法，这里的“宽松”并不是说可以对错误随意处理，而是集中处理一些重点错误或规律性错误。“严格”则是近乎有错必改。前者有利于学生吸收，但会略过一些问题，后者能凸显所有问题，但往往使学生感觉压力较大，信心不足。图 11-1 是调查一的一个结果，反映出多数学生希望有错必改。

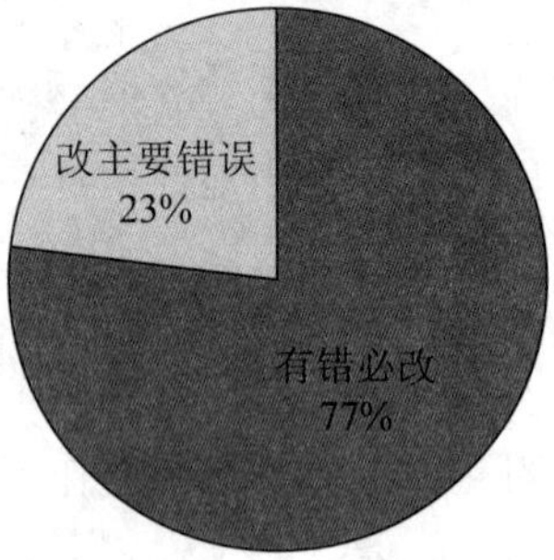

图 11-1　作文评改

在 40 名学生中，有 31 名要求改每个错误，占总数的 77％；要求教师改主要错误的只有 9 名学生，占总数的 23％。这个结果反映出了学生的要求，但是，在实际的教学中，作为引领学生、安排教学的教师在重视学生的要求的同时，还需根据教学的理论和规律来进行调整，以期达到最佳的教学效果。

不理想的作文评改方式是这样的：教师在学生作文上标注、修改错误，写评语，最后一个步骤是发给学生，学生自己决定看或者不看评改后的作文。这种方式效果较差，原因并非出自教师评改本身，而是评改这个教学过程的安排。这种评改方式的预期目的是学生仔细分析教师标注、修改的错误，认真阅读教师评语，甚至将错误之处整理、重写。但是，这种预期目的实际难以实现。调查二针对北京师范大学汉语文化学院四年级写作课上 17 名留学生进行的，结果如下：

看老师的修改和评语的学生有 13 名，占总数的 76％，但其中仔细看的只有 4 名，占总数的 23％；只有一名学生表示偶尔会根据老师的评改修改一下自己的作文；另有 4 名同学几乎完全不看老师的评改，只是偶尔看一下分数或者评语。如图 11-2 所示。

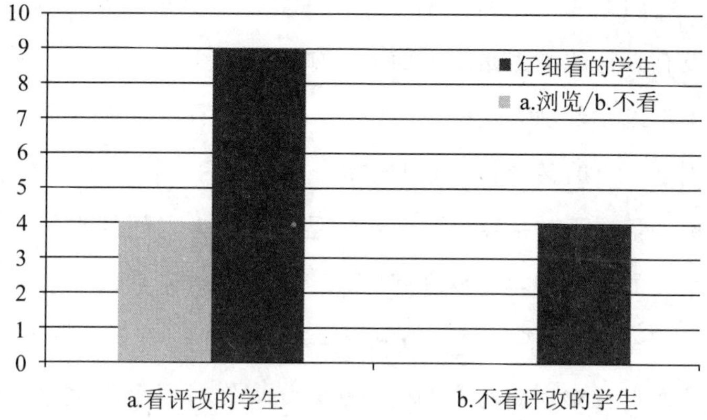

图 11-2　学生对待教师评改的情况

从图表 11-2 中能够看出，多数学生会看教师的评改，但是仔细看的是少数。这个调查反映了一个情况，即学生可能不会主动仔细处理教师的评改。

从教学过程看，作文评改是写作教学的一个环节，教师有明确的预期目的，但是在这种方式下，评改后的作文发给学生以后，教师只能期待预期目的的实现，对最后一个教学环节，教师实际上是没有任何掌控的，也就是说，最后的教学环节处于有目的但无引导、无组织的状态，这是效果差的根本原因。

要想改变上述状况，首先要明确作文的评改是需要学生积极参与的一个教学过程，必须把整个评改过程纳入教师的掌控范围，要把“教师评改”变成“教师—学生评改”的方式。具体来说，可以把作文评改变成学生作业的一部分，如根据教师的批改来修改自己的作文，或者重写作文等。

“教师—学生评改”方式的另一要点是“循环”，即“教师评改—学生修改—教师评改”，具体循环的次数要根据教学计划、学生水平、课程难度等方面进行调整。另外，循环评改要针对不同质量的作文来做具体安排，以免浪费学生精力，影响学生兴趣。

“教师—学生评改”的好处是将作文评改变成教师可控的教学环节，学生也会通过积极参与评改而得到长足进步。

作文评改还可以学生自改或互改的方式进行，但这种评改较易受作文难度、文化差异等因素影响。自改对学生来说较难，互改可能使学生失去兴趣。学生对互改没有兴趣的原因是多方面的，如隐私、文化、汉语水平等，其中最主要的是学生难以发现别人作文中的问题，结果是只改了一两个词，或者只改了一两个错别字，有时甚至把正确的改错。

互改在两种情况下效果要好一些：一是互改学生之间的水平差距较大，这种情况下水平高的同学较容易发现问题；二是小组讨论互改，学生之间更容易取长补短。

教师在评改过程中还要注意一些问题，如应针对每个学生收集偏误，这样才能“因偏施导”，再如一定要写评语，评语一方面是对学生作文的评估，有利于学生提高汉语水平，另一方面，评语能增加师生间的交流，能激发学生的兴趣。调查一的结果显示出多数学生希望看到教师的评语，如图 11-3 所示。

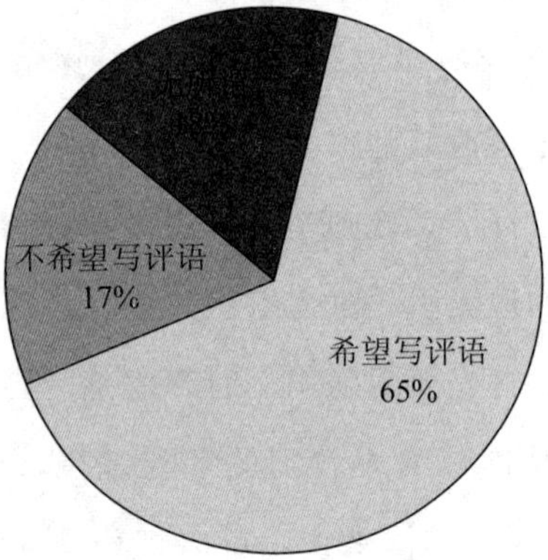

图 11-3　是否希望教师写评语

对评语内容，学生要求略有差异（调查中此问题为多选题）：希望评语解释语言问题的有 26 人，希望评语谈文化问题的有 10 人，希望通过评语与教师交流想法的有 18 人，其中大部分学生希望看到有关语言问题的评语。

第四节 分文体的写作教学

对外汉语写作教学是否要针对各种文体进行训练，并没有统一的看法。初级写作可以不考虑这个问题，但是中高级写作课则不同。

一、学生的兴趣

调查一反映出大部分学生对分文体写作有兴趣，原因有以下几个：一是增加了写作课的趣味性；二是增加了实用性；三是增加了对汉语文体的了解。

调查反映出学生喜欢的文体并非人们通常认为较简单的记叙、说明等，最喜欢的是写事物的说明类作文和谈想法的观后感、读后感类作文，其次是写事情的记叙类作文。应用文对学生来说较重要，“在中级阶段，无论从可行性的角度考虑，还是从实用的角度考虑，都应当以写应用文为主”，高级阶段“仍可以应用文写作训练为重点，只是要选择较难的训练项目”（吕必松，1967），但从兴趣的角度看，应用文并不是学生最喜欢写的。这也与学生选写作课的目的相符：调查一中有27名学生学习写作的目的是用汉语表达思想、看法；5名学生选择为了工作。其他主要目的概括如下：提高写作水平；发现自己的语言错误；使用更多词语；写汉字；备考HSK。

二、教材编写与文体

供留学生使用的写作教材多数都会进行分文体的写作训练，特别是应用文体、记叙文体和议论文体。例如《汉语写作教程》《体验汉语——写作教程（高级2）》《发展汉语——高级写作》《留学生实用汉语写作教程》《汉语综合写作教程》《留学生汉语写作》等。“从我国的传统写作课来看，它的体系就应该是以文体为主，就要从留学生的生活和将来的工作出发，选择实用性强的文体。”（马金科，2007）

总体来看，适当进行分文体写作教学是必要的，但在这一点上仍需注意区分对外汉语写作教学和汉语母语写作教学。对外汉语写作教学中的分文体训练是为了帮助学生了解、体会不同文体、风格，在此基础上对部分文体有适当的把握、运用。在学习语言和学习文体二者之间，前者仍然是最重要的。在引入某种文体时，要避免过多使用术语，进行过多讲解，最好使学生从范文中、从写作中体会。

第五节　单独写作与分小组写作

单独写作就是每个学生独立完成教师布置的写作任务，与之相对的是分小组写作，将分组进行练习常常是对外汉语写作课堂教学的重要方法之一。分小组写作能提高学生的兴趣、积极性，学生之间能够取长补短。当然，分小组写作并非有利无弊。本研究通过测试和调查两种方式，考察了分小组写作中的一些问题。

一、针对分小组写作的测试

测试对象为北京师范大学汉语文化学院四年级留学生，共 35 人。为减少学生背景知识、思维能力等因素的影响，测试内容确定为观后写：看电影后写电影故事。为减少对比结果的误差，要求学生针对同一部电影进行两次写作：

第一次写作：先将学生分组，每组 3～4 人，第一课时观看前半部电影，第二课时开始小组写作；

第二次写作：第三课时观看电影后半部，第四课时每个同学独立写作。

然后对比分析两次写作的结果。从平均成绩来看，分组写作成绩高于单独写作（分组写作平均成绩 88.4 分；独立写作平均成绩 87.1 分）。虽然分组写作的成绩高于独立写作，但对比个人成绩和小组成绩等方面还能发现，分组写作不利于高水平学生发挥，其成绩往往低于单独写作；相反，低水平学生的分组写作成绩则高于单独写作成绩。调查一也在一定程度上反映了这一问题（详见“二、针对分小组写作的调查”）。

以上针对分组写作教学的对比测试虽然反映出了一些问题，但测试中有一些因素不能完全平衡，如学生的水平、国别、对电影的理解、主笔学生、文化差异等，这些问题也是对外汉语写作课采用分组教学方法时需要平衡的问题。

二、针对分小组写作的调查

从上文的测试可以看出，分组写作总体上提高了学生的成绩，但是，分组写作不利于高水平的学生学习。调查一也反映出了这方面的问题——并非所有的学生都喜欢分组写作：希望采取分组方式写作：15 人；不希望采取分组写作的方式：14 人；两种都可以：1 人。如图 11-4 所示。

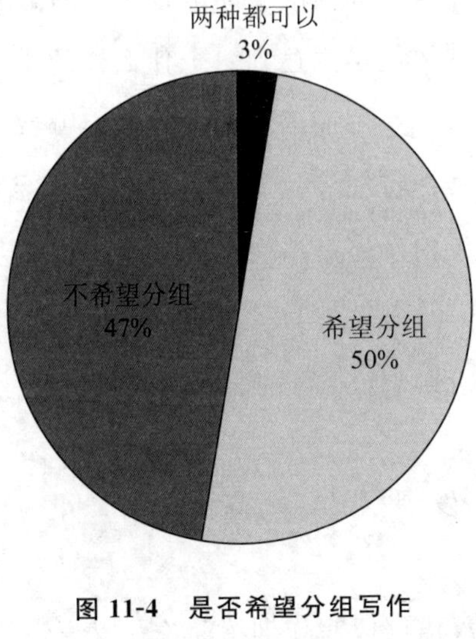

图 11-4　是否希望分组写作

从图 11-4 可以看出，倾向小组写作的人数与倾向单独写作的人数没有太大的差距。调查中还发现，写作水平高的学生多不喜欢分组写作。

对分组写作的优缺点，学生主要提到以下几个方面：

优点有两个：一是可以了解别人观点，取长补短；二是有意思。

缺点有两个：一是小组成员往往意见不统一；二是不利于小组内每个同学

发挥自己的水平，原因有多种，如汉语水平、性格特征等。

虽然倾向分组和不分组的学生人数没有太大差别，但是对写作课是否有必要进行讨论的倾向性还是明显的：有必要讨论：30 人；没必要讨论：8 人；放弃：2 人。可见，学生既希望通过小组讨论交流观点、想法等取长补短，又希望能在写作中自由发挥自己的各方面能力，所以教师在设计写作教学时最好能够兼顾这两方面。

第六节　高年级写作课教学中的困难

写作课不同于其他课型，因为涉及很多非语言的因素，但是对外汉语写作课的目的是训练学生汉语的应用能力，即提高语言能力是根本目标。因此第一个困难是在对外汉语写作课中如何减少非语言因素的影响。

此外，高年级写作课要使学生达到一个什么样的水平，是需要进一步分析的问题。如学生应该掌握哪些书面语词汇，应学会哪些句式，应掌握什么样的篇章结构，应把握哪些文体特征等。

还有，教学要从词汇出发还是从文体出发也需进一步探讨，因为这关系到教学设计、教材编写等。

【本章参考文献】

[1] 岑玉珍编著. 发展汉语——高级写作. 北京：北京语言大学出版社，2006.

[2] 陈福宝. 对外汉语语段写作训练简论. 汉语学习，1998 (6).

[3] 陈贤纯. 对外汉语教学写作课初探. 语言教学与研究，2003 (5).

[4] 金舒年，刘德联，张文贤编著. 留学生实用汉语写作教程. 北京：北京大学出版社，2009.

[5] 李晓琪主编. 对外汉语阅读与写作教学研究. 北京：商务印书馆，2006.

[6] 李汛主编. 汉语综合写作教程. 北京：北京大学出版社，2009.

[7] 吕必松. 对外汉语教学概论（讲义）第七章言语交际技能训练. 世界汉语教学，1996（4）.

[8] 马箭飞. 任务式大纲与汉语交际任务//中国对外汉语教学学会第七次学术讨论会论文选. 北京：人民教育出版社，2002.

[9] 马金科. 系列《汉语写作教程》给对外汉语写作教学的启示. 云南师范大学学报，2007（1）.

[10] 王凤兰. 汉语写作教学刍议. 齐齐哈尔大学学报（哲学社会科学版），2004（5）.

[11] 吴平. 从学习策略到对外汉语写作教学. 汉语学习，1999（3）.

[12] 吴双. 留学生汉语写前构思活动对其作文质量的影响. 世界汉语教学，2011（1）.

[13] 杨俐.《外国人汉语过程写作》的编写理念. 语言教学与研究，2007（6）.

[14] 赵建华，祝秉耀编著. 汉语写作教程. 北京：北京语言大学出版社，2003.

[15] 赵永红，陈作宏编. 体验汉语——写作教程（高级2）. 北京：高等教育出版社，2006.

[16] 朱希祥，李小玲，李晓华编著. 留学生汉语写作. 上海：华东师范大学出版社，2009.

第十二章　综合课中的写作教学研究[①]

第一节　综合课中的写作教学特征

相对于单独开设的写作课而言，综合课中的写作训练具有一定的优势：第一，综合课对写作的要求更为具体，学生在写作时应该尽量运用课文中所涉及的修辞方法、词汇、语法点等相关知识，写作不仅是对写作技巧、文体的训练，同时也是对语言知识的操练和巩固；第二，中高级综合课中的文章涉及各类体裁和题材，并且文章用词规范，句子长短和难易度符合学生的水平，便于学生模仿；第三，综合课贯穿于初中高级三个阶段，每个阶段都有相关的训练形式，整个写作训练具有渐进性、层级性、连续性等特点；第四，综合课的课时较多，相关训练更为充分，学生对范文的理解更加透彻。此外，写作课一般单纯以语段、语篇的训练为主，而综合课的写作训练则是集汉字书写、词汇运用、语法点讲练、语段、语篇训练为一体，具有多层次全方位的特点。因此，综合课对学生写作能力的培养具有特别重要的意义，是培养和提高学生写作技能的一个重要途径。

① 本章作者：步延新。

综合课中的写作训练一般采用较为传统的“结果法”① （闫婧，2007）。虽然这种教学方法还存在一定的不足之处，但因其具有较强的可操作性，在写作教学中仍占主导地位。综合课中写作训练的教学程序一般为：

范文的讲练在这一模式中占有非常重要的位置，学生在学习范文之后，模仿范文，运用范文中介绍的修辞方法、写作技巧、词汇和语法点等完成自己的文章。在整个成文过程中范文一直占有举足轻重的地位，而范文到底对学生的写作有多大的影响，学生作文与范文之间的关联性有多大，至今还没有人做过相对比较细致的、量化的统计分析。因此，本文从学生作文的题目、作文的字数、修辞方法的运用、文章结构、词汇语法点的运用等几个方面对中级学生的作文做一个量化的统计分析。调查结果显示，不同体裁、题材以及要求与学生作文有一定的相关性，范文中的修辞方法对学生作文有影响。针对这样的情况，我们认为教材的编写应具有系统性、阶段性、丰富性和典型性等特征。

第二节　范文与学生作文相关性的调查

一、研究对象

本文所收集的作文是北京师范大学汉语文化学院三年级第一学期留学生的课后作业，所使用的教材是外国留学生汉语言专业本科系列教材《汉语精读课

① “结果法”流行于20世纪40—60年代，它基于形式主义语言观和行为主义心理学；强调模仿，偏重经验，但相对忽视对学生积极性和主动性的培养；主张通过阅读、分析和模仿范文来写作；语言操练限于句子层面，而相对忽视段落篇章层面；文章的最后阅读者是教师，教师只关注文章成品，而相对忽视文章的写作环节。（周红，2007）

本》(三年级上册)[1]。我们共计收集了35名同学的62篇作文，其中有18名同学提交了一篇作文，有7名同学提交了两篇作文，有10名同学提交了3篇作文。这些作文是《怀念那条小溪》《对轿车进入家庭的思考》《夜生活》三课的课后作业。35名学生中，除2名日本留学生之外，其余学生均为韩国留学生。

二、研究方法

第一，从课本中选择出三篇有代表性的文章：(1)《怀念那条小溪》(以下简称《小溪》)是本册书的第一篇文章，是一篇充满感情的抒情散文。较之二年级的课文，这篇课文有了很大的变化。文章的篇幅加长了，内容加深了，有了抒情描写，也有了对人生的感悟，生词从原来的日常生活用语过渡到了书面用语，语法点相对减少，但是增加了修辞方法及语段的训练。(2)《对轿车进入家庭的思考》(以下简称《轿车》)是本册书的第三课，是一篇典型的议论文。(3)《夜生活》是一篇说明性的文章，是本册书的第四课。三篇文章分别介绍了三种较为常见的修辞方法：拟人、反问、排比。如表12-1所示。

表12-1 三篇文章的具体情况

范文	课文性质	修辞方法	语法点(个)	生词(个)	作文题目
小溪	抒情散文	拟人	12	61	童年的回忆
轿车	议论文	反问	8	73	轿车进入家庭的利与弊
夜生活	说明文	排比	7	61	……的夜生活

注：语法点和生词见本章附录。

第二，将学生的作文进行整理。在所收集的62篇作文中，与《小溪》相关的作文22篇，与《轿车》相关的作文18篇，与《夜生活》相关的作文22篇。

第三，学习范文的目的是让学生了解文章的性质、写作技巧、修辞方法，

① 冯建明、吴方敏编著：《汉语精读课本》(三年级上册)，北京，中国社会科学出版社，2006。

看文章如何开始、如何结束，如何连句成段、组段成篇，了解中国人的思维方式，学习词汇和语法点，进而模仿完成自己的文章。通过学习范文，学生是否掌握了课上老师介绍的这些内容，能否从作文中体现出来，学生作文与范文的相关度有多大，这是我们研究的主要内容。因此，我们从学生作文的选题、字数、修辞方法、文章结构、词汇及语法点的运用六个方面进行相应的统计、对比和分析，如图 12-1 所示。

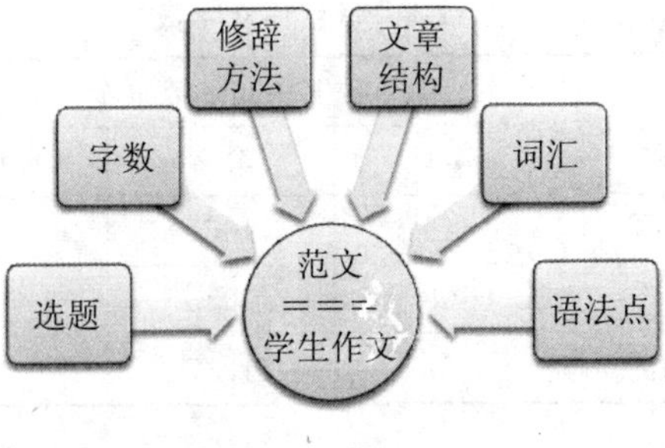

图 12-1　学生作文与范文的相关度

三、研究内容

（一）学生作文的选题

综合课中的写作训练一般是命题作文，如《小溪》的课后作文是“童年的回忆”，《轿车》的课后作文是“轿车进入家庭的利与弊”，这样的命题作文，学生不能自主选题。而《夜生活》的课后作文是一个半开放式的命题——“……的夜生活”，于是学生们充分发挥自己的想象，选择了自己喜欢的题目，如“我的夜生活”“韩国人的夜生活”“我国年轻人的夜生活”“我男朋友的夜生活”“旻洙的夜生活”“宝宝的夜生活”“‘延·高战’的夜生活”“童年的夜生活”“愉快的夜生活”“各个方面的夜生活”“夜市场的夜生活”“达慕斯大学的夜生活”“夜生活的问题和方案”等。这个题目为学生提供了充分的想象空间，学生们不仅描写了某些人、某类人的夜生活，还写出了某些地方的夜生活，甚至还有关于夜生活的讨论。这样半开放式的命题既可以引发学生的写作兴趣，又可以充分发挥他们的想象力，调动他们的积极性，进而达到提高写作能力的目的，是很值得提倡的一种方式。

（二）学生作文的字数

我们在进行篇章训练时一直比较强调字数，HSK 等考试的写作部分对字数也有一定的要求。学生们在三篇不同性质范文的影响下写出来的作文字数也有所不同，具体如表 12-2 所示。

表 12-2 学生作文字数

范 文	学生作文字数（个）		
	最少	最多	平均数
小 溪	419	1067	672
轿 车	408	1053	613
夜生活	467	1287	760

根据表 12-2 的数据，我们做如下分析：

第一，按照国家对外汉语教学领导小组办公室制定的《汉语水平等级标准与语法等级大纲》的规定，中、高级水平的学生应该在两小时内完成 800 字以上的命题作文。HSK（高级）要求学生在指定时间内完成 400～600 字的作文。我们所调查的教材中并没有对作文的字数提出具体要求。从表 12-2 的数据来看，学生们的作文基本可以达到考试的要求，但与大纲的要求还有一段距离。

第二，不同性质的范文对学生作文的字数有影响。三篇文章中内容最接近生活的范文是《夜生活》，学生作文的平均字数也最多，而《轿车》一文是议论文，学生作文的平均字数最少。《小溪》是一篇抒情散文，学生作文的字数介于前两篇文章之间。由此可见，范文的性质对学生作文的字数是有一定影响的。从字数上来看，议论文的难度相对较大。

第三，不同学生作文的字数差异较大。同一个题目的作文中，字数最多的作文是字数最少的作文的两三倍，这说明同一年级学生的汉语水平存在较大的差异。

第四，同一名学生所写的三篇作文在字数上也显现出一些特点，如图 12-2 所示。

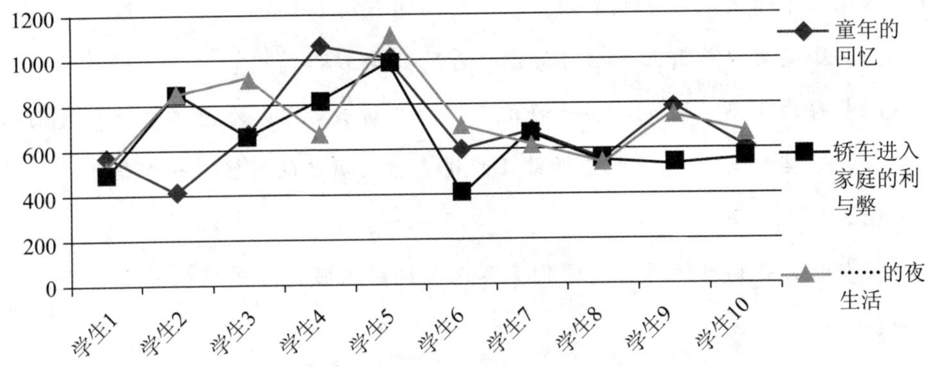

图 12-2　学生作文字数分布图

图 12-2 中 10 名学生分别提交了三篇作文，从字数上看，学生1、学生5、学生6、学生7、学生8、学生10六名学生作文的字数比较均衡，每篇作文的字数相差不大，由此可以看出这几名学生的汉语水平比较稳定。而学生2、学生 3、学生4和学生9四名学生所完成的三篇作文的字数有所不同。其中有三名学生的两篇作文字数相差无几，而另外一篇作文字数则比较多或比较少，比如学生2，他所提交的《轿车进入家庭的利与弊》和《……夜生活》都在 800 字以上，而《童年的回忆》只有 400 字左右，排除应付性完成作业等客观因素，可以看出这篇作文对他来说有一定的难度。同理，对于学生9来说，议论文《轿车进入家庭的利与弊》有一定的难度。与之相反，学生3的《……夜生活》字数远远多于另外两篇作文，这说明该学生对这个题目比较感兴趣，换句话说，三篇范文中，《夜生活》给他的印象最为深刻，对他的写作产生了极大的影响。比较特殊的是学生 4，他三篇文章的字数非常不稳定，我们分析认为，这样学生的汉语水平还不是很稳定。

（三）修辞方法的运用

三篇范文分别对拟人、反问和排比的修辞方法进行了展示和训练，每课课后都有相应的练习。这类练习对于大多数学生来说有一定难度，特别是拟人的修辞方法，很多学生不能及时完成作业，而部分学生却通过这些练习充分展现出了用汉语写作的才华。比如，《小溪》课后一个练习是请学生模仿课文中的句子写出一个拟人的句子或语段，学生写出如下句子①：

[1] 小鸟好像聊天儿。树叶好像合着风跳舞。

[2] 每次拿筷子夹菜，筷子好像不满地告诉我，“你为什么总是碍我们的爱？你的菜挡我们吻。”吃的东西终于放进去我的嘴巴的时候，一双筷子再高兴地见面。

[3] 秋天是树叶的舞会。它们穿各色各样的衣服，合着风的节奏慢慢地落下来。

虽然上述修辞方法对留学生来说有一定的难度，但在 36 名学生中，有 14 名学生在自己的作文中运用了这些修辞方法，所占比例为 40%。具体句子如下：

拟人：

[4] 后来，我与大海成了形影不离的朋友。(《童年的回忆》)

[5] 路边的小猫对我说我显得很帅，她家的墙壁帮我练习应该怎么跟她表白，热情的秋风帮我擦掉了面部的汗。(《童年的回忆》)

[6] 车就是东西，我不要人和车、社会和车战斗。(《轿车进入家庭的利与弊》)

[7] 从不同人的嘴里出发的声音，为了先到主持人的耳边在空中不断的打架，到了我的耳边的时候他们已打成一块儿了。(《……夜生活》)

反问：

[8] 走路的时候，成人尚且有点累，何况孩子们呢？(《轿车进入家庭的利与弊》)

[9] 作为汽车主人的现代人们，为了大家共同的生活环境，为了共同的身体健康，难道不应该想一想控制，减少污染的办法吗？(《轿车进入家庭的利与弊》)

[10] 作者说的没有错，车的尾气是环境污染的主要原因，但是作者没有私车吗？(《轿车进入家庭的利与弊》)

[11] 还有夜深的时候生病了，这样很晚时间，哪儿有公交车，哪儿有出

① 本文所引用的学生作文中的句子均为原句，未经修改。

租车呢？(《轿车进入家庭的利与弊》)

[12] 这是哪门子生活啊？(《……的夜生活》)

[13] 那时我只能看中国的电影，因为看中国电影都不能完全弄明白，何况别的国家的电影呢？(《……的夜生活》)

排比：

[14] 有人说童年是金色的，因为里面充满了对童年美好的回忆，有人说童年是灰色的，因为童年里有令人心酸的往事，还有人说童年是五彩缤纷的，因为童年里有着绚丽的色彩……(《童年的回忆》)

[15] 不待在公共汽车里边挤着、站着、怀疑着旁边的人。(《轿车进入家庭的利与弊》)

[16] 如果你想买车的话，应该考虑一下，除了养路费、停车费、保险费、维修费以外，加上还得考虑堵塞交通、污染空气、加大社会成本等问题。(《轿车进入家庭的利与弊》)

[17] 我肯定不能忘掉这个学期的很自由的、很幸福的、很丰富的夜生活。(《……的夜生活》)

[18] 别人要闭眼睛的时候我睁开眼睛，别人在脱衣服的时候我穿衣服，别人在下车的时候我上车，别人在打开家门的时候我打开商店的门，别人在做梦的时候我就在我人生的决战地挣扎着。(《……的夜生活》)

[19] 每个人都那么严肃，那么认真，那么凶狠。(《……的夜生活》)

[20] 他们更是热情，更是积极，更是幽默。(《……的夜生活》)

[21] 他们的热情，他们的争气，他们的底气，他们的生命力。(《……的夜生活》)

从上述句子来看，拟人的修辞方法是学生最难掌握的，在学生作文中出现的也最少。相对比较容易的是排比的修辞方法，虽然这种修辞方法在最后一课才接触，但在之前的作文中已经出现。此外，在范文的影响下，特别是抒情散文《小溪》的影响下，学生们还写出了一些非常优美的句子。例如：

[22] 树叶在微风中轻轻摇曳。(《童年的回忆》)

[23] 我的身体充满太阳的气息。(《童年的回忆》)

[24] 我们两个人具有的这么暖洋洋的记忆可以解救荒凉的现实。(《童年的回忆》)

[25] 我只要有机会回家乡，总要去亲近大海，重温那温和，寻找童年的欢笑与兴奋。(《童年的回忆》)

[26] 奶奶的家啊奶奶的家，那个家似乎什么都不缺，但似乎什么都缺。(《童年的回忆》)

[27] 我童年的夜生活有时候是平凡的，有时候是特别的。(《……的夜生活》)

[28] 她是刚开的一朵花儿，花样年龄。(《……的夜生活》)

四、文章结构

范文的结构也是学生学习的一个重要方面，我们在介绍范文时往往分析一下文章的结构，然后帮助学生构建自己作文的结构。写作课上非常重视这一个方面的训练，比如李汛主编的《汉语综合写作教程》一书中，每课都有这方面的训练。该教程用图表的形式展示出范文的主体结构，归纳出文章的结构框架。综合课上在精讲范文时也会对文章的结构进行介绍，如《小溪》开篇是对人生的感悟，然后是回忆，最后总结。从学生的作文来看，有 1 名学生模仿《小溪》的结构。另外，有 2 名学生模仿《夜生活》的结构，介绍了不同身份的人的夜生活，并加上了小标题。而以《轿车进入家庭的利与弊》为题的作文结构大致相同，所有 22 篇作文，基本都采取了“总—分—总”的结构模式。先介绍经济发展对轿车进入家庭的影响，然后谈到轿车进入家庭的优点以及汽车的家庭化给个人和社会带来的危害，最后进行总结，阐明自己的观点。出现这种情况的原因大概与作文的题目有关，题目中的“利”与“弊”引导学生进行正反两个方面的论述。此外，这个题目也是对 HSK 考试的一个训练。HSK 考试经常请学生谈谈对某件事情的看法，这些事情大都可以从正反两个方面进行阐述。学生也大都经过类似的训练，所以大家所写的作文在结构上雷同。由此我们可以看出，范文的结构对学生作文结构的影响不是很大，而作文的题目对学生作文结构有一定的影响。

（五）新词语的运用

三篇范文课后的词语表中共计有 195 个词语，本册书词语的重点是近义词辨析以及成语的学习与运用，每课课后有相关的练习。此外，为了加强学生对新词语的记忆，每课都有听写。在这些练习之后，学生完成作文。学生对所学词语运用的情况如何，我们进行了调查。

调查结果显示：学生作文中共计出现 33 个生词，占三课 195 个词汇的 16.9%，这个比例是比较少的。在所有 35 名提交作文的学生中，有 19 名学生将学到的词汇运用到了所写的作文中，占总人数的 54%。有一半学生有意识将所学的生词运用到作文当中，但使用的词语并不多，具体情况如表 12-3 所示。

表 12-3　生词应用情况

词语出现次数（词次）	运用人数（人）
10	1
5	2
4	1
3	4
2	6
1	5

从表 12-3 的数据可以看出，只有一名学生用了 10 词次，大部分学生只用了 1～3 词次。这说明，虽然有一半的学生有意识地使用范文中所展示的生词，对这些生词也进行了操练和机械记忆，但是还没有真正理解和掌握。出现这种情况大概基于两方面的原因：第一，范文中的生词专业词语较多，难以把握和运用，如“信步”“弧度”“嘟”“缝隙”“悖论”“产业链”“即期”“忸怩”“惬意”等；第二，学生重视不足，有一半学生完全没有使用刚刚学过的生词，也就是说没有使用生词的意识。从另外一个角度来说，这也是教师在教学中强调不够的结果。

学生作文中所体现的生词分布情况如表 12-4 所示。

表 12-4 生词分布情况

范文	《童年的回忆》	《轿车进入家庭的利与弊》	……的夜生活
小溪	淡忘、扎实、永恒、额头、娓娓、唧唧喳喳、缠、玩弄、折磨、恋恋不舍（15 词次）		通宵、拂、情不自禁、无聊（10 词次）
轿车		得不偿失、磨损、成本、养路费、抵、依据、负外部性（12 词次）	底气（1 词次）
夜生活	爽快（1 词次）	统治（1 词次）	别扭、慢悠悠、肆无忌惮、嚎唱、苦闷、倾吐、间或、奥迪、挥金如土（14 词次）

在学完第一课《小溪》之后，有 10 个生词在学生的作文中出现了 15 次，之后学生在完成《……的夜生活》时，有 4 个词被用了 10 次。这几名学生不仅在学完后马上将这些词语用在自己的作文当中，一段时间后还能运用到以前学过的词语，这足以说明，这几名学生已经完全掌握了这些生词。《轿车》一课的生词运用情况也类似。而最后学习的《夜生活》一课中有两个生词在学习之前已经出现在学生的作文中，这说明这两个词对学生来说，已经不是生词了。在所有 33 个生词中使用率最高的是“通宵”一词，被用了 5 次，其次是“养路费”，被用了 3 次。此外，本册书词语学习的重点是成语的学习和运用，在全部 33 个被学生使用的词中，有 5 个成语，相对于三课全部 38 个成语来说是比较少的。

（六）新语法点的使用

三篇范文共介绍了 26 个新语法点，出现在学生作文中新语法点是 16 个，占 61.5%。具体情况如表 12-5 所示。

表 12-5　新语法点应用情况

范　文	《童年的回忆》	《轿车进入家庭的利与弊》	《……的夜生活》
小溪	小玩一阵、把（一把棋）、不觉、每每、的（用于句尾）、一切的一切（15 次）	把（一把汗）、不觉、每每、的（用于句尾）（7 次）	了无、更是、一把年纪、不觉、的（用于词尾）、玩弄于股掌间（11 次）
轿车	A 毕竟是 A（1 次）	视……如……、远远……于（5 次）	
夜生活	总之（1 次）	总之（3 次）	……也好……也好、说句笑话、总之、坦率地说（11 次）

中高年级语法点越来越少，也越来越难，有些语法点或词语有几个意义，初级学过比较常用的意义，到了中高级阶段范文中介绍的是另外一个不太常用的意义。学生对这些语法点的掌握及运用情况可分为两种：一种是掌握得比较好，比如量词“把”的用法，学生在初级班时就学过“一把椅子”“一把雨伞”，《小溪》中介绍的是“下一把棋”，课堂上教师扩展了其用法，如“一把年纪”“一把汗”“一把花”“一把香蕉”等。从学生的作文来看，部分学生对这些用法掌握良好。另一种情况是学生没有掌握新的结构形式，比如“毕竟”，《轿车》一课中介绍的结构式是“A 毕竟是 A”。有一名学生在学该结构之前就运用了这个结构，而另外两名学生使用了“毕竟”这个词，但是没有使用新学的结构式。

在此次统计中，我们发现，有 21 名学生将上述 16 个语法点使用了 54 次。这 21 名学生中有 15 名学生也主动使用刚学过的生词。由此可见，有意识使用新词语的学生也有意识使用新学习的语法点，相反，不使用新词语的学生也不会主动使用新的语法点。

第三节 对调查结果的分析及对综合课教材编写的建议

一、对调查结果的分析总结

根据前文的调查，我们认为范文对学生作文的字数、结构、写作技巧、词语及语法点的运用等均有一定的影响。主要有以下几点：

第一，不同题材的范文对学生的影响有所差异，接近生活的范文比较容易引起学生的共鸣，学生乐于接受，而议论文、抒情散文等范文对学生来说稍有难度，这一点在学生作文的字数上有所反映。安排学生接触不同类型的范文可以开阔学生的视野、丰富写作知识，能够更好地完成写作训练任务，进而完成“写”的技能训练。

第二，合理的半开放式的命题有助于发挥学生的想象力，在这类命题的引导下，学生的作文内容既不会离题太远，也不至于过于呆板、僵硬。

第三，范文的性质对学生作文的字数有一定的影响，相比较而言，议论文的字数较少，同时从学生作文的字数上我们也可以看出学生之间水平的差异，也可以看出某个学生汉语水平的稳定程度。

第四，范文修辞方法、文章结构对学生的写作有一定影响。在范文的影响下，部分学生不仅能正确地使用文章中的修辞方法，而且还能写出非常优美的句子。不足之处在于，真正能够将范文所展示的修辞方法和结构很好地运用到自己作文中的学生数量还比较少。因此，教师应该积极引导学生理解和使用所学的修辞方法、写作技巧等。

第五，新语法点和新词语的使用率都不是很高，特别是新词语的使用次数非常低，这一方面反映出新词语有一定难度，比较难理解和运用，另外一方面也与教师对这些新词语的讲练不够有一定关系。如何提高新词语的利用率是我们教师面临的一个课题。此外，新语法点使用率高于新词语的使用率，这说明学生还是比较重视语法点的学习和运用。

二、对教材编写的建议

综合课中的写作训练不是一朝一夕之事，它贯穿于初、中、高级整个过程，从初级的字词书写、词语搭配，到中、高级的语段、语篇的训练，从简单的记叙文、说明文到难度较大的应用文、议论文的撰写，这是一个漫长的渐进的过程，具有层级性、阶段性、综合性等特点。这也是综合课写作训练优于独立的写作课之处。因此，综合课的教材编写要充分考虑到上述特点。

为了解目前综合课教材的写作训练情况，我们对北京大学出版社出版的《汉语教程》进行调查。调查结果如表 12-6 所示。

表 12-6　《汉语教程》中的写作练习情况

级别	册数	课时	相关的写作练习
初级	第一册		语音练习
	第二册	第 32 课	用下面的词组成一段对话
		第 34 课	根据以下的情况编写一段“打电话”的短文
		第 37 课	根据下面的情况写出一段话来
		第 52 课	掌握下列句型，试着编一段话
	第三册	第 58 课	说一说你的中学
		第 60 课	用自己的话简单介绍一下中国人的婚礼
		第 74 课	介绍中国菜
	第四册		汉字练习
中级	第一册		
	第二册		

续表

级别	册数	课时	相关的写作练习
高级	第一册	第 5 课	写一个人物的肖像（50～100 字）
		第 7 课	把短篇小说《婚礼现场》缩写成小小说（不超过 1000 字）
		第 9 课	按下列要求用对话形式改写课文
		第 12 课	用第三人称说说孔乙己的故事
	第二册	第 16 课	写一篇千字以内的发言稿
		第 19 课	将课文改写成小话剧
		第 22 课	写一篇你在溜达中的见闻
		第 23 课	以你看过的比赛为内容写一篇短文（1000 字左右）
		第 25 课	将祥林嫂的身世写成一篇 400 字左右的短文
		第 26 课	通读课文，写一点感想
		第 28 课	写一篇 200 字左右的《林黛玉进贾府》故事梗概

《汉语教程》是一套涵盖初、中、高三个等级的系列教程。从表 12-6 的统计我们可以看出，《初级汉语教程》中的第二册、第三册中有部分课程涉及写作的训练，主要是编写对话或短文，介绍性的说明文训练，而《中级汉语教程》中没有相关的训练，《高级汉语教程》中的写作训练相对较多，主要是对范文的改写、缩写、转述、评论。单从写作训练的角度来看，这套教程尚存在一些不足之处：纵向来看，缺乏系统性；横向来看，缺乏多样性。

为了能在综合课教学中更好地对学生进行写作方面的训练，我们对综合课教材的编写提出如下建议：

第一，系统性。写作训练是动态的、复杂的、非直线的，是一个以“语段表达为起点，语篇表达为目标”（罗青松，2002：147）的渐进的过程。从字数上、内容上都是一个从少到多、从简到繁的过程，初、中、高不同等级的教材应该相互照应，形成一个体系。

第二，阶段性。写作训练是一个由易到难的过程，从初级到高级具有一定的阶段性。初级训练以汉字书写、词语搭配为主，可以采取听后写、读后写、看图写、组句成段、组段成篇等方式；中级应加强语段的训练，注意句子之间的衔接，训练学生按照时间、空间的顺序进行写作，书写格式以及标点符号的使用也是这个阶段重点训练的内容之一；高级阶段以语篇训练为主，注重描写、抒情以及修辞方法的运用。字数也应由少到多，根据国家对外汉语领导小组办公室制定的《汉语水平等级标准与语法等级大纲》的规定，初级应该可以完成600字的作文，中级应该可以完成800字的作文，高级应该可以完成800字以上的作文。

第三，丰富性。初级训练简单的应用文，如请假条、启示、通知、短信、电子邮件等；中级增加记叙文、说明文、议论文的训练，适当增加实习报告、简历等的练习；高级可以训练学生写一些专业性的文件，如正式的公文、信件、合同等，文学性的小说、读后感、改写等也是训练的一个主要内容。

第四，典型性。从前面的调查与分析中，我们已经了解到，范文对学生写作具有一定的影响力，因此，综合课教材中范文的选择是一项非常重要的任务。范文的多样性、趣味性、合理性可以引发学生的学习兴趣，提高学生的写作能力，进而提高学生听说读写的综合能力。

附录

范　文	语法点	生　词
小溪	了（liǎo）；更是；小（作状语）；把（量词）；不觉；每每；硬（副词）；一步三回头；笑个不停；的（助词，用在句尾）；玩弄于股掌间；一切的一切	流逝、淡忘、扎实、沧桑、飞翔、永恒、通宵、亢奋、拂、梳洗、黑白之争、额头、润、抽屉、碟、光驱、葫芦丝、轻柔、细腻、圆润、质朴、信步、委婉、如痴如醉、哀怨、如泣如诉、娓娓、倾诉、自拔、唧唧喳喳、涓涓、泉水、情不自禁、半弧形、桥墩、倒塌、弧度、漫、瀑布、缠、嘟、溪流、风和日丽、咯咯、清幽幽、辫子、螃蟹、脚踝、尖叫、无趣、缝隙、叮嘱、嬉戏、玩弄、莫名其妙、折磨、依然如故、反应、笨拙、拨弄、恋恋不舍（61）

续表

范文	语法点	生词
轿车	……毕竟是……；眼前一亮；乱了方寸；远水解不了近渴；浑身解数；视……如……；望车兴叹；A＋远远＋形＋于＋B	得不偿失、磨损、新手、伶牙俐齿、反驳、偏好、野火春风、绵绵、上升、辨析、极限、悖论、倡导、洋洋洒洒、顿时、对峙、失衡、翻阅、大名鼎鼎、撰文、成本、延缓、不待、养路费、抵、撑腰、底气、一面之交、由衷、消散、硝烟、息事宁人、依据、告诫、观望、方寸、赤膊上阵、谬论、逐利、雷达、秘方、超额利润、坦克、交叉、错落、回旋、偷换、左右、死灰复燃、梦呓、石破天惊、摧毁、效用、晕车、受刑、洪水猛兽、一路春风、爱屋及乌、即期、老态龙钟、纵然、只争朝夕、转瞬、擦肩而过、负外部性、正外部性、崛起、产业链、乘数效应、单打独斗、拒之门外、有悖、初衷（73）
夜生活	……也好……也好；说句笑话；总之；坦率地说；怎一个“酸”字了得；无所谓（好），无所谓（不好）	观照、供职、别扭、不甘、一本正经、装傻、阿谀、奉承、尊卑、荣辱、森严、有条不紊、统治、至高无上、爽快、支离破碎、杂乱无章、或许、慢悠悠、贴面舞、肆无忌惮、冷饮、寡妇、鳏夫、怅惘、幻化、惬意、云消雾散、嚎唱、苦闷、忸怩、倾吐、衷肠、闯荡、铤而走险、沉浮、间或、章法、乱套、奥迪、包租、牡丹卡、纸醉金迷、挥金如土、呕心沥血、挑剔、扯淡、形形色色、凶杀、顶撞、磊落、荒诞、再塑、致使、撒娇、扑哧、魔方、仁人志士、钻研、攻克、脊梁（61）

【本章参考文献】

［1］陈贤纯．对外汉语教学写作课初探．语言教学与研究，2003（5）．

［2］国家对外汉语教学领导小组办公室制定．汉语水平等级标准与语法等级大纲．北京：高等教育出版社，1998。

［3］何自荣．浅谈留学生汉语写作中的篇章失误——兼谈写作课的篇章教学问题．汉语学习，1999（1）．

［4］罗青松．对外汉语写作教学研究．北京：中国社会科学出版社，2002．

[5] 闫婧."结果法"与"过程法"——对外汉语写作两种教学模式的考察.暨南大学硕士学位论文，2007.

[6] 周红."后过程法"与第二语言写作教学.齐齐哈尔大学学报（哲学社会科学版），2007（1）.

第十三章　基于汉语习得偏误研究的日汉翻译课教学

——以“比”字句为例①

第一节　日汉翻译课课型特点

翻译课是外语教学中不可缺少的组成部分，也是对外汉语教学的重要环节之一。大学本科阶段对外汉语教学中的日汉翻译课属于“教学翻译”课。在该课程中，教师把翻译视为提高学生汉语能力的一种手段，教学重点不在于强调译文的贴切与优美，而在于通过翻译练习使学生对已有汉语知识进行再学习，提高学生的汉语水平和日汉双语转换能力。

在目前的对外汉语教学专业本科教学中，日汉翻译课只是一个学期或一年的选修课，每周学时只有两节左右。在这么短的时间内如何有效地发挥翻译课的作用，应该是翻译课教师编写教材、制定课程大纲、选择教学方法时的重点和难点。很多研究者都指出，一个人学习外语，同时也是在用另一种语言重建自己的思维模式。因此，帮助学生认识两种语言体系的异同，使他们逐渐克服母语障碍是翻译课不同于其他课型的特点。

那么，怎样才能使学生在有限的教学时间内认识日语与汉语这两种语言体系的异同呢？我们认为最有效的方法是从日语母语者学习汉语时经常发生的偏

---

① 本章作者：贾笑寒。

误入手。这些偏误就像是潜藏在人体内的疾病，翻译课的目的就是让这些疾病显露出来，然后有针对性地进行治疗。

在课堂上，教师的第一步工作是展示语言要点和偏误实例，讲解常见的偏误原因，使学生对该语言点有一个正确的认识和理解。之后，教师应给学生大量的练习机会。因为只有通过亲身实践，语法知识才能真正被消化，转换成学生自己的技能。练习的题型可以多样化，除了较常见的翻译句子以外，还可以有填空题、判断题、多项选择题、改错题等。从目前的经验来看，通过大量多样化的翻译练习，很多学生不仅能够掌握教学内容，还能举一反三，提出新问题。

在学生完成翻译练习后，教师的讲评是极为重要的。如果只是批改学生的翻译练习而不进行讲评、不分析发生偏误的原因，就不能有效防止偏误的再次发生。在讲评过程中，教师可以启发学生主动寻找错误，找出错误原因，提出修改意见。这样做不仅有利于学生在犯错和改错的过程中巩固语法知识，还能激发学生积极思考、主动学习的热情。

在日汉翻译课上还应该注意的一点是，日本人与中国人在文化传统、交际习惯、思维方式等方面有着很大的差异。日本人大多不善于在大庭广众之下表现自己，也不太容易接受过于直接的批评。教师在组织教学时应该充分考虑日本学生的性格特点，在不伤害学生的前提下设计出能够激发学生学习兴趣的活动模式。

既然日汉翻译课的主要作用是帮助学生发现错误、认识错误、修改错误，最终避免错误的再次发生，那么，哪些是日本学生最常发生的错误呢？针对日语母语者的汉语习得偏误研究为日汉翻译课提供了最有针对性和指导性的依据。在对外汉语教学领域，对日语母语者的汉语习得研究起步于 20 世纪 80 年代，在最近十几年中得到了长足的发展。研究主要集中在语音、汉字、词汇、语法等方面，也包括对篇章、写作、听力、口语、阅读和交际、心理等方面的研究。这些研究成果都可以应用在日汉翻译课的教学中。教师应该借鉴偏误研究的成果，编写教材时应选取日语母语者最容易出错的翻译材料，每课针对不同的常见偏误设计课文、注释和课后练习。教学过程中则应以该项偏误为重点进行讲解和练习。本章仅以“比”字句为例，从教材编写和课堂教学两个方面具体探讨偏误研究成果在日汉翻译课中的应用。

第二节 翻译材料的选择

如前文所述，在编写教材、设计教学大纲时，教师应该以偏误研究为依据，选择日语母语者最容易发生偏误的语言点进行重点讲解和练习。从目前的偏误研究成果来看，在语法方面，日语母语者发生的偏误主要集中在介词“给”、形容词重叠、动词重叠、“是……的”句、“把”字句、“被”字句、“比”字句、时量补语、程度补语、结果补语、趋向补语、可能补语等方面。因此在编写教材时，可以每课安排一个语言点，然后围绕这个语言点编写课文、注释和练习。

“比”字句在汉语中使用频繁，是语言学界一直关注的对象，不仅研究范围广，研究成果也很多。在对外汉语教学领域，“比”字句也是一个重要的知识点，很多研究者利用对比分析、偏误分析等方法对“比”字句及非汉语母语者的“比”字句习得进行研究并提出了教学对策。遗憾的是针对某一特定母语者的偏误研究还没有展开，研究成果也很有限。另一方面，针对日语母语者的汉语习得偏误研究成果颇丰，但其中对“比”字句的研究还有很多空白。

这是否意味着对日语母语者来说，“比”字句是一个容易掌握的语言点呢？在教学中我们发现，答案是否定的。无论是一年级还是四年级的日本学生，在使用“比”字句时都经常发生偏误，而且偏误带有规律性。那么，怎样在翻译课教学中有针对性地安排教学，帮助学生掌握汉语“比”字句的用法呢？

在本体研究中，很多研究者对“比”句进行了分类。参考这些分类方法，从便于学习者理解和记忆的角度出发，教学中我们把“比”字句分为以下 5 种格式。格式中 A 是主体事物；B 是客体事物，即比较对象；C 是比较的结果，其中 C1 代表比较后得出的直接结果，不包含 A、B 相差的程度；C2 是多了 A、B 之间相差程度的比较结果。

1　A 比 B+C1（直接结果）

1.1　A 比 B+形容词

今天比昨天冷。

1.2　A 比 B+心理动词+宾语

他比我喜欢运动。

1.3　A 比 B+动词+程度补语 / A+动词+比 B+程度补语

他比我跑得快。/ 他跑得比我快。

1.4　否定句（A 没有 B+C1 / A 不比 B+C1）

我没有他高。/我不比他高。

2　A 比 B+C2（直接结果+相差的程度）

2.1　A 比 B+形容词+相差的程度

我比他高一点儿/很多/多了/10 厘米。

2.2　A 比 B+提高类动词+相差的程度

今年的产量比去年提高了很多/1000 公斤。

2.3　A 比 B+动词+程度补语+相差的程度（只限模糊数量补语：一些、得多、多了、很多）/ A+动词+比 B+程度补语+相差的程度（只限模糊数量补语：一些、得多、多了、很多）

我比他跑得快一点儿/多了。/我跑得比他快一点儿/多了。

2.4　A 比 B+多、少、早、晚+动词+相差的程度

他比我早来一会儿/半个小时。

3　A 比 B 更/还/再+C

4　A 比（疑问词+数量词+名词）+都+C1

5　“比”字句的变化格式

5.1　A 比起 B（来）+C / 比起 B（来），A+C

北京比起哈尔滨来暖和多了。/ 比起哈尔滨来，北京暖和多了。

5.2　A 和 B 比起来/（相）比+（A）+C

北京和哈尔滨比起来/相比，（北京）暖和多了。

也就是说，翻译课教师在选择和“比”字句有关的翻译材料时有必要涉及以上5种格式，除语法解释以外，课堂练习和课后作业都应围绕这5种格式选择材料，而其中日本学生偏误率高的格式也正是翻译课应该重点讲解和练习的部分。

郭琼（2011）分析了日本留学生的424条“比”字句语料，在所划分的13种格式中找出了偏误频率较高的前5种格式，依次是：(1)“A比B+形容词”；(2)“A比B+更（还、再）+形容词”；(3)“A比B+动宾+动+程度补语”；(4)“A比B+形容词+模糊数量补语（一些、得多、多了、很多)”；(5)“A比B+动词+程度补语”。该调查没有具体指出参与调查的日本留学生的汉语水平，初、中、高级学生所占的比例不得而知，但从我们的经验来看，应该是以初、中级学生为主。日汉翻译课的教学对象一般是已经接受了两年以上正规汉语教育的日本学生，他们在后三种格式的偏误率较高，对“A比B+形容词”这样的格式掌握得很好，偏误率较低。偏误主要集中在被比较项上“的”的误用，如“北京的夏天比东京的热”，应该改为“北京的夏天比东京的夏天热”或者“北京的夏天比东京热”。

总体来说，在我们划分的5种格式中，涉及A与B相差程度的格式2偏误率最高。另外，格式5和格式1.4涉及“比”字句的变化格式和否定式，偏误也较多，那么，在有限的教学时间内，翻译课教师应该尽可能多地选择与这几个格式有关的翻译材料进行讲解和练习。

第三节　翻译练习前的偏误讲解

很多翻译课教师在课堂上不做讲解，直接让学生做翻译练习，等学生出错以后再进行讲解。还有一些教师的课堂讲解部分只是带着学生阅读教材。怎样才能让翻译课的教学更有效呢？我们认为要从两个方面着手：一是教材的编写应该以偏误研究为基础，每一课以日本学生最易发生偏误的一个语言点为中心设计讲解与练习；二是在教学中对偏误进行细致的分析。教材能体现的一般只是该语言点的正确用法，这就需要教师在学生开始翻译以前把这个语言点可能发生的主要偏误展现给学生，让学生明白造成这些偏误的原因并主动思考日语与汉语的差别。在实践中我们发现，教师对偏误的讲解很好地起到了防患于未然的作用，学生翻译的正确率远远高于不做偏误讲解的课堂。

以“比”字句为例，在我们划分的5种格式中，涉及A与B相差程度的格式2偏误率最高。在这个格式中，学生有可能在词汇或语法、语用等多方面发生偏误。不过我们也发现，对日本学生来说，具有普遍性的偏误发生在语序和程度补语方面。造成这两个偏误的原因是汉语和日语的语言结构不同。汉语的一般规律是主语在谓语前，动词在宾语前，状语、定语在中心词前，补语在中心词后。而日语主要是靠助动词和助词来指明每个词在句子中的语法作用，除了谓语应该放在最后以外，对其他语序没有固定的要求。补语之所以是日本学生学习汉语的难点，也是因为日语里完全没有这种语法现象。

那么，具体到翻译课的课堂，应该怎样操作呢？仅靠口头讲解是不够的，我们应该做的是把具体的例子展现在学生眼前，焦点对准问题的根本。以语序偏误为例，我们先对照一下格式2下面4个句子的日语和汉语：

［1］私は彼より少し背が高い。

我比他高一点儿。

［2］今年の生産量は去年より1000キロ上がった。

今年的产量比去年提高了1000公斤。

［3］私は彼より走るのがずっと速い。

我比他跑得快多了。

［4］彼は私より30分早めに来た。

他比我早来30分钟。

这4个句子非常直观地展示了日语和汉语语序的不同，一是“比”字的位置，汉语里“比”应该放在被比较成分B的前面，而日语相当于“比”的“より”是放在被比较成分B的后面。二是“相差的程度”的位置，汉语放在比较得出的“直接结果”之后，而日语是放在“直接结果”之前。如果我们完全按照日语的语序翻译这4个句子，结果将会是：

我 他 比 一点儿 高。

今年的产量 去年 比1000公斤 提高了。

我 他 比 跑得 非常 快。

他 我 比30分钟 早来。

具体到翻译课的教学，由于学生是已经接受了两年以上正规汉语教育的日本留学生，因此他们在“比”字的位置上发生偏误的概率非常低。相比之下，发生另一个偏误，即“相差的程度”的位置的偏误则较多，很多学生会造出“今年的产量比去年1000公斤提高了”这样的句子。因此如果能在学生开始翻译实践之前就把这几个句子的日语和汉语展现给学生，引导他们意识到两种语言语序的不同，有意识地避免“直接翻译”，他们翻译的正确率将会大大提高。我们的教学实践也充分印证了这一点。

第四节　课堂教学模式

目前我们在教学中采用的是“展示实例——学生试译——讲评——学生改译——总结要点”这一师生交替教学法。前文中已经说明了教师展示实例的重要性，下面一步是学生翻译，再下一步的讲评也是非常重要的。如果只是批改学生的翻译练习而不进行讲评、不分析发生偏误的原因，就不能有效防止偏误的再次发生。但是每个学生的错误是不一样的，如果教师讲的不是自己的错误，学生可能会表现出漠不关心。如何调动学生的积极性，引导他们思考两种语言的异同呢？我们采用了大家一起找偏误的方法。

具体方法是把针对同一个日语原句的所有译文打印出来，例如：

ルームメートはいつも私より30分早く起きている。

A. 我的同屋每天起得比我早30分钟。

B. 我同屋比我起床起地早30分钟。

C. 我的同屋每天起得比我早30分钟。

D. 每天我同屋起床起得比我早 30 分钟。

E. 我的同屋总是比我早起 30 分钟。

F. 我的同屋日常比我起得早半个小时。

G. 我同屋总是比我起得早 30 分钟。

H. 我同屋总是起得比我早半个小时。

I. 我同屋总是比我早起床 30 分钟。

J. 同屋每天都比我 30 分钟早点起床。

K. 平常我同屋比我早起 30 分钟。

每个学生都有一个代号，所以学生不用顾忌因错误而丢脸，也可以轻松地指出别人的错误。先请大家看看有没有人犯了教师之前展示过的偏误，即在“比”字位置和“相差的程度”的位置上出现偏误。J 在“相差的程度”的位置上发生了偏误，请学生分析 J 的偏误，再次巩固这个语言点。

其次是词汇的偏误，对“いつも”这个词的翻译有三个：“总是”“平常”“每天”。请学生们讨论三个词在词义上的不同，每个词最贴切的日语翻译是什么，从而确定正确的答案是“总是”。

然后需要引导学生注意的是，从句式上来说大家的译文可以分成两类：

A、B、C、D、F、G、H、J：同屋总是起得比我早 30 分钟。

E、I、K：同屋总是比我早起 30 分钟。

这两类句子都是学生充分考虑了汉语和日语的语序差异之后得出的回答。这时可以告诉学生应该翻译成第二个句子，因为在比较“多”“少”“早”“晚”的比较句中，当“相差的程度”是精确的数量时不用“动词＋程度补语”的格式，而应该采用格式 2.4“A 比 B＋多、少、早、晚＋动词＋相差的程度”。

讲评之后便是学生修改译文，不只是修改自己的翻译，也包括对其他人的翻译提出自己的看法，共同纠错。由于需要花费较多时间讲评和讨论，不可能每个句子都采用这样的方法来分析，只能选一到两个有代表性的句子在课堂上详细分析，其他翻译练习中的偏误由教师总结以后进行概括性的讲解，之后再让学生通过课堂练习或课后作业等形式对以上学习内容进行再确认。这种方法不仅有利于学生巩固语言知识、加强日汉双语转换能力，还可以活跃课堂气氛，激发学生主动学习的热情、培养学生积极思考的习惯。

总而言之，偏误研究与翻译课的关系极为密切，翻译课迫切需要偏误研究的成果来指导教学。目前从对外汉语教学角度出发的偏误研究相对较少，具体到针对日语母语者的汉语习得偏误研究则更少，而且还有很多空白的领域，希望能够引起相关研究者更多的重视。

【本章参考文献】

[1] 陈珺，周小兵主编. 比较句语法项目的选取和排序. 语言教学与研究，2005 (2).

[2] 代雪曦主编. 对外汉语“比”字句的学与教. 四川大学硕士学位论文，2006.

[3] 范晓主编. 汉语的句子类型. 太原：书海出版社，1998.

[4] 郭琼主编. 日本留学生学习汉语“比”字句的偏误分析及学习建议. 华中师范大学硕士学位论文，2011.

[5] 刘晓玲主编. “比”字句在对外汉语中的教与学. 现代语文，2011 (5).

[6] 刘月华等. 实用汉语语法（增订版）. 北京：商务印书馆，2001.

[7] 王茂林主编. 留学生比字句习得考察. 暨南大学华文学院学报，2005 (3).

[8] 贾笑寒主编. 对外汉语教学中的翻译课程//北京师范大学汉语文化学院编. 语言学与应用语言学研究（第二辑）. 北京：中国社会科学出版社，2007.

第十四章　韩汉翻译课关于韩语过去时制词尾“았/었/였”的翻译教学研究[①]

第一节　韩汉翻译课课程特征

一、课程定位

根据《欧洲语言共同参考框架》，第二语言学习者的学习包括输入、输出、互动和中介（主要指口笔译）四大类型的语言活动，中介活动及策略是学习者提高其语言交际能力的重要语言活动之一。针对以汉语为第二语言的韩国留学生开设的韩汉翻译选修课，即是为提高学生对语言中介处理即笔译能力的一门语言技能课。选修韩汉翻译课的韩国学生应该已经通过一年左右的汉语学习，个人的综合能力及语言交际能力已经达到《欧洲语言共同参考框架》所列语言能力量表的“中级”或“中高级”学习阶段，即学习者具备了“有限的语言应用能力”，“已经能理解一篇复杂文章中的具体或抽象主题的基本内容，包括学习者专业领域的技术性讨论课题”。

学习者在学习新的语言文化能力的过程中，特别是在中介处理过程中，必然受到其母语及其语言文化能力的影响。而中级水平的学习者在完成某项语言

① 本章作者：孙红娟。

交际任务时，特别是在需要语言输出时，很多时候会采用最简约经济的表达策略——从母语翻译成第二语言来达到交际的目的，所以，韩国学习者所说的汉语往往带上了韩语的特点，成为“韩式汉语”。本课程即是力图通过韩国学生在处理笔头文本翻译过程中出错率较高的错误类型与其母语进行分析对比，总结出学生在翻译“执行”过程中频繁出错的规律。这些规律，有些与韩汉两种语言的语法结构相关，有些受到两个国家不同的文化认知影响，学生在教师指导下找出这些翻译难点，通过练习来纠正和补救自身的不足，以达到提高自身语言交际能力的目的。

二、教学目标

在第二语言教学中，学习者在初学阶段、独立阶段、精通阶段都可以从《欧洲语言共同参考框架》中找到自我评价的明确标准，这些标准囊括了听、说、读、写四个方面，但对学习者翻译能力的标准却只是隐含在其中，未作明确规定。正如上文所说，韩汉翻译课的教学目标主要是让学生通过韩译汉的笔译练习，加深对韩汉两种语言的结构差异、语法差异的认识，熟悉汉语特有的句型，并在翻译中进一步认知两种语言的文化差异，以提高自身的综合能力和语言交际能力。

当前国内大学的韩汉翻译课，从教学对象上来说，可分为两类：一是面向韩语（朝语）专业汉族本科生和朝鲜族本科生的韩汉翻译课；二是面向汉语专业韩国留学生的韩汉翻译课。对于这两种韩汉翻译课的差别，笔者比较同意柳英绿先生的观点，即以前为国内朝鲜族和汉族本科生学习韩译汉用的教材，“其重点都在选词和修辞上，也就是说，以前的有关韩译汉书籍的重点放在了如何把话说得漂亮上，这不符合韩国学生学习汉语的实际”。而后者则应该把重点放到“如何把话说得正确上”（柳英绿，2002）。因此，韩汉翻译课的练习主要侧重在找出韩汉两种语言在翻译过程中的某些规律性的翻译技巧，通过大量的类似翻译练习，让学生更深入地掌握韩语或汉语某个特定句型或者常用句型的用法及含义，从而减少错误率，提高汉语的综合运用能力。

三、授课方式

对外汉语韩汉翻译课作为汉语的选修课，一般每周一次，每次 100 分钟。在第一课时，一般由教师引入本课要讲的主要内容，并讲授本次课的重点翻译句型或语法点的翻译技巧，着重讲解那些韩语中缺乏对应部分以及那些“似是而非”的汉语语法和句型。第二课时先由学生翻译文本，可根据情况进行小组讨论式翻译或个人独立翻译，然后，教师进行总结，引导学生找到最恰当的翻译并分析原因。其中，为带动教室气氛，可充分利用教室的多媒体如计算机、PPT 等授课。

四、教材及练习特点

目前适合对外汉语韩汉翻译课的教材几乎没有，所以，笔者上课所采用的文本资料大部分来自“真实语料”——未经改动的报纸杂志和广播电视上的口笔语文本，或者为教授汉语特定句型而设计的课文。

为帮助学生巩固当课所学的翻译句型及翻译技巧，每篇文本课文后面都设计了大量的相关题型，如翻译短语、选择最合适的翻译、完成句子、改错、按规定要求翻译句子等具体而明确的练习，而不是如以前只是成段的翻译练习。

本文即以学生在翻译韩语过去时制词尾“았/었/였”的过程中出现的错误类型为切入点，具体阐述“았/었/였”与汉语的“了”及“是……的”之间的关系，希望研究结果对韩汉翻译教学及相关教材的编写提供具有一定价值的参考。

第二节　韩国学生在翻译“았/었/였”过程中出现的错误类型

从事第二语言教学的学者都已经注意到，汉语虚词“了”是留学生学习汉语的重点和难点之一，学习者常常在不该用“了”时用了“了”，或在该用“了”时却又未用。因此，很多学者都对“了”的语法意义及学生出现的偏误进行过研究，然而，却很少有人从国别的角度对此进行过研究。笔者在韩汉翻译课学生的练习中发现，韩国学生对“了”的偏误几乎都是不该用“了”时用了“了”，而这种滥用“了”的现象几乎都和韩语的过去时制词尾有关。因此，笔者出了一份翻译练习卷，以期通过练习，找出学生在把过去时制词尾翻译成汉语时存在哪些错误类型，以及韩国语的过去时制词尾对韩国学生学习理解汉语助词“了”和强调句型“是……的”的影响，以更好地帮助学生理解韩汉两种语言在时制表达上的差异，减少韩语过去时制词尾对学生学习汉语的负迁移作用，从而提高其综合运用汉语的水平。

一、练习问卷统计的错误类型

练习问卷包括三道大题，第一题是把 15 个带有“았/었/였”的句子翻译为汉语，第二题是改错题，第三题是将汉语翻译成韩语。韩汉翻译课的 13 个学生（本科 3 年级的学生）参加了此次练习，对第一、第二题的统计发现，此次练习中学生出现的错误类型如下①：

第一，在形容词后面不该用“了”时用了“了”。例如：

[1] 去年的夏天特别热了。

[2] 上大学后很自由，所以很高兴了$_1$。

[3] 他这次有机会去外国分社很高兴了$_2$。

[4] 面对突如其来的情况，大家都吃惊了。

[5] 他来我们村子的时候，我常常激动起来了。

第二，表心理活动的动词和能愿动词后面不该用“了”时用了“了”。例如：

① 这里所统计的错误都与韩语的过去时制词尾“았/었/였”有关，其他语法错误都忽略不计。第一题翻译题没做的不计入统计，改错题错误的没有改正的按错误计算。

[6] 我真希望来这公司了。

[7] 你能告诉了我这照片是在哪儿拍的吗?

第三，否定副词“没有”后面不该用了时用了“了”。例如：

[8] 他在黎明没有去过朋友家了。

第四，频率副词“一直”后面不该用“了”时用了“了”。例如：

[9] 从早上开始一直$_1$等你了。

[10] 暑假期间一直$_2$在家了吗?

第五，应该用“是……的”强调句型时，用了“了”。例如：

[11] 他出生在美国，但是在韩国长大了。(但是在韩国长大的。)

[12] 你怎么知道了他有女朋友呢? 小王告诉你了?

[13] 你一个人去旅行了? 还是和朋友一起去了?

第六，句尾是名词代词结尾不该用“了”时用了“了”。例如：

[14] 我们村子里有电不过是几年前才有的事情了。

二、错误频率及分析

表 14-1　错误频率统计表

错误类型	形容词					能愿、心理动词		多用“了”				是……的		
错句	热了$_1$	高兴了$_1$	高兴了$_2$	吃惊了	激动了	希望了	能告诉了	没有……了	一直$_1$	一直$_2$	句尾多用“了”	是……的$_1$	是……的$_2$	是……的$_3$
出错频率(%)	38	31	23	76	23	7	69	76	100	92	92	23	100	92

由表 14-1 的统计可以看出，韩国学生在翻译含有过去时制词尾“았/었/였”的句子时，存在两种明显的倾向：

第一，不分辨情况，不管谓语是形容词还是名词性谓词，也不考虑动词是

否心理类动词或存在其他表时制的时间名词否，在翻译成汉语时一律在谓词后面加“了”，也不对“了$_1$”“了$_2$”进行区别，或者说他们把所有的“谓词＋了”都等同于韩国语的“谓词＋았/었/였”，以为“热了”是表示“热发生在过去”，“吃惊了”是表示过去某一时间发生的状态，所以出现了诸如一、二、三、四、六的错误类型。

第二，学习者根本没有使用强调句型“是……的”的意识，无法分辨出强调句型的应用语境与完成式“了”的区别，在应该翻译成“是……的”句型时，也误翻译为“谓词＋了”。如错误类型五。

为什么会出现这种现象？韩国语的过去时制词尾和汉语的“了”存在怎样的对应关系？我们教学中应该如何讲解才能让学生在学习汉语时避免上面的误区？赵金铭（1994）曾经说过：“在对外语法教学中，我们不仅要对各种句式本身的结构特点、层次关系做出科学的客观的描述和分析，更重要的是要讲明它的使用条件，即必须在什么时候、什么场合和要表达什么意思才能使用这种格式。”因此，本文就针对学生出现的错误，来具体讨论一下韩国语的过去时制词尾“았/었/였”与汉语助词“了”及“是……的”句型的具体语法意义及用法异同。

第三节 韩国语时制词尾“았/었/였”与汉语助词“了”的用法异同

时态作为动词的语法范畴之一，表示动作发生的时间与说话的时间之间的关系。韩国语和汉语在表达时态的方法和手段上存在着明显差异：韩国语有表示时态的语法形式，如“ㄴ/는”“았/었/였”等；汉语则没有时态的语法形式，一般通过助词或副词表示“时”的概念，汉语的动态助词“了”有时也可充当这一角色，但与“았/었/였”的用法存在很大的差异。下面我们就分情况来讨论一下。根据吕叔湘先生的看法，汉语的助词“了”有两个。“了$_1$”用在动词后，主要表示动作的完成。“了$_2$”用在句末，主要肯定事态出现了变化或即将

出现变化，有成句的作用。（吕叔湘，1980）从这个意义上来说，韩国语的过去时制词尾与汉语的"$了_1$"都具有表示完成态的作用。但对外汉语的教学语法，不能只停留在大规则的对比上，而应把着力点放在小规则的探索上。（戴庆厦，2007）因此，根据学生对谓词性质不进行区分，遇到过去时制词尾一律加"了"的情况，笔者就从小处着眼，以句子中充当谓词的词性为切入点，来具体比较一下二者的区别。

1. 当谓词为非心理活动动词时，"V＋았/었/였"与"V＋$了_1$"都表示动作的完成。

[1] 이 소설을 읽었다. 读了这部小说。

[2] 시집을 가았다. 出嫁了。

但是，"V＋았/었/였"还表示动作发生在说话人说话以前，在说话时已经成为过去，而"V＋$了_1$"只表示动作的完成，不表示过去。例如：

[3] 我吃了饭再去学校。

내가 밥을 먹고 학교에 간다.

在例句［3］中，"$了_1$"只表示"吃"这个动作完成之后再进行其他的动作，并不表示过去时制。也就是说，当谓词为动词时，"$了_1$"和"았/었/였"虽然都表示动作的完成，但"았/었/였"还表示动作发生在过去，而"$了_1$"不代表动作发生在过去，只表示完成。

第一，当动词为表示心理活动的动词"喜欢""希望"等时，这些心理动词的前面都可以用"很"来修饰，因此其用法也与形容词有些相似（见下文），后面不能加$了_1$，在表示变化时可以加$了_2$。例如：

[4] 나는 이회사를 꼭 오고 싶었다.

我很希望来这公司。

＊我很希望来这公司了。

同样地，在能愿动词"能""可以"后面的动词也不能加"了"。例如：

[5] 이 사진은 어디에서 찍은 것인지 (나한테)알려줄 수 있어요?

你能告诉我这照片是在哪儿拍的吗?

*你能告诉了我这照片是在哪儿拍的吗？

	汉语			韩国语
形式	动词＋了$_1$	心理状态动词＋了$_2$	能愿动词后	动词＋았/었/였
意义 1	动作完成	状态或情况发生变化	N	动作完成
意义 2	N	N	N	动作发生在过去

第二，当谓语为形容词时，“形＋았/었/였”仍然表示说话以前发生或存在的事情，但在汉语中“形＋了”一般表示一种变化已经完成，出现新的情况，这时的“了”，应该算作“了$_1$＋2”，但如果只着眼于当前的情况，也可以说只是“了$_2$”。例如：

[6] 지난여름은 유난히 더웠다①.

去年夏天特别热。

例[6]中的“热”这一状态虽然发生在去年，但并无变化，所以不可以加“了”。汉语中无论是今年热，去年热，还是明年热，“热”的词形并没有变化。只有表示状态变化时，汉语的形容词后才可以加“了$_2$”。例如：

[7] 天气热了，穿裙子的女孩子越来越多啦。

날씨가 더워서 치마를 입은 여자들이 많아졌어요.

例[7]中，“热了$_2$”是表示天气“变”热这一变化过程，因此“热”后加了“了$_2$”来表示状态的变化。

[8] 그날 농구시합에서는우 리편의 힘이 좀 약했네.

那天的篮球比赛，我方力量较弱。

同样，在韩语中，因为篮球比赛发生在过去，所以描述当时我方力量情况的形容词“약하다（弱）”也要加上过去时制词尾“였”。但在汉语中，我方力量“弱”这一状态并没有发生变化，因此即使是过去的“弱”，也不能加“了$_2$”，如果形容词“弱”的后面加上“了$_2$”，则表示从强变弱的状态变化，而不是“弱”的状态保持不变。韩语中与时制词尾“았/었/였”相对应的“过去

① “더웠다”是形容词原型“덥다”＋过去时制词尾“었”变来的。

时态”的意义是从时间名词“那天”体现出来的。

学生在练习中出现的错误类型一如“热了”“高兴了”“吃惊了”都属于此类，即在形容词不表示变化的时候误用了“了”。

相反，在汉语中，某些固定句型如“太＋形容词＋了2”中，“了$_2$”不但不表示过去时态，也不表示变化，而只是加强肯定已经出现的某种情况。例如：

[9] 这双鞋太小了。

이구두가 너무 작아요.

例句 [9]“太小了$_2$”只是肯定已经出现的状态“小”，不表示有过什么变化，更不表示过去时制，因此也不能对应韩语的“았/었/였”。通过上面的分析，我们就不难理解学生出现错误一类型的原因。

	汉语	韩国语
形式	形容词＋了$_2$（了$_{1+2}$）	形容词＋았/었/였
意义 1	状态变化	状态发生在过去
意义 2	强调某种情况或现象	N

第三，当谓语为体词性的谓词时①，“体词＋이＋았/었/였”仍然表示事情发生在过去，而汉语的“体词＋了”则是隐含着一个表示变化的动词，表示已经或即将出现某种新情况，所以这里的“了”是“了$_2$”。我们通过下面的举例即可证明。

[10] 3 년전에 그는 북경대학 학생이었다.

三年前他是北京大学的学生。

在韩语中，在名词“학생（学生）”的后面先加上谓词性词尾“이”才能做谓语，因为事情发生在说话之前的三年，所以要在“이”后面再加上过去时制词尾“었”来表示事情发生在过去。但在汉语中，名词“学生”没有过去形式，

① 在这儿，体词是名词、代词和数词的总称。在韩国语中，体词必须加上谓词性词尾“이”才能连接句子或放于句尾，在句子中做谓语。

汉语中的过去时是由“三年前”表达出来的。

[11] 春天了。

벌써 봄이었다.

在汉语的名词性谓语句中，“春天了”的意思是“已经是春天了”，隐含着从冬天到春天的变化过程，因此名词“春天”的后面加“了$_2$”表示状态已经发生了变化。而韩国语“봄”后面加“이+었”则表示在说话人说话之前已经是春天的状态。由此可见，韩国语名词后面的았/었/였和汉语名词后的“了”意义差之千里，不可等同视之。在上述六中学生出的错误即可归入此类。

[12] 우리 마을로 전기가 온 것은 불과 몇 년전이었다.

*我们村子里有电不过是几年前才有的事情了。

和上面的错误类型一样，我们不难看出例[12]的错误和例句[10]一样，学生是简单地把“었”等同于“了”，对谓词的性质和句子的意义不加分析简单地翻译为“了”。

	汉语	韩国语
形式	名词+了$_2$（了$_{1+2}$）	名词+이+았/었/였
意义	状态变化	事情或状态发生在过去

2. 韩国语时制词尾“았/었/였”的否定式与汉语助词“了”的否定用法的差别：

第一，当谓语为动词时，在韩国语中，可借用否定副词“안”置于动词前表示对谓词的否定，一般用在比较短的否定句里。也可用“动+지 않다”形式来进行否定，但是用来否定音节比较多的谓词。

当谓词为过去时时，动词和形容词的否定形式分别为“안+动+았/었/였다”和“动+지+않+았/었/였다”，语法意义为过去没有发生或者不存在某事情。在汉语中，因为“不”是单纯的否定，否定的是主观的意愿或动作本身，具有当时性。因此，无论是否定表示动作完成的“了$_1$”，还是否定已出现新情况的“了$_2$”，都无法用“不”来否定“了”。而汉语的否定副词“没”

可用来否定存在、领有以及动作的发生完成，表示对过程或动作完成的否定，翻译为“没＋动词/形容词（呢）”。值得注意的是，用“没”进行的否定句中一般不可以与“了$_1$”或“了$_2$”同现。例如：

［13］어제 그는 학교에 안갔다./어제 그는 하교에 가지않았다.

他昨天没去学校。

＊他昨天没去学校了。

由例句可以看出，尽管这两句的肯定式“어제 그는 학교에 갔다（他昨天去学校了）”中，韩汉的表达是一致的，即学生很容易在脑海中找到相对应的方式，但是在否定句中，学生很容易把“안”或者“지 않다”与汉语的“没”对应，将过去时制词尾“았/었/였”与汉语的“了”对应，翻译为“他昨天没去学校了”。由此，我们就不难理解学生所出现的第三类错误原因在哪里了。再比如下面的例［14］也是一样：

［14］새벽에 친구 집을 가 본 적은 없었다.

他在黎明没有去过朋友家了。

第二，当谓词为形容词时，韩语的过去时制词尾的否定形式仍然为“안＋形＋았/었/였다”或“形＋지＋않＋았/었/였다”来表示否定。但在汉语中对形容词的否定表示的是对当时状态或情况的否定，因此应该用“不＋形”来表示。例如：

［15］어제는 덥지 않았다.

昨天天气不热。

＊昨天天气没/不热了。

第三，当谓词为体词时，韩国语中体词性谓词的否定形式则为“体词＋이＋아니다”，当时态为过去时时，则变为“体词＋이＋아니＋었다”。在汉语中，由名词、名词短语、数量短语、的字结构做谓语的句子叫作名词谓语句，而名词谓语句的否定形式通常是在谓语前加“不是”，成为“是”字句。例如：

［16］어제가 화요일였다.——어제가 화요일이 아녔다.

昨天星期二。——昨天不是星期二。

由此可见，在汉语中体词做谓语的否定形式通常变为“……不是……”，如果叙述的是过去已经发生的事情，则通过时间名词（如“昨天”）表示出整句的过去时态，而不是对应韩国语的过去时制词尾也加上一个“了”。

否定式	汉语	韩国语	汉语	韩国语	汉语	韩国语
形式	没＋动词	안＋动＋았/었/였다 或者动＋지＋않＋았/었/였다	不＋形容词	안＋形＋았/었/였다 或“形＋지＋않＋았/었/였다”	体词＋不是	体词＋이＋아니＋었다
与“了”的关系	无关		无关		无关	
意义	表示过去没有发生某一动作行为	表示过去没有发生某一动作行为	表示过去或现在不存在某一状态或情况	表示过去不存在某一状态或情况	否定过去或现在的某一性质	否定过去的某一性质

3. 在韩国语中，副词“줄곧”可以与过去时制词尾“았/었/였”连用。但在汉语中，因为“一直”常表示动作持续不断或状态持续不变，所以“一直”常常与“在”或“着”连用，构成“一直＋在＋动”或“一直＋动＋着”的形式，如上述错误类型四。

[17] 아침부터 줄곧 너를 기다리고 있었다.

从早上开始一直在等你。

＊从早上开始一直等你了。

[18] 여름 방학 동안 줄곧 집에만 있었니?

暑假期间一直在家吗？

＊暑假期间一直在家了吗？

但是，我们也注意到，在汉语中，当动词后面有时量或数量补语时，“一直”也可以跟“了”连用，强调某个动作持续的时间长，其翻译形式为“一直＋动词＋了＋时量/数量”。例如：

[19] 이 문제를 줄곧 두 시간 넘게 진행했다.

这个问题一直讨论了两个多小时。

第四节　强调句型“是……的”的意义及用法及其与“았/었/였”的用法异同

从学生在翻译含有过去时制词尾“았/었/였”时所犯的错误类型五中可以看到，学习者根本没有使用强调句型“是……的”的意识，无法分辨出哪些语言环境下应该使用强调句型，将所有的含“았/었/였”的韩语句子都错翻为“谓词＋了”句。因此，我们有必要重新整理一下强调句型“是……的”的意义及用法，然后才能分析“是……的”句型与“谓词＋了”及韩语过去时制词尾“았/었/였”的关系。

一、强调句型“是……的”的意义及用法

“是…的”句强调一个已实现的动作发生的地点、时间、方式、目的等，而不是动作本身，所强调的是“언제/어디서/어떻게/누가”，被强调的部分放在“是”与“的”之间。基本格式为“是＋什么时候/什么地方/怎么样/谁＋动词＋的”。翻译并比较下面的三个句子：

[20] 5·1 노동절 휴 가 기간에 나는상하이에 여행을 떠났다.

我五一期间去上海旅游了。

[21] 나는 한국 친구들과 같이 갔다.

我是和韩国朋友一起去的。

[22] 비행기표를구하지 못해서 기차를 타고 갔다.

因为没买到飞机票，我们是坐火车去的。

从例 [20] [21] [22] 三个句子来看，都含有过去时制词尾“았”，但却只有例 [20] 用了“去……了”，而例 [21] [22] 用的都是“是……去的”。

这是因为，在例［20］中，“去旅游”这个动作第一次出现，故使用“了”，表示动作“去旅游”的完成，交代其已经发生了。下面的例［21］［22］，“去旅游”这个动作就成为说话方和受众方所共知的已发生的动作，而例［21］［22］所强调的应该是“跟谁去的”“怎么去的”，故应翻译为“是……的”句型，学生因为不了解“是……的”句型，因此常常会把例［21］误译为“我和韩国朋友一起去了”，把例［22］翻译为“……所以坐火车去了”。

（一）“是……的”句型中“是”的省略问题

在强调句型“是……的”中的“是”在大部分情况下都可以省略，如强调动作发生的时间、地点、方式时都可以省略变成“……的”句型。例如：

［23］어떻게 왔니? 자전거 타고 왔니?

你（是）怎么来的，骑自行车来的吗？

例［23］中，显然“来了”这个动作是听话人已经完成的一个动作，现在说话人关心的不是听话人来没来，而是来的“方式”，所以应该用“是……的”句型，但是“是”省略了。

［24］그가 여자 친구가 있다는 게 넌 어떻 게알았어? 小王 이 너한테 알려 준 거니?

你（是）怎么知道他有女朋友的？（是）小王告诉你的吗？

＊你怎么知道了他有女朋友呢？小王告诉你了？

例［24］中，显然听话人已经知道“他有女朋友”这件事，说话人感兴趣的是听话人“怎么、如何”知道的，因此应该使用“是……的”句，强调的是知道的“方式”，“是”可以省略。

但是以下两种情况下，强调句型“是……的”中的“是”不可以省略：

第一，否定句中。例如：

［25］내가 버스로 온것이 아니라 택시로 왔어요.

我不是坐公共汽车来的，而是打的来的。

第二，强调原因或目的时。例如：

［26］그는 추위 때문에 감기에 걸렸어요.

他感冒是冻的。

值得注意的是，在笔者所做的调查问卷中 ，关于这一句的翻译，13 名同学中竟然没有一个人在翻译的时候想到强调句型“是……的”，13 名同学中 12 人翻译成了因果复句“他因为寒冷所以感冒了”，1 名翻译成程度补语“他冻得感冒了”。由此可见，学生对使用强调句型的规避程度。

（二）“是……的”句中动词宾语的位置

“是……的”句中动词宾语的位置，有以下几种情况：

第一，如果是名词，一般放在“的”后，即“主语＋是＋状语＋动词＋的＋宾语”。例如：

［27］나는 저 슈퍼에서 식료품을 산것이다.

我是在那家超市买的食品。

第二，如果是代词，则一般放在“的”前，即“主语＋是＋状语＋动词＋我/你/他＋的”，例如：

［28］그는 오늘 오전에 나에게 알려준것이다.

他是今天上午告诉我的。

第三，动词后面有趋向补语“来”“去”时，“的”紧跟在“来”“去”的后面。例如：

［29］그는 월요일에 전화를 걸어왔다.

他是星期一打来的电话。

他是星期一打电话来的。

二、“是……的”句、“V 了”结构、“V＋았/었/였”之间的同异

从上面的错误类型可以看到，因为“았/었/였”在韩语中是表示过去的时制词尾，而学生又常把汉语的“了”不加意义区别地等同于过去时，同时因为对强调句型“是……的”的应用语境及条件缺乏深入的了解，所以韩国学生常常会把“그는 어제에 왔다”翻译成“他昨天来了”，而不是“他是昨天来的”。尽管这两个句子在汉语中的意思不一样，前者表示他昨天“来”过这个事实，后者强调他是“昨天”而不是“前天”或某一天来的。那么，“그는 오전에

그들을 봤다”什么时候翻译成“他是上午看见他们的”，什么时候译成“他上午看见他们了”呢？这就有必要区分二者的语用情况。

汉语动词后用“了”的句子强调动作行为已经完成，而“是……的”的使用场合是动作已在过去发生或完成，这一事实已成为交际双方的共知信息，说话人要突出表达的重点是与动作行为完成相关的时间、地点、方式、施事者、受事者等，而不是动作本身。从形式上看，始发句常常是带“了”的句子，而后续句往往采用“是……的”句。

“是……的”的否定形式是“不是……的”，而过去发生的动作的否定形式则常常用“没”。例如：

[30] 我是坐火车来的。→我不是坐火车来的。

나는 기차로 왔다. →나는 기차로 온게 아녔다.

这个问题，如果我们通过一段对话的翻译来看，更能体会“了”与“是……的”的区别。

A：나는 그들을 못 봤는데, 넌 봤니?

B：봤어.

A：언제 봤니?

B：오전에 봤어.

A：교실에서 봤니?

B：교실에서 본게 아니라 식당에서 봤어.

翻译如下：

A：我没看见他们，你看见了吗？

B：看见了。

A：（是）什么时候看见的？

B：上午看见的。

A：是在教室看见的吗？

B：不是在教室看见的，是在餐厅看见的。

第五节　对韩汉翻译课教学及韩汉翻译教材编写的建议

一、对外汉语韩汉翻译课的特点及教学建议

第一，翻译课的教学内容。与一般的对外汉语教学课相比，韩汉翻译课的教学对象单一，都是中、高级汉语水平的韩国学生，授课的重点在于通过翻译对比韩汉语言语法及文化点的相似及相异之处，找出韩译汉的某些规律性因素，以增强韩语对韩国学生学习汉语的正迁移作用，削弱乃至消除其负迁移作用。所以，教师应该对韩国学生在学习汉语过程中容易出现的问题具有预知性，从学生的角度发现韩汉两种语言的差异，特别是那些似乎有对应翻译而实际存在差异的部分。如本文所列举分析的韩国语过去时制词尾“았/었/였”与汉语表完成的“了”和表强调的“是……的”句型的差异即是韩国学生学习的难点。

第二，对外汉语韩汉翻译课的翻译原则。关于翻译教学的理论很多，功能翻译理论中的翻译目的论（skopostheory）是比较流行的一种翻译理论，该理论认为，决定翻译目的的一个重要因素是受众或称为预期的目的语的接受者或者听众，他们有自己的文化背景知识、对译文的期待以及交际需求，而翻译目的是受“翻译要求”制约的。从对外汉语韩汉翻译课来看，其主要内容是让学生把韩语翻译为汉语，是一种笔译练习。“翻译要求”由教师提出，要求译文连贯、通顺，合乎汉语的语法规范，使译文读来朗朗上口、不晦涩。“翻译行为”是学生在教师的指导下，通过韩译汉的练习，加深对韩汉两种语言的结构差异、语法差异的认识，熟悉汉语特有的句型，并在翻译中进一步认知两种语言的文化差异，以提高汉语能力。

由此可见，与一般的翻译不同，对外汉语韩汉翻译课的翻译目的不是为某类译文读者而译，即译文不是为某一类读者，而是为了译者自身熟悉第二语言

的语法结构及文化背景而译，所以，在翻译过程中，学生即译者要处理两个方面的问题：一是何种情况下运用何种翻译技巧；二是在翻译中找出两个国家的文化差异——尽量找出汉语中与韩语具有同样文化意义的词语，即翻译时采用“归化”的手段，这样更有利于学生掌握两者的文化差异。这是学生要学习的重点，也是韩汉翻译课教学的重点。

二、对韩汉翻译课程教材编写的建议

胡明扬（1999）指出：“教材编写恐怕不能说编就编，找几个人分分工就动手，那样做太匆促，质量很难保证。应该做一些准备工作。准备工作做得越充分，编起来会越顺乎，质量也越容易得到保证。”笔者认为，如果要编好一本针对韩国学生的韩汉翻译教材，应该首先明确以下几个方面的问题。

第一，必须明确翻译教学的对象和目的。教学目的不同，对教材的编写要求自然也不同。从对外汉语教学的角度来说，笔者认为韩汉翻译教学的目的是通过总结两种语言的异同，帮助韩国学生对已有的汉语知识进行再次的学习和巩固，从而更好地发挥学习者母语的正迁移作用，提高学习者的汉语水平。因此，我们的教材必须有别于面向中国学生的韩汉翻译教材，即不是以提高学生的翻译文采为目标，而是以帮助学生掌握两种语言的转换规律为目标，侧重突出两种语言在语法、文化等方面的不同点，编写出系统性、可操作性强的教材。

第二，翻译教材的编写必须考虑教学时间及课时分配。在教材编写的长度上，最好以课时为单位，因为不同学校的韩汉翻译课每个学期的课时数并不相同，用课时计算，方便教师计算和操作。这一点，《韩汉翻译技巧》《韩汉翻译实践》《中级韩汉翻译教程》都做了规定，并提供了多样化的练习形式，值得借鉴。笔者以为，每课的教学时间不宜过长，否则会使学习者觉得翻译难度大，枯燥乏味，导致对翻译课失去兴趣。笔者认为一篇课文的难度和长度应控制在两个课时，即一次课左右是比较合适的，如本课所讲即适合以两个课时为单位的一次课。

第三，分课体例的设计。就韩汉翻译来说，每篇课文都应包括翻译正文、翻译要领（包括翻译理论和翻译技巧）、翻译练习以及其他（参考译文、练习参考答案、附录）。这样的体例使学习者在每次上翻译课时，都有明确的学习目标，从而可达到更好的教学效果。

总之，韩汉翻译教材要受到教师和学生的欢迎，要使学生在翻译过程中真正受益，就一定要使普适性的翻译理论和韩汉翻译课的实际情况相结合，使翻译内容既具有知识性，又兼具趣味性，从而达到促进学生学习汉语的目的。

【本章参考文献】

[1] 戴庆厦，金海月. 有关非亲属语言语法比较的一些方法论问题//崔健，孟柱亿主编. 汉韩语言对比研究（1）. 北京：北京语言大学出版社，2007.

[2] 郭著章. 关于翻译教材. 上海科技翻译，2003（1）.

[3] 胡明扬. 对外汉语教学基础教材的编写问题. 语言教学与研究，1999（1）.

[4] 黄伯荣，廖序东主编. 现代汉语（下册）. 北京：高等教育出版社，2001.

[5] 李贞子. 汉语和韩语否定词用法对比. 柳州职业技术学院学报，2006（3）.

[6] 柳英绿. 韩汉翻译基础，延吉：延边大学出版社，2002.

[7] 吕叔湘主编. 现代汉语八百词. 北京：商务印书馆，2000.

[8] 欧洲理事会文化合作教育委员会编. 欧洲语言共同参考框架：学习、教学、评估. 刘骏，傅荣主译. 北京：外语教学与研究出版社，2008.

[9] 孙启勤. 翻译教材改革的讨论. 广西民族大学学报（哲学社会科学版），2008（B6）.

[10] 韦旭升，许东振编著. 韩国语实用语法. 北京：外语教学与研究出版社，1995.

[11] 赵金铭. 教外国人汉语语法的一些原则问题. 语言教学与研究，1994（2）.

第十五章　视听说课教学研究[①]

第一节　视听说课课程特征

在对外汉语教学的历史中，与读写、会话、听力、报刊等课程相比，视听说课开设的时间比较短，因为我国录像媒体是在1978年以后才迅速发展起来的。视听说课包括了“视”“听”“说”三个方面，“视”即通过视觉器官接受场景画面、人物动作表情和色彩等来获取信息；“听”是通过听觉器官分辨声音、话语等来获取信息；以上二者都属于输入的层面；“说”是信息的输出，要求把看到的、听到的信息通过大脑的处理转换，用自己的语言表达出来。在输出层面，它特别注重听后、看后的口头表达，尤其是成段表达能力的训练，因而兼具听力课和口语课的特点而又不同于听力和口语课。

视听说课不同于其他技能训练课程，因为“真实情境”在教学中的重要作用越来越受到重视，而视听说课是利用视频和多媒体等技术手段来进行教学活动，可以提供真实、自然的情境和场景，并且通过视觉和听觉等多种途径培养和提高学生的语言技能，因此相对其他课程而言，它具有许多优势：它包含了真实的生活场景，时代背景和社会风俗、文化特征等一目了然；而且涉及的内容丰富、题材广泛、形式多样、体裁迥异；同时教学所选用的视频中人物的语速完全符合中国人正常交流的速度，有利于留学生适应在真实的语言环境中与

---

① 本章作者：李彦春。

中国人交流的愿望；一些较难理解的熟语和身体语言，会给学生留下深刻的印象，并使其面对真实的情境便于理解和掌握，从而大大提高其实际交际的能力。

一、课程定位

视听说课主要是在高年级开设的汉语技能课，针对的教学对象是在中国留学两年至两年半的时间，能够比较自如地表达自己的看法，掌握了大约5300个词语的留学生。

二、教学目标

在《高等学校外国留学生汉语言专业教学大纲》的"附件二"中，对视听说课的内容概要所做的说明如下："本课程的教学目的是通过观看初级水平的汉语教学录像片和浅显易懂的电视剧、电视小品等，巩固复习已学过的语言知识，了解中国国情和中国文化，提高学生的实际交际能力。"①

三、授课方式

"教学方法是在教师指导下观看录像片，采用提问和讨论的方式检查学习效果，教师对重点语法、句式段落进行简单讲解。"②

四、教材与练习特点

教材中每篇课文都包括词语、注释、练习、课文文本四个部分。视听说课每周有4个课时，每个课时是45分钟。教材中的课文录像长度并不一致。对于录像长度在5分钟左右的课文，一般都在4个课时内可以完成；而长度在10～15分

---

① 国家对外汉语教学领导小组办公室编：《高等学校外国留学生汉语言专业教学大纲》，206页，北京，北京语言文化大学出版社，2002。

② 同上。

钟的课文，大约可在6个课时内完成；长度在30分钟左右的电视剧或者电影片段，则需要8～10个课时才能完成。由于课时的有限，在教学中教师应该注意把握详略得当。

视听说课是一种情境式教学，这也是它有别于其他课程的特点。视听说课应该立足于学生“听”和“说”的语言技能训练，同时更应重视学生对中国文化和社会风俗的了解。因此，练习时既要突出听力技能的训练，也要突出口语训练。

针对视听说这门课程的特征和教材的特点，结合笔者多年的教学经验，本章是针对这门课程的课堂教学方法进行研究的。

第二节　外国学生对视听说课的要求

赵立江（1997）关于视听说课的目的和学生的要求所做的调查分析显示：“学生通过上视听说课主要想达到三个目的：（1）提高听的能力。（2）提高说的能力。（3）希望通过视听说课，通过录像材料能够更多地、更广泛地了解中国。”此外，在他的调查报告中还特别强调：“值得注意的是学生对‘听’的期望值和对语言能力之外的文化、社会信息的需求极高，应引起我们的重视。”

同样，笔者也对北京师范大学汉语文化学院三年级4个班学习视听说课的55名学生进行了问卷调查，涉及的学生国别如图15-1所示。

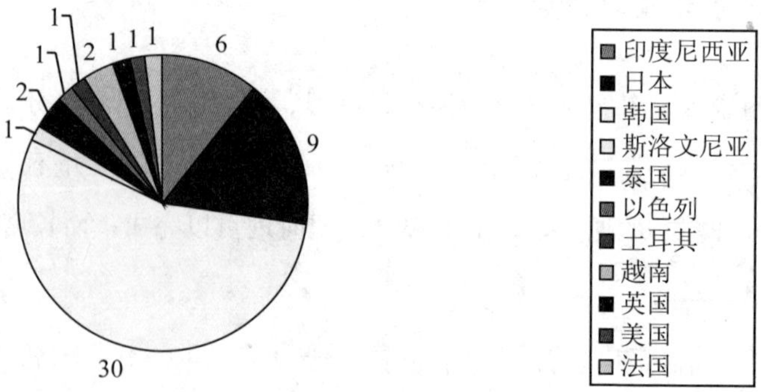

图15-1　国籍分布

在回答“你希望通过视听说课，提高自己哪方面的能力”时，排在前三位的分别是“提高听力水平（78.2%）”，“能够看懂中国电视节目（63.6%）”和“提高口语表达能力（61.8%）”。

第三节 采用多种教学方法突出视听说课的特点

实验心理学家赤瑞特拉（Treicher）的两个实验进一步印证了视听说这门课受学生欢迎的原因。“他通过大量的实验证实：人类获取的信息83%来自视觉，11%来自听觉，这两个加起来就有94%，……通过多种感官的刺激所获取的信息量，比单一地听老师讲课强得多。他关于知识保持即记忆持久性的实验，结果如此：人们一般能记住自己阅读内容的10%，自己听到内容的20%，自己看到内容的30%，自己听到和看到内容的50%，在交流过程中自己所说内容的70%。这就是说，如果既能听到又能看到，再通过讨论、交流，用自己的语言表达出来，知识的保持将大大优于传统教学的效果。”（宋继华、徐娟、许见鸿，2004）而多媒体教学的主要优势是提供多重感官刺激、趣味性强、交互方式多样、提供丰富的教学模式、提高学生学习的兴趣和积极性、易于操作。

在视听说课这种情境式的教学中，教师应该立足于学生“听”和“说”的语言技能训练，具体做法如下。

一、通过“视”，为“说”提供一个大纲或者蓝本

即在教学中要充分利用可视的情境，为学生提供开口说话的机会。口头表达能力是一个人叙述能力的具体体现，因此，在“视”的过程中，要注意对学生进行描述语言的训练，以提高其叙述能力。例如，学生在看只有人物行为动作而没有语言的画面时，通过仔细观察人物的一系列动作，可以让其描述人物的面部表情、行为动作等肢体语言，并注意词语的准确性。这不但培养了学生

的观察力，还锻炼了他们的口头表达能力。中、高年级的学生还可以让他们描述人物的心理状态和感受、身体语言的含义、空镜头的作用、叙述录像中的故事内容或人物关系等，为提高其叙述表达能力创造条件。学生“说”的能力不仅体现在语音、语调、用词造句这些方面，更表现在成段表达的能力上，事实上，学生在句与句、段与段的连接上出现的错误非常多，因此加强学生语篇表达能力的训练显得尤为重要；而说话能力的训练原则是从交际出发，要以提高实际交际能力为目的。

第一，训练学生成段表达的条理性、逻辑性。在课堂上，教师一定要要求学生尽量用学过的词语和句型说话。在学生精听或回答问题的任务完成以后，教师请一位学生用黑板上所写的全部生词和句式（或者用一些指定的词语）把这个段落的内容复述或总结一下，以加强学生成段表达的层次性和连贯性。例如，《一场风波》中，张师傅去邻居家收电费，让学生总结张师傅在每个邻居家遇到的事情以及他与邻居一起谈论的话题。其次，课下给学生布置多样化的口头作业。一类是与课文内容关系密切的说话作业：让学生分析剧中人物的性格、故事的思想内容和文化现象等，高年级的学生也可采用讨论或辩论的方法；一类是与所学内容相关的说话作业：教师先提出几个与课文内容相关的话题，然后让学生选择一个自己喜欢的问题去采访中国人，整理以后再向大家报告自己采访的情况；还有一类是发挥学生想象力的说话作业：要求学生使用课文中出现的相关词语，两个人一组表演一个小品或一个故事。这三类作业，不仅都涉及成段叙述的表达方式，而且也都突出了交际的功用。

第二，把学生分成小组来扮演课文中的角色进行对话练习，让其深入体会不同人物在不同场合交际时所运用的不同的语言特征。如《虚名》中，四位年龄、地位完全不同的职员，分别去找老板谈自己的看法，而且他们四个人的讲话方式和谈话角度也截然不同，于是将学生两个人一组分成若干个小组，一个扮演老板、一个扮演职员模仿不同人物的说话态度，既训练了学生的成段表达能力，又使其认真体味由于年龄、地位等差异所形成的不同的表达方式，从而加强了学生应用语言的实际交际能力。

第三，掌握书面语转化为口语的不同表达方式。《老街——前门大栅栏》《女人的春节》都是用书面语叙述的。在看和听的任务完成以后，让学生用口语的叙述方式来表达，使学生掌握转述时人称和时态的变化，体会口语与书面语的差别。

第四，充分发挥视听说课中“声”“光”的作用，利用其直观性和形象性，以“视”助“说”，培养学生成段表达的流利顺畅、条理清楚、恰当得体。上复习课的时候，为了让学生完全掌握所学内容，也可以对于一个完整的段落，试用配音的方法——即教师关闭声音，让学生根据图像、画面为人物配音，并突出强调词语与句式的准确性和规范性、叙述的通畅性和条理性、交际的得体性。

二、利用“视”具有直观、具体、生动形象的特点，提高课堂教学质量和教学效率，达到提高学生的交际能力的目的

因为介绍语言和文化知识、培养和提高学生的交际能力是视听说这门课的教学目的，也是我们对外汉语教学所肩负的任务。吕必松（1989）说：“语言教学的基本任务就是传授语言内容和训练语言技能，介绍有关的文化知识，并通过语言内容的传授、语言技能的训练和文化知识的介绍，培养学生运用所学语言在一点范围内进行交际的能力。”在课堂教学中，“视”可以有效地帮助学生学习难懂生词，既使其掌握生词的准确意思，又节省了课堂上教师解释的时间。熟语也是我们各门课程教学中经常遇到的一个难点，借助“视”的特长，可使学生正确理解熟语的意思，领会熟语出现的语境，从而达到顺利交际的目的。如“一分价钱一分货”，“黄鼠狼给鸡拜年——（它）没安好心”，“吃瓜络儿”，“四六不懂”等熟语，学生根据看到的录像内容，不仅明白了这些熟语的意思，还可以正确体会使用这些熟语的语境，有利于提高学生的实际交际能力。

众所周知，语言和文化的关系十分紧密，而视听说课更应充分发挥它“视”的优势，让学生在真实的生活场景中了解故事所包含的时代背景、社会风俗和文化特征等，从而使其进一步去了解中国的历史和文化内涵。例如，《老街——前门大栅栏》涉及了大栅栏五百年的发展历史，学生一看录像就可

以一目了然，如果让教师去逐一解释的话，不仅浪费时间，而且还不一定能够给学生解释得清楚。《虚名》则讲的是中国人爱面子、图虚名的事情。通过“视”的作用，学生们明白了为什么许多中国人喜欢把各种各样的头衔都印在名片上的原因；同时还了解了人们在找工作时希望有高的地位，哪怕拿到的薪水低一点儿也无所谓的情况。这两种文化现象都与留学生本国的文化不同，尤其与欧美文化差异更大。如果教师独自一人干巴巴地讲解这些文化现象的话，很容易费力不讨好。

三、为了在有限的课堂时间内完成教学任务，提高教学效率和质量，教师可以采用精听与泛听相结合的办法，来提高学生的听说能力

我们知道，学生对“听”的期望值很高，而且“听”与“说”的关系又十分密切，泛听可以训练学生捕捉信息和概括的能力，比如，关键词语、主要的观点、主题等，因此在泛听的过程中，让学生听完整的句子或段落，使其养成跳跃障碍、猜听的习惯，逐步培养泛听的能力。精听时，不但可以采用填空、填各种表格、判断题、选择题、辨别近似音、辨别正误、听后写、听写、边听边记、听后模仿等听力课中常用的一些方法来训练学生，还要使学生习惯于在有背景声音干扰的情况下，学会排除干扰一次听对。同时，精听也为学生“说”得准确提供了依据。在学生精听的过程中，还可以采用听后解释、听后复述、听后回答教师的问题、听后表演、听后讨论或双方辩论等方法，以达到“听”“说”能力同步提高的目的。

四、在培养学习者的语言技能时，应同时注重留学生文化能力的养成，要与语言同步地增强其文化洞察力

我们知道，语言是社会的交际工具，是文化的一部分，又是文化的载体。各民族不同的历史发展过程、不同的生活环境、生活方式、价值观念、思维习

惯等所包含的文化内涵无不渗透在民族语言之中。由于文化的差异，留学生在和中国人交往中常常会发生矛盾或误会。因此，我们的对外汉语教学还担负着解决文化问题的重任。在教学中可以注意以下五个方面：

第一，在现实交际中，见面语（招呼、介绍、寒暄、告别）和委婉语是留学生最易出现问题的地方之一，因而教师要充分利用视听材料中多样的交际场景和丰富的交际用语，使学习者准确掌握中国人交际用语的习惯，和在不同场合、面对不同对象而采用恰当合适的交际用语。此外，视听材料也有助于学生更直观地了解不同身份、年龄、文化教养、职业的人的言语特点，如果教师强调学生注意材料中“什么人说什么话”的言语规律，不仅可以帮助学生把握人物的性格特征，也可大大减少学生交际中的误会与障碍。

第二，语言信息因文化背景不同而产生差异，这也是交际文化中的一个范畴。（赵贤洲，1989）如电视剧中一个送礼的场面：

送礼者：我也不太会买东西，这茶具也不知你们喜欢不喜欢。

受礼者：还买什么东西呀。

这两句对话便常常让学生产生误会，他们认为送礼的人没有自信，而接受礼物的人好像也不喜欢这个礼物。

第三，由于社会制度、方针政策的差异，相同的语言信息也会产生不同的内涵意义。在新闻节目中，有一条是介绍安徽省金寨县农民致富的基本经验的。当听到农民们选择了“少生孩子多栽树”的致富道路时，学生哄堂大笑，因为在他们头脑中“少生孩子”与“多栽树”是风马牛不相及。在他们国家，政府使用各种奖励手段鼓励公民多生育孩子；而我国人口众多，实行计划生育控制人口已成为我国的一项基本国策，“少生孩子多栽树”正是中国农村控制人口的一种有效的办法。

第四，现代汉语中，有不少熟语与习用语句，它们都体现一定的文化内容。有些词语或句子的语面意义学生可以懂，但是对其表达的具体意思学生却并不能真正理解，准确运用就更可谓难上加难了。例如：“只要功夫深，铁杵也能磨成绣花针”，“杞人忧天”（《老人与少年》）；“三天不打，上房揭瓦”，

"油盐不进"，"二百五"（《《搭积木》）；"捅破这层窗户纸"（《骆驼祥子》）等。此时，如果充分利用视听说课的优势，结合视听材料中的具体语境进一步点明其含义，便可收到事半功倍的效果。

第五，根据张占一先生"交际文化"的含义，可知有些非语言行为和现象中的文化因素也会直接影响跨文化的交际，而体态语则是一个重要的因素。众所周知，不同的民族有不同的体态语，因此，汉民族与其他民族差异较大的体态语也应是教学的重点。表示赞许、反对、轻蔑、决心、不安、害羞、痛苦、思考、焦虑等的体态语，以及交际中需要注意的与礼貌有关的体态语，都应引起教师的重视，并列入教学内容中。在小品《择婿》中，未来的女婿来到女朋友家拜见未来的岳父岳母大人。初次见面，妈妈很满意未来的女婿带来的礼物，随口说了句："挺贵的吧？""女婿"直言相告："是处理的。"在场各位的神态和身势顿时都发生了变化。姑娘紧蹙眉头，瞥了男朋友一眼，又用眼角紧张地偷偷观察父母的反应；母亲先一愣，接着嘴一撇，摘下眼镜不停地擦；父亲注意地看了看未来的女婿，之后微微点头含笑；而"女婿"则不由双手交叉，挺直身子……上述每个人物的动作神态不仅反映出各自不同的心理活动，也蕴涵着不同的言语意义。因而在视听说课中，教师应注意结合画面教学，让学生准确讲述人物的神态动作，这不仅可以培养学生口头表述体态语的能力，而且使其在交际时能正确理解和运用体态语。（李彦春，1998）

在教学中，教师要针对学生的知识背景、能力结构以及他们的社会文化属性与发展的可能性，充分利用视听说课的特点，提高学生的听说能力，并且有意识地让学生接触、模仿、习得汉语中的文化，特别是交际文化，以减少学生交际中的障碍，做好传授语言的文化内涵这一重要的工作。

第四节　教材处理

教材中每篇课文都包括词语、注释、练习、课文文本四个部分。下面将针对这四个部分逐一加以说明。

一、词语

词语只有拼音和词性，所以要求学生必须预习，而且教师在操练词语之前要询问学生在预习后是否还有问题。词语根据课文内容每一部分的先后顺序排列，因此操练词语时可以按照已经划分好的每个部分逐一进行操练。在我们的问卷调查中，44%的学生“希望教师带领他们练习生词”，“结合录像画面练习生词”的是20%，即要求操练生词的达到64%，而“不用练习生词，直接观看录像”的只有12%。操练时教师首先要使用课文中的特定用法，对口语中一些特定用法的词语一定要加以说明和强调，而书面语很强的词语，教师只要给出课文中的用法就可以了，不必再给第二个例子，因为词语的操练，只是为了扫清“听”时的障碍。教师可以通过扩展词语或者问答的形式进行操练，以电视短剧《阳台》的词语为例：

阳台——教师提问一个学生：“你家的阳台大吗?”

学生回答：“我家的阳台比较大。”

铝合金——教师根据图片提问一个学生：“这个阳台包了铝合金吗?”

学生回答：“这个阳台包了铝合金。”（这是课文中的句子）

弥补——教师领读并扩展词语：“弥补空间”“弥补空间的”（这是课文中的句子）

二、注释

注释部分主要是解释文化背景和一些词语的特殊用法，目的是帮助学生正确理解课文内容，所以在学习到这个地方时，教师简单解释一下即可。

三、练习

练习中既包括“听”的类型，也有“说”的类型。训练学生听力技能的练习主要有根据录像填空、根据录像选择正确答案或者判断对错，其余的练习主要是结合“视”和“听”，来提高学生“说”的能力。

（一）填空练习

填空练习通常采用详听，即播放第一遍录像时，要求学生一边听一边完成填空，教师应该在学生填空的时候按下“暂停键”，使其有足够的时间写完听到的内容。当这一个段落全部填好之后，教师将完整地重复播放该段落的内容，中间不要停顿，让学生边听边检查其填写的结果。教师重复播放第三遍录像时，在需要填空的地方按下“暂停键”，并且写出正确答案。

（二）根据录像选择正确答案、判断对错的练习

一般让学生看两遍相关内容的录像，然后师生一起检查结果即可。

（三）根据录像回答问题

一般让学生看一到两遍相关内容的录像，只要求学生回答出内容大意即可。

（四）用指定词语复述录像内容

教师可以先提问一个学生，使其回答出指定的词语，同时教师板书这个词语；之后教师可以提问第二个学生，当其回答出其他指定的词语时，教师继续板书出新的词语；以此方法继续提问和板书，直至所有的指定词语书写完毕；此时教师可以让一个学生使用三分之一或者一半的指定词语来复述部分录像内容，再用此法让其他学生完成剩余内容的复述；最后可以找一个学生用写在黑板上的全部词语把该部分的录像内容复述完整。当学生能够用几个词语复述出部分录像内容时，教师则一定要求全体学生为其热烈鼓掌，以增强学生的自信心和鼓励其敢于大胆尝试的精神。

教师也可以采用“接龙”的游戏来完成，让每个学生说出一个句子就可以，直至该段落内容全部完成。以《钟点工》中的练习为例：用“难为”“裁剪”“见世面”“本事”“图”“没魂儿似的”“搂草打兔子——顺手的事”“派上用场”“一本正经”这些词语接龙，复述录像中“小伙子对钟点工的敬佩之意”的这部分内容。教师可以请 9 个学生分别来叙述一个句子，直至整个段落的完成。

（五）“说一说”

“说一说”主要侧重于训练学生的口头表达能力，其中主要包括以下五类情况，教师可以根据学生和课时的具体情况进行选择，不必每个练习都做。

第一，让学生用自己的话说明录像内容，例如学完《钟点工》一课后，教师可以让学生回答“张妈妈为什么怀疑钟点工拿走了她的钱”，“在录像中，‘手脚不干净’是什么意思”，“介绍一下张妈妈对钟点工态度转变的过程”等问题。

第二，组织学生进行讨论，如关于钟点工的内容，可以就“你怎么看人与人之间的‘信任’问题”展开讨论；特别是有关文化差异的问题更能引起学生讨论的兴趣，例如《遗嘱》一课，欧美国家的人们在生前就立遗嘱，早已司空见惯，而在亚洲国家，尤其是中国，人们认为这样做很不吉利，因此在讨论时学生可以各抒己见，非常活跃。对于这类练习，只要学生能够大胆讲出自己的看法，教师就应该对其给予鼓励，而并无标准一致的答案。

第三，利用图片组织教学活动，如学习了《女人的节日》后，“请用图片介绍你们国家的传统节日”，“请用图片介绍传统节日中的一个活动（中国的、学生本国的都可以）”，“请用图片介绍中国一个少数民族的传统节日”。

第四，表演时要求学生尽量模仿剧中人物的表情、动作和说话的语气。例如，“请表演《阳台》或者《钟点工》中的一段故事”，“请自编自演一个中国家庭过元宵节/重阳节时发生的故事”，“请自编自演一个‘误会’的故事”。

第五，游戏不仅可以活跃课堂气氛，也可让学生自由表达。例如，《元宵节》中有元宵节猜灯谜的介绍，因此教师可以准备一些谜语，让学生玩猜谜语的游戏。

四、课文文本

课文文本都集中放在教材的最后，为了让学生达到真正听懂的教学目的，只有当学生学习完一篇课文之后，才可以看课文文本，绝对禁止学生边看录像边看课文文本的做法。

除上述内容以外，特别提醒教师注意以下问题，这都是学生在调查问卷中给老师们提出的希望："口语词应多强调。""练习口语的机会不够，希望提高口语表达能力。""讨论多点儿。""多关心学生，老师要更多地带领学生一起学习。""需要很多表演的机会。"

第五节　教学设计

第一，采用扩展法、问答法逐一操练生词；有86.7%的学生希望教师能够说明词语的用法，并带领学生练习生词。

第二，设计问题导入课文，在问答的过程中，尽量让学生使用已经操练过的生词和句式结构来回答问题，不仅可以让学生自如地使用新词语表达看法，而且为进一步学习课文内容奠定基础。因为不少学生希望通过这门课来扩大词汇量。

第三，看录像完成课后练习，主要涉及客观题型——填空、选择正确答案、判断对错、回答问题、复述录像内容，关于这部分客观练习题，希望"老师带领学生做课后练习"的占66.7%，而"学生自由分组完成课后练习，然后派代表回答"的是23.3%，"两个同学一组练习课文内容"的仅为20%，因此我们建议由教师带领学生在课堂上完成客观题型的练习，同时核对结果正误。

第四，学习课文内容后，进入"说一说"阶段，主要涉及以下几类活动：一是用自己的话叙述内容梗概；二是对相关话题进行讨论或者辩论；三是用图片等自由发言；四是表演；五是其他——游戏、采访等。在学生进行口头表达的过程中，教师要纠正其发音和语法上的错误，而在分组表演时（"三个同学一组表演课文内容"是40%，"自己编剧本，自己表演"为33.3%），教师一定要强调学生注意语气，因为不少学生认为由于语气的问题，导致他们说的汉语不够地道。

第五，布置作业。预习词语；准备讨论、辩论或者自由发言的问题；分组准备表演；分组采访并整理内容进行小组汇报等，都需要提前布置作业，要求学生在课前准备好，以保证课堂活动顺利进行。

第六节　练习编制

我们知道教师课堂上的“教”是一个信息输入的过程，教师可以通过学生在课堂上的积极参与、借助其对所学内容的再现和课堂上的考核等输出信息，获得有关学生理解和接受课程内容的反应信息，从而利用这种信息改进教学，使课堂教学互动，真正达到教学相长。

练习既是本课程训练目标的体现，也是检查学生学习情况的手段，同时还加强了教学内容的即时反馈。因此，视听说的练习应该以多样化的形式来训练学生的听说能力。例如，可以采用填空的方式，检查学生对词语的预习、复习和书写正确与否；选择正确答案、判断正误和回答问题的练习，可以检查学生对于段落内容的记忆、理解和概括总结。

由于“听”是被动的，“说”是主动的，因而增加听力训练的多样性和趣味性，可以提高课堂教学效果；而且以听为主、听说结合的训练方法，既能够发挥学生的积极性和主动性，又能够活跃课堂气氛，全面提高学生的交际能力。对于较长的具有逻辑性的语段表达，可以采用复述的方式加以训练；也要用讨论、辩论、采访、图片、表演、游戏等让学生积极参与的多样化的练习，来训练学生的口头表达能力，尽可能让学生注意到不同国家的文化差异，从而减少跨文化交际的障碍。而书面语很强的段落，可以让学生进行语体转述或者偏重于听力训练。对于背景音乐太强、台词不太清楚、方言较多或者课文内容难度较大的地方，可以编制简单的练习，或者略听甚至不编写练习。笔者针对课文后的练习形式对学生进行了调查，调查的内容和结果如下：

对于课文后的练习，你喜欢什么样的形式？__________（可选多个答案）

（1）根据录像回答问题　　（2）根据录像判断正误

（3）根据录像选择正确答案　　（4）根据录像改错

（5）根据录像连线　　（6）用指定词语回答问题

（7）从课文中找出符合解释的词语　　（8）选择合适的词语填空

(9) 谈谈你对课文中某句话的理解 (10) 叙述录像的内容

(11) 扮演课文中的人，表演故事 (12) 描述录像中人物的表情

(13) 分析录像中人物的性格特征 (14) 自己编写剧本并表演

(15) 以录像中某人的身份回答问题 (16) 给录像配音

(17) 以解说员/主持人的身份介绍画面内容 (18) 编写不同的结局并表演

(19) 自己编写剧本并表演续集 (20) 以记者或主持人身份做现场采访

(21) 分角色表演几段录像内容 (22) 讨论故事将怎样继续发展

(23) 写观后感 (24) 观看录像中的该类节目

(25) 自由讨论与录像有关的问题

统计结果如图 15-2 所示。

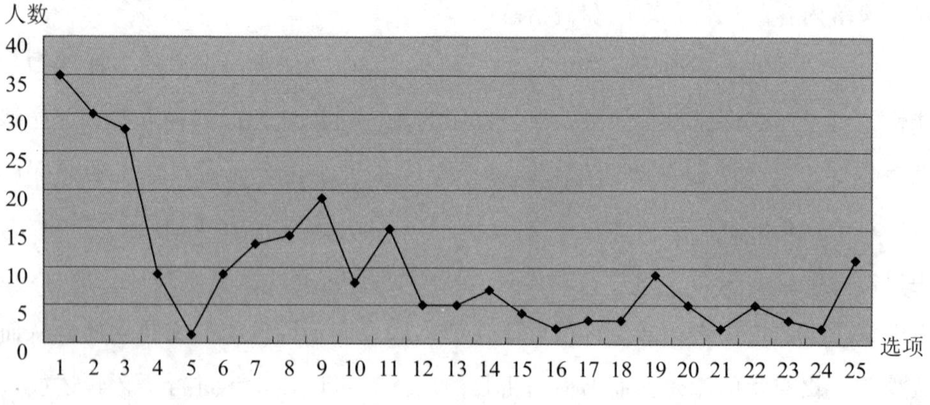

图 15-2 练习形式统计

第七节 教材编写建议

视听说教材在编写时，涉及的视听材料、体裁尽量要多种多样，如小品、现场采访、专题节目、新闻节目、天气预报、体育节目、焦点访谈、谈话节目、电视剧和电影片断等；而且材料的内容也应该包罗万象，能够多侧面、多

角度地反映中国的改革以及大众密切相关的现实问题，表现夫妻关系、邻里关系、两代人或三代人关系的现实社会生活，展示中国的风俗、风情等。因为这些材料不仅有助于学习者熟悉多种风格的、不同语体的言语；同时还为学生提供了真实的语境；更为重要的是材料中所展示的丰富多彩的交际场景，不但可以使学生了解中国并根据影像内容了解话语交际的具体情景，增强对各种各样自然、真实的语言交际情境的感性认识，弥补交际范围有限的缺憾，从而充分调动现有的语言能力进行联想、判断，获得准确的言语信息，为训练“说”提供了丰富的话题，而且可以大大提高学生实际交际时正确理解和活用语言的能力。而教师要找到完全适合留学生使用的录像内容，需要花费很多的时间和精力，因为录像的内容能否引起学生的兴趣、包含的语法结构和词汇是否符合大纲、空镜头的多寡、方言的难易、声音的清晰度、整个录像的时间长度等问题，都应该在考虑的范围之内。

下面是我们在学生中调查的几个问题和统计结果，仅供同行们参考。

1. 在视听说课上，你喜欢什么样的课文内容？________（可选多个答案）

(1) 介绍中国文化	(2) 介绍民族节日
(3) 介绍说明一种物品	(4) 中国独特的社会现象
(5) 中国的方言	(6) 中国的电影、电视剧
(7) 运动	(8) 环境保护
(9) 艺术	(10) 身体语言
(11) 某种人的生活	(12) 职业
(13) 和动物有关的	(14) 婚姻家庭问题
(15) 网络话题	(16) 手机传媒
(17) 时尚生活话题	(18) 工业发展
(19) 经济	(20) 夜生活

统计结果如图 15-3 所示。

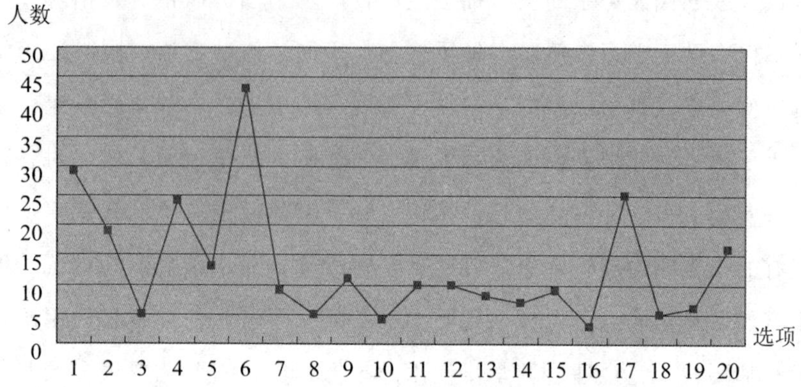

图 15-3　课文内容和话题统计

此外，学生们感兴趣的内容和话题还有：中国人（对生活、一些事件）的一般想法；比较文化；小说；心理学、哲学；社会问题以及社会上的热门话题，不仅局限于中国，也是在国外比较热门的话题；中国音乐；历史；看一些其他国家的电视；地方人（可能是指中国不同地区的人）的生活方式；关于世界的问题——如战争、金融危机、环保等。

2. 你喜欢什么体裁的视听说课？（可选多个答案）

A. 新闻播报	B. 谈话节目
C. 综艺节目	D. 娱乐节目
E. 纪实性的节目	F. 人物访谈
G. 电影	H. 电视剧
I. 纪录片	J. 相声、小品

统计结果如图 15-4 所示。

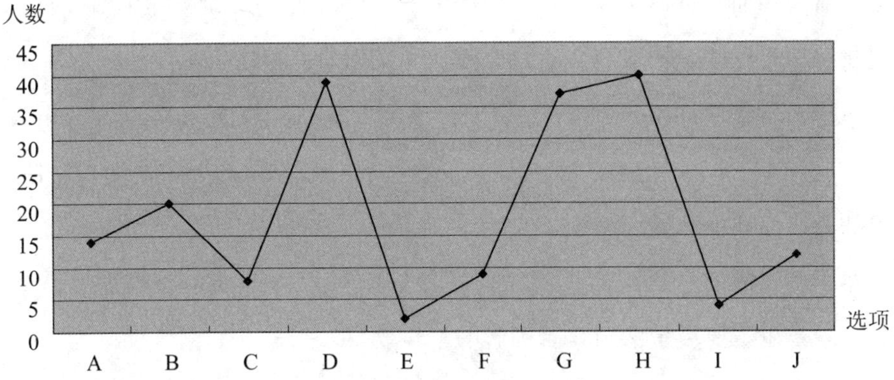

图 15-4　课文体裁统计

另外，有几个学生提到了喜欢"翻译的歌曲和卡通电影"。

3. 你希望视听说课的课文长度是________分钟。

A. 5～10　　B. 11～15

C. 16～20　　D. 21～30

E. 31～40　　F. 41～45

统计结果如图 15-5 所示。

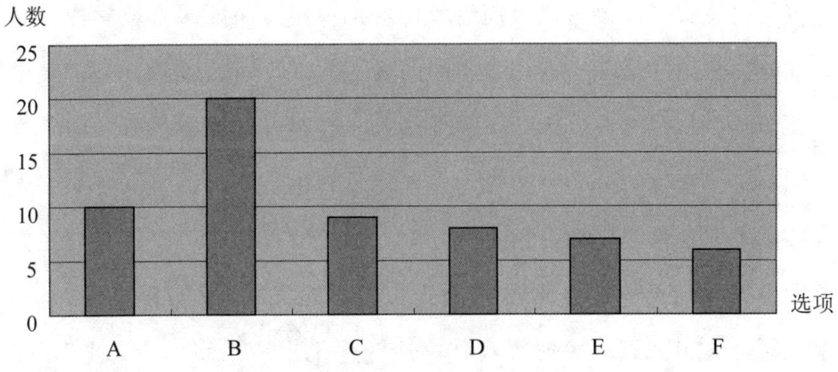

图 15-5　课文长度统计

此外，我们也建议教师注意以下几点：

第一，选择的视频内容要具有可视性，能够引起学生的兴趣和关注，尽量选择丰富多样而且可以引发学生讨论的话题，课文内容要和实际生活接近，并且尽量选用近期的，同时也要重视交际性和文化的差异性。

第二，录像中词汇的难易程度（生词和语法可以教学大纲为依据作为参考）、方言的多少、语速的快慢，都要考虑到学生的实际水平，否则难以使用；也要注意语体和体裁的多样性。

第三，视频的声音一定要清楚。不仅视频中说的话要清楚，而且背景声音、背景音乐也要尽量清晰，否则影响教学效果。

第四，对于长而复杂的故事内容，如电影或电视剧，可根据教学需要提炼成相对简单而完整的短篇内容。电影《爱情麻辣烫》是将五个爱情故事串连在一起的，教师可以根据学生的兴趣和教学的需要，处理成一个只有两个爱情故事的短片；电影《不见不散》《爱情呼叫转移》也都可以如此处理。因为人物太多，剧情太复杂，学生很难记住每个人物的名字和复杂的人物关系，导致回答问题和展开讨论时闹出笑话。

第五，大胆使用编辑技术。对于视频中内容较难的地方、不适合课堂上观看的——像“少儿不宜”的镜头、方言难懂的地方、所需录像的时间长度的控制、过多的空镜头等，都可以采用编辑技术处理，以保证课堂教学内容紧凑而完整。此外，相同的情境，有许多不同的表达方式，通过编辑处理，集中放在一起，便于学生一并掌握。例如，招待客人、送客人这样的场景，由于人物职业的不同、文化程度的差异、个人爱好兴趣及其生活环境的不同、与客人关系的亲疏等因素，常常会出现多种表达方法。通过编辑加工可以将其放在同一个教学单元中完成，让学生在比较中得以掌握。如影片《站直啰，别趴下》中，当张永武这个无赖来到高家时，高作家冷淡地说出一个字——“坐”，表明他不欢迎张永武来他家；但当刘干部带着女儿晓美来到高家时，高的态度却截然不同——“请坐，请坐”，“别客气，抽烟”。即便是相同的话题，不同的情境，同样也可以使用此法。比如，“邮局”这个话题，可以由买邮票、买明信片、寄信、寄包裹、汇款、存钱、查邮政编码、订报纸杂志、打电话、买电话卡、快递业务等情境组成。通过编辑软件，可以把在不同的电影、电视剧中出现的这些生活中真实的语言材料集中起来进行教学。这样，学生会比较轻松自如地把握一系列的相关词语和句型结构，并逐渐适应不同的人的表达方式，提高学生在社会上与各种各样的人交流的能力。（李彦春，2003）

随着科学技术的迅速发展，在我们的学习和生活中，更多地依赖于媒体传递的各种信息，面对面的交流也将更多地被电话、录音、视频、计算机、网络等手段所取代；特别是留学生，观看中国电视节目、去电影院或者借助 DVD 欣赏中国电影，已经成为他们在中国留学生活的一个重要组成部分，因为电视和电影不但有助于提高他们的听力，也是他们与中国人交谈的一个话题，而且更是他们了解中国国情和文化的一个重要手段，因此视听说这门课在对外汉语教学中的作用和地位也越来越重要。所以，在视听说这门课的教学活动中，教师要充分发挥视听说课的特点，借助其优势，将教学任务有目的、分层次地渗透在每一个教学环节中，采用多样化的教学方式，提高学生的听说水平；还要不断地鼓励学生大胆说话，激发他们的说话欲望，逐步提高其口头表达能力，从而达到提高学生实际交际能力的目的；此外，还可以教学生一些基本的影视特点，以利于学生自己欣赏影视作品。

【本章参考文献】

[1] 曹慧，李小丽. 一年级视听说课设计思想与课堂实践. 语言文字应用（2002 年对外汉语教学与研究专辑），2002 年 12 月.

[2] 李彦春. 视听说教学方法初探. 语言文字应用（2002 年对外汉语教学与研究专辑），2002 年 12 月.

[3] 李彦春. 视听说课中不容忽视的交际文化. 北京师范大学学报，1998（6）.

[4] 李彦春. 运用多样化的技术手段丰富视听说课的教学活动. 贵州师范大学学报，2003（3）.

［5］吕必松．中国对外汉语教学法的发展，世界汉语教学，1989（4）．

［6］宋继华，徐娟，许见鸿．对外汉语教学网络课件开发的理论原则．北京师范大学学报（社会科学版），2004（2）．

［7］赵立江．中高级汉语视听说课有关问题的调查分析与构想．世界汉语教学，1997（3）．

［8］赵贤洲．文化差异与文化导入论略．语言教学与研究，1989（1）．